AI 뷰티 미러

AI 뷰티 미러

이주영 지음

혁신적 구매 향상 커뮤니케이션

현대 뷰티 산업의 복잡한 환경 속에서 인공지능(AI)과 데이터 분석이 어떻게 소비자 경험을 혁신하고 구매 패턴을 변화시키는지를 탐구하고자 한다.

좋은땅

새 시대에 들어서며

　어느 시대이건 인간이 집단을 형성하고 그들이 향유하는 집단화된 문화가 형성되면서 그것들이 일정한 시스템에 따라 움직임을 보이고 있는 것을 알 수 있다. 그것은 일정한 패턴에 맞추어 형성되는 관습과 집단 문화를 통해 상호 침범하지 않는 질서를 유지하며, 인류가 오스트랄로피테쿠스에서 현 일류의 시조인 크로마뇽인에 이르기까지 그 발전을 이어 오고 있다. 나름의 세계에서 이루어지는 질서 유지의 시간과 공간을 유지하는 질서는 꾸준한 변화를 가져오고 있으며, 수학의 발전을 기초로 과학으로 이루는 인류의 역사가 시작되고 있다. 초기 인류의 지능은 생물학적 진화와 뇌 발달이다. 초기 인류는 약 수백만 년 전부터 두뇌의 크기와 구조가 점진적으로 발달하면서 도구 사용, 문제 해결, 사회적 상호작용 등의 기초적 지능을 형성하였다. 이 과정은 자연 선택과 생존 경쟁을 통해 이루어졌으며, 인간 고유의 인지 능력이 탄생하게 된 기반이다. 진화론과 인지 과학의 기초이다. 찰스 다윈의 진화론은 인류 지능의 발달을 생물학적 적응의 결과로 설명하며, 인지 과학과 신경과학은 두뇌가 정보를 처리하고 학습하는 원리를 규명함으로써 초기 인류 지능에 대한 이론적 배경을 제시하였다.

　인류 지능의 진화 과정은 도구 사용과 사회적 협력이다. 초기 인류는 도구 제작과 사용을 통해 환경에 적응하며 문제 해결 능력을 키웠으며, 언어와 상징체계의 발전으로 추상적 사고와 의사소통 능력이 크게 향상되었다. 이러한 과정은 집단 내 협력을 통한 집단 지능의 발달로 이어져, 인류 문명의 기초를 마련하였다. 또한 이것은 문화와 지식의 축적이다. 기록의 발명과 문명의 발전을 통해 지식이 체계적으로 저장·전파되면서, 인류는 개별 지능을 넘어 집단적 지혜를 형성하게 되었으며, 이는 지속적인 발전의 원동력이 되었다.

뇌의 발달과 함께 과학 문명의 맥락에서 AI로 발전하는 역사 과정 중 주목할 것은 초기 컴퓨터와 계산 모델의 등장이다. 20세기 중반, 앨런 튜링 같은 선구자들이 계산 가능한 문제와 기계가 인간의 사고를 모방할 수 있다는 개념을 제시하였으며, 튜링 테스트와 같은 기준이 마련되었다. 이 시기는 인간의 지능을 기계적으로 구현할 가능성에 대한 최초의 시도로 평가된다. 기호적 인공지능(Symbolic AI)과 전문가 시스템의 발전이다. 1960~1970년대에는 규칙 기반의 전문가 시스템과 기호적 인공지능이 개발되어, 제한된 영역에서 인간의 문제 해결 능력을 모방하려는 노력이 이루어졌다. 이 단계에서는 논리와 규칙에 의한 추론이 중심이 되었으며 초기 AI 연구의 기초를 다졌다. 이것의 결과가 신경망과 머신러닝의 도입이다. 1980~1990년대에는 인공 신경망과 초기 머신러닝 기법이 등장하여, 데이터를 기반으로 한 학습 모델이 개발되었다. 이로 인해 AI는 단순한 규칙 기반 시스템을 넘어, 경험적 데이터를 활용하여 스스로 개선하는 방향으로 발전하였다. 그리고 이는 딥러닝과 빅데이터 시대로 이어진다. 2000년대 이후, 고성능 컴퓨팅, 빅데이터, 그리고 딥러닝 기술의 급격한 발전으로 AI는 이미지 인식, 음성 인식, 자연어 처리 등 다양한 분야에서 인간 수준 이상의 성과를 보이게 되었다. 이 단계에서는 대규모 데이터 셋과 복잡한 신경망 구조를 통해 AI의 학습 능력이 비약적으로 향상되었으며, 실시간 개인화 및 예측 분석 등 실질적인 응용이 가능해졌다.

이는 현재 AI와 인류 지능의 상호 발전이며, 인간 지능 모방 및 보완이다. 현대 AI는 인간의 인지 과정과 신경 구조를 모방한 인공 신경망을 기반으로 하며, 대량의 데이터를 실시간으로 분석하여 스스로 학습하고 개선하는 능력을 갖추게 되었다. 주로 인간의 판단과 문제 해결을 보조하거

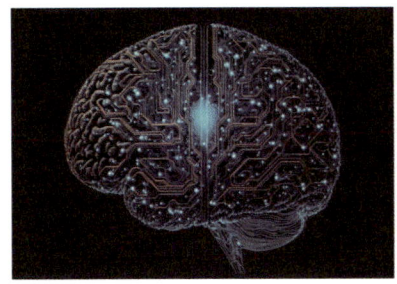 

나, 때로는 인간을 뛰어넘는 성능을 발휘하며 다양한 산업에서 혁신을 주도하고 있으며 미래 지능 시스템의 가능성이다. 인간과 AI가 상호 보완하는 형태로 발전함에 따라, 기존의 인간 지능과 기계 지능의 경계가 모호해지고, 새로운 형태의 집단 지능 혹은 협력 지능 시스템이 구축될 가능성이 있다. 이런 인류가 스스로의 지능을 이해하고 확장하는 한편, 보다 효율적이고 창의적인 문제 해결을 실현할 수 있는 기반이 될 것이다. 결국, 초기 인류의 지능 발전과 AI로의 진화는 생물학적, 사회적, 기술적 발전의 연속적인 과정이며, 각 단계는 인간이 스스로의 지능을 이해하고 모방하며, 이를 바탕으로 혁신을 이루고자 한 노력의 결과이다. 그러면서 AI로 발전하는 역사를 이루고 있다.

이러한 유구한 인류의 역사와 현재 인류의 AI 시대의 뷰티 산업 메커니즘을 살펴보자면, 뷰티 산업은 혁신적인 기술과 데이터 분석을 활용하여 소비자 경험을 향상시키고, 브랜드와 고객 간의 소통 방식을 변화시키고 있다. AI가 뷰티 산업에 어떻게 통합되어 사용자 중심의(user-centric) 생태계를 형성하고 있는지를 탐구해야 한다. AI 기술은 현대 뷰티 산업에 혁신적인 변화와 기회를 가져오고 있다. 이러한 변화는 소비자 경험 개선, 제품 개발, 마케팅 및 판매 전략에 이르기까지 다양한 분야에서 나타나고 있다.

　AI 기술의 영향력은 인류 전체에 시스템으로 움직이고 있다. AI의 정의와 기술적 원리를 이해하고, 뷰티 산업에서의 응용 가능성을 논의할 필요가 있다. 이에 따른 기술의 발전은 머신러닝, 데이터 분석, 자연어 처리(NLP) 등 다양한 AI 기술이 뷰티 산업에 어떻게 적용되고 있는지를 살펴보아야 한다. 이러한 과정은 소비자 맞춤화의 진화를 이루게 되며, 데이터 수집 및 분석을 통해 소비자 행동의 데이터 수집 방법과 이를 통해 얻는 인사이트에 대해 논의를 하여, 뷰티 산업에 어떻게 적용할 수 있는지를 전문가의 도움이 필요하다. 또한 개인화된 경험은 AI를 통해 고객의 피부 타입, 선호도 및 쇼핑 이력에 따른 맞춤형 추천 시스템이 어떻게 작동하는지를 설명해 주기도 한다.

　또한 가상 체험의 실현으로 가상현실(AR)과 증강현실(VR)을 활용하여 소비자가 제품을 체험하는 방식을 소개한다. 이러한 시뮬레이션의 역할은 AR 기술을 통해 제공되는 미용 체험의 메커니즘과 소비자 결정에 미치는 영향을 논의할 수 있다. 이러한 활동은 혁신적인 마케팅 전략에 활용되어, 예를 들어 소셜 미디어 활용 즉, AI가 소셜 미디어 분석을 통해 뷰티 브랜드의 마케팅 전략을 어떻게 변화시키는지를 설명할 수 있다. 이러한 세분화된 전략은 타깃팅 광고가 가능하며, 머신러닝을 통한 소비자 맞춤 광고의 효과와 캠페인 성공을 위한 데이터 분석 기법을 소개하는 자료가 된다.

　또한, 고객 서비스의 자동화를 위한 고객 문의 응대 시스템의 AI 챗봇의 도입은 자동화와 사용자 경험 개선의 계기를 탐구하는 기능을 하게 된다. AI를 활용하여 소비자의 피드백을 신속하게 분석하고, 이를 통해 서비스 품질을 어떻게 향상시킬 수 있는지 살펴볼 수 있다. 이는 소비자가 선호하는 혁신적인 제품을 개발하는 데 활용되며, R&D와 AI의 조합으로 AI가 새로운 제품 개발 과정에서 어떻게 화학 성분 및 조합 분석에 기여하는지를 설명할 수 있다. 제품의 효능 검증을 통해 AI 기반의 시뮬레이션이 소비자에게 효과적인 뷰티 제품을 어떻게 제안하는지 분석하여 소비자에게 좀 더 과학적인 구매 활동을 제시할 수 있다.

현대 문물의 속도와 신뢰로 고객은 다양한 각도에서 서비스나 제품에 대한 안전성과 효과를 검증할 수 있고, 이는 지속 가능성과 윤리적인 측면에 새로운 제시를 할 수 있다. 두 가지 측면에서 살펴보면, 친환경적인 접근과 윤리적 소비의 중요성으로 나누어 볼 수 있다. AI 기술을 통해 지속 가능한 친환경적인 생산 과정이 어떻게 가능해지는지를 이야기해 볼 수 있고, 소비자들이 윤리적 기준을 고려하여 어떻게 구매 결정을 내리는지를 살펴보아야 한다. AI 시대의 뷰티 산업은 기존의 패러다임을 탈피하여 소비자 중심의 매우 진화된 환경으로 나아가고 있다. AI가 뷰티 산업의 메커니즘에 어떤 방식으로 내재화되고 있는지와, 앞으로의 발전 방향과 기회에 대해 깊이 있는 통찰을 제공하고자 한다.

《AI 뷰티 미러 : 혁신적 구매 향상 커뮤니케이션》은 또한 현대 뷰티 산업의 복잡한 환경 속에서 인공지능(AI)과 데이터 분석이 어떻게 소비자 경험을 혁신하고 구매 패턴을 변화시키는지를 탐구하고자 한다. AI 기술은 빠르게 발전하고 있으며, 이를 통해 소비자와 브랜드 간의 관계는 이전보다 훨씬 더 밀접해지고 있다. 소비자들은 개인화된 경험을 기대하고 있으며, 이는 브랜드가 고객에게 다가가는 방식에 중대한 영향을 미친다. 이러한 변화의 맥락을 이해하고, AI 기술이 어떻게 뷰티 산업의 혁신을 이끌어 가는지를 조명함으로써 독자들에게 새로운 방향성을 제시하고자 한다.

첫째, AI 기술이 뷰티 산업에 미치는 영향을 구체적으로 분석하고자 한다. 우리는 소비자의 행동 분석과 데이터 기반의 개인화가 어떻게 구매 결정을 유도하는지를 다양한 사례를 통해 설명할 것이다. 이러한 이해는 기업들이 고객의 기대에 부응하는 제품과 서비스를 개발할 수 있도록 도움을 줄 것이다.

둘째, 혁신적인 커뮤니케이션 전략을 소개하여 브랜드의 마케팅 접근 방식의 변화를 논의하고자 한다. 소셜 미디어, 온라인 플랫폼, 그리고 AI 챗봇과 같은 도구들은 고객과의 소통 방식에 혁신을 가져왔다. 이러한 도구들을 활용한 효과적인 마케팅과 커뮤니케이션 전략을 제안하여 독자들이 실제 비즈니스에 적용할 수 있는 실용적인 지침을 제공할 수 있을 것이다.

마지막으로, 뷰티 산업의 미래에 대한 통찰과 아이디어를 제시하고자 한다. 우리가 경험하는 AI 시대는 단순히 기술적 혁신을 넘어서 사회적, 윤리적 과제를 동반한다. 즉, 지속 가능한 생산과 윤리적 소비라는 주제들이 점차 중요해지고 있다. 이 부분에서 독자들은 뷰티 브랜드가 어떻게 지속 가능성과 윤리성을 고려하여 AI를 활용할 수 있는지를 탐구할 수 있을 것이다.

《AI 뷰티 미러 : 혁신적 구매 향상 커뮤니케이션》은 단순한 정보 전달을 넘어, 독자들과의 깊은 대화를 통해 뷰티 산업이 앞으로 나아가야 할 방향을 모색하고자 한다. 독자들이 이 책을 통해 얻는 통찰력은 그들이 미래의 뷰티 산업에서 주도적인 역할을 할 수 있도록 준비시키는 데 기여할 것이다. AI 시대에서의 뷰티 산업은 이제 시작에 불과하며, 그 가능성은 무한하다. 이 책이 그 여정에 한 걸음 더 나아가는 도구가 되기를 바란다.

목차

새 시대에 들어서며 · · · 004

───── 제1부 ─────
AI와 뷰티 산업의 융합

1. **AI의 기본 개념과 발전** · · · 019
   - 인공지능의 정의와 역사 · · · 019
   - 뷰티 산업에의 적용 사례 · · · 023
2. **뷰티 산업의 현재와 미래** · · · 028
   - 최신 뷰티 트렌드 · · · 028
   - 뷰티 산업의 2000년대 이전과 이후의 변화 · · · 033
   - 팬데믹 이전과 이후의 뷰티 산업 변화 · · · 038
   - 뷰티 산업의 미래 전망 · · · 043
   - AI가 만들어 가는 뷰티 혁신 · · · 049
3. **고객관리시스템(CRM)의 필요성과 역할** · · · 055
   - CRM의 필요성 · · · 058
   - CRM의 역할 · · · 059

───── 제2부 ─────
구매 향상을 위한 커뮤니케이션 전략

1. **소비자 행동의 변화** · · · 071
   - 정보 탐색 이론(Information Search Theory) · · · 074

사회적 증거 이론(Social Proof Theory) ··· 078

개인화 이론(Customization Theory) ··· 090

감정 이론(Affect Theory) ··· 096

소셜 미디어와 소비자 관계 ··· 102

디지털 시대의 소비자 심리 ··· 103

2. AI가 이해하는 소비자 니즈에 따른 이론 ··· 114

계층적 욕구 이론(Hierarchy of Needs Theory) ··· 114

구매 결정 과정 이론(Consumer Decision Making Process) ··· 117

태도 변화 이론(Theory of Reasoned Action) ··· 121

3. 디지털 커뮤니케이션 채널 ··· 125

소셜 미디어와 뷰티 브랜드 ··· 129

인플루언서와의 협업 전략 ··· 132

4. 데이터 기반의 맞춤형 마케팅 ··· 138

고객 데이터의 활용 ··· 145

AI 분석을 통한 개인화 전략 ··· 148

제3부

혁신적 커뮤니케이션 모델

---

1. AI 챗봇과 고객 서비스 ··· 162

자동화된 고객 소통의 장점 ··· 169

성공 사례 및 운영 전략 ··· 174

국내 기업 사례 ··· 177

국외 기업 사례 ··· 194

2. AR/VR 기술 활용 ··· 207

가상 체험과 구매 결정 ··· 211

고객 경험을 촉진하는 방법 ··· 220

3. 소통의 새로운 패러다임 ··· 234
　듣기와 반응의 중요성 ··· 238
　인공지능의 역할 확대 ··· 243

제4부

사례 연구 및 청사진
---

1. 성공적인 브랜드 사례 분석 ··· 257
　AI와의 조화를 이룬 뷰티 브랜드 ··· 257
　구매 향상에 성공한 전략 ··· 261
2. 미래 전망과 도전 과제 ··· 268
　미래 전망: AI 기반 맞춤형 뷰티의 진화 ··· 268
　뷰티 산업의 AI 도입과 지속 가능성 강화를 위한 해결 과제 ··· 270
　기술 발전에 따른 새로운 기회 ··· 272
　AI와 디지털 시대의 도전과 해결방안 ··· 278

마무리 ··· 282
참고 문헌 ··· 293

제1부

AI와
뷰티 산업의 융합

AI(인공지능) 기술은 현대 사회의 거의 모든 분야에서 혁신을 가져오는 핵심 요소로 자리 잡았다. 특히, 뷰티 산업에서는 AI의 잠재력이 풀어내는 새로운 가능성이 그 어느 때보다도 두드러지고 있다. AI와 뷰티 산업의 융합은 소비자 경험의 개선, 제품 개발, 마케팅과 고객 관리의 혁신에 이르기까지 다양한 영역에서 변화와 혁신을 가져오고 있다.

　개인화된 소비 경험으로 소비자들은 이제 단순히 제품을 구매하는 것을 넘어, 자신만의 특별한 경험을 원한다. AI는 소비자의 데이터를 분석하여 개인 맞춤형 추천 서비스를 제공함으로써 이 요구를 충족시킨다. 예를 들어, 뷰티 브랜드는 소비자의 피부 타입, 취향, 쇼핑 이력에 대한 데이터를 수집하여 최적의 제품을 추천하는 알고리즘을 구축한다. 이것은 고객의 만족도를 높이고, 제품의 구매 가능성을 극대화하는 데 기여한다. AI 기술은 또한 가상 피부 분석 도구를 통해 사용자가 직접 자신의 피부 상태를 진단하고 그에 맞는 제품을 추천받을 수 있도록 한다. 이러한 개인화된 접근은 소비자가 보다 더 정보에 기반한 결정(informed decision)을 하도록 돕고, 궁극적으로 브랜드에 대한 충성도를 증가시키는 역할을 한다.

또한, 가상 체험과 상호작용으로 AR(증강 현실)과 VR(가상 현실) 기술이 결합된 AI는 소비자에게 혁신적인 체험을 제공한다. 예를 들어, 소비자들은 AI 기반의 뷰티 앱을 통해 가상으로 메이크업을 하거나 헤어 스타일을 체험할 수 있게 되었다. 이와 같은 기술은 소비자가 제품을 직접 사용하지 않고도 자신의 외모에 대한 다양한 변화를 시도해볼 수 있게 하여, 실질적인 구매를 유도할 수 있다. 가상 체험은 소비자의 자율성을 더해주며, 소비자는 자신의 구매 결정을 보다 잘 수행할 수 있는 경험을 가지게 된다. 이러한 가상 체험은 소비자를 매장으로 끌어들이거나, 온라인 쇼핑의 효율성을 높이는 데 기여할 수 있다. 이러한 일련의 활동은 자동화 및 효율성을 가져와 AI 기술의 도입은 고객 서비스 분야에도 혁신을 가져왔다. AI 챗봇이나 가상 어시스턴트는 브랜드 웹사이트나 소셜 미디어 플랫폼에서 고객의 질문에 실시간으로 응답할 수 있다. 이는 소비자들이 필요한 정보를 신속하게 찾을 수 있도록 도와주며, 기업의 고객 서비스 비용을 절감하는 효과를 낳는다. 또한, AI는 마케팅 자동화 도구와 통합되어 소비자의 행동 데이터를 실시간으로 분석하고, 이에 기반한 맞춤형 광고 캠페인을 실행하는 등 효율성을 높이는 데 기여한다. 이런 자동화는 브랜드가 빠르게 변화하는 소비자 트렌드에 적시에 대응할 수 있도

록 한다.

　이러한 고객의 소비 트렌드에 맞춘 제품 개발의 혁신 면에서 AI는 제품 개발 과정에서도 중요한 역할을 한다. 화장품 성분의 효능 분석, 소비자 피드백의 수집 및 분석을 통해 브랜드는 보다 효과적이고 혁신적인 제품을 개발할 수 있다. AI는 희귀 성분의 조합이나 안전성을 시뮬레이션하여 새로운 제품을 시장에 출시하기 전에 잠재적인 문제를 미리 파악하게 돕는다. 이는 제품의 품질을 향상시키고, 소비자에게 더 나은 경험을 제공하는 데 기여한다. AI는 뷰티 브랜드가 데이터 기반 의사결정을 내릴 수 있도록 지원한다. 소비자 행동 분석, 트렌드 예측, 판매 데이터 분석을 통해 기업은 더 나은 전략을 수립할 수 있다. 이 과정에서 브랜드는 소비자에게 더욱 매력적인 제품과 서비스를 제공하고, 빠르게 변화하는 시장의 요구에 대응할 수 있는 능력을 갖추게 된다.

　위에서 살펴본 바와 같이, AI와 뷰티 산업의 융합은 더 이상 선택이 아닌 필수가 되었다. AI 기술은 뷰티 산업의 각 분야에서 효율성을 높이고, 소비자 경험을 강화하며, 브랜드 충성도를 증대시키는 데 필수적인 역할을 한다. 앞으로도 AI의 발전과 뷰티 산업의 혁신은 더욱 깊은 관계를 맺으며, 소비자에게 향상된 경험과 만족을 제공하는 새로운 가능성을 열어 갈 것이다. 이러한 변화는 앞으로의 AI의 발전과 뷰티 산업의 혁신은 더욱 깊은 관계를 맺으며, 소비자에게 향상된 경험과 만족을 제공하는 새로운 가능성을 열어 갈 것이다.

1.
AI의 기본 개념과 발전

◇ **인공지능의 정의와 역사**

인공지능(AI)은 인간의 지능을 기계로 모방하는 기술 또는 연구 분야를 의미한다. AI는 문제 해결, 학습, 추론, 시각 인식, 언어 이해 등 인간의 인지 기능을 수행할 수 있는 시스템을 만드는 것을 목표로 한다. 인공지능은 두 가지 주요 범주로 나눌 수 있다. 좁은 인공지능(Narrow AI)과 일반 인공지능(General AI)이다. 좁은 인공지능은 특정 작업이나 제한된 문제를 성공적으로 수행하도록 설계된 시스템이며, 현재 상용화된 AI 기술의 대부분이 이 범주에 속한다. 반면, 일반 인공지능은 인간과 유사한 수준의 인지 능력을 지닌 시스템을 의미하며, 이는 아직 개발되지 않은 개념이다.

인공지능(Artificial Intelligence, AI)이라는 용어는 '인간의 지능을 모방하거나 구현하는 기계나 시스템'을 의미한다. 이 개념의 어원은 "인공(Artificial)"과 "지능(Intelligence)"의 결합에서 비롯된다. '인공'은 자연이 아닌 인간의 손으로 만들어진 것을 의미하며, '지능'은 학습, 추론, 문제 해결, 이해 등의 인지적 능력을 나타낸다. 인공지능의 개념은 오래전부터 존재했지만, "인공지능"이라는 용어는 1956년 다트머스 회의(Dartmouth Conference)에서 공식적으로 탄생하였다. 이 회의는 앨런 튜링, 클로드 섀넌, 존 매카시 등 저명한 연구자들이 모여 인간의 사고 과정을 기계적으로 구현하고자 한 임무를 설정한 자리였다. 이에 따라 "인공지능"이라는 용어가 처음 사용되었고, 이는 AI 연구의 초석이 되었다.

 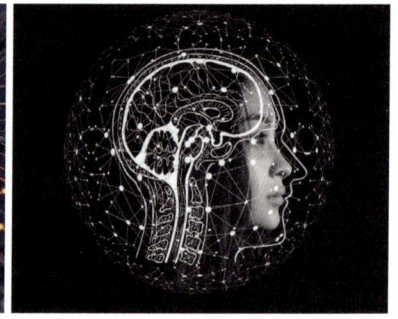

인공지능의 발전과 관련하여 사회적, 문화적 배경은 여러 차원에서 중요한 역할을 해왔다. 20세기 중반, 컴퓨터 과학이 급격히 발전하면서 인공지능의 기초가 마련되었다. 당시의 과학 기술 혁명은 비약적으로 정보 처리 능력을 향상시켰고, 이는 AI의 기초가 되는 알고리즘과 데이터 처리 방법의 개발로 이어졌다. 비트와 바이트의 시대가 열리면서 전자 컴퓨터가 도입되었고, 이로 인해 계산과 데이터의 수집이 가능해졌다. 이 시기의 기술적 발전은 인공지능이 현실화될 수 있는 첫 발판이 되었다. 인공지능의 개념은 단순한 기술의 발전을 넘어 인간 존재와 사고에 대한 철학적 탐구와도 연결된다. "기계가 생각할 수 있는가?"라는 질문은 앨런 튜링의 연구에서 가장 두드러지며, 이는 인간과 기계의 지능을 비교하는 논의로 이어졌다. 20세기 중반의 철학은 인간의 인지 기능을 이해하고, 그것을 기계에 재현하려는 시도로 가득 차 있었다. 이 과정에서 AI는 인간 인지 과정의 본질에 대한 논의의 중심에 놓였다. 산업 혁명 이후, 사회는 점점 더 많은 효율성을 요구하게 되었다. 인공지능은 이러한 요구에 부응하여 생산성을 높이고, 일상적인 작업을 자동화할 수 있는 솔루션으로 부각되었다. 예를 들어, 제조업에서의 기계 자동화, 서비스 산업에서의 고객 상담 챗봇과 같은 기술들은 노동력을 보완하거나 인건비를 절감하는 데 기여해 왔다. 이는 인공지능이 사회적 문제를 해결하는 도구로 자리 잡는 데 큰 역할을 했다. 과학 소설과 대중 문화에서도 인공지능은 오랜 역사를 가지고 있다. 이러한 문화적 표현은 대중의 상상력을 자극하며, AI 기술이 현실화되는 데 대한 기대와 우려를 동시에 안겨주었다. 영화와 문학에서 AI는 종종 인간과의 관계에서 갈등 요소로 등장하며, 기술 발전에 대한 윤리적 문제를 제기하기도 한다. 이는 AI 기술에 대한 사회적 논의와 관심을 더욱 확산시키는 데 기여하였다.

AI는 단순한 기술적 개념이 아니라, 인류의 사회적, 문화적 요구와 탐구의 결과물이다. 기술 발전, 철학적 고찰, 사회적 요구, 문화적 표현 등 다

양한 요인들이 인공지능의 정의와 진화를 이끌어왔다. 이러한 요소들은 인공지능이 단순한 기계적 조작을 넘어, 인간의 사고와 존재에 대한 깊은 고찰을 동반하는 상징적인 개념이 되도록 하고 있다. 인공지능의 발전은 앞으로도 계속될 것이며, 이는 사회와 문화 전반에 걸쳐 지속적으로 영향을 미치게 될 것이다.

다음으로 인공지능의 역사는 20세기 중반에서부터 시작되었다. 1950년대에 영국의 수학자 앨런 튜링(Alan Turing)은 '기계가 생각할 수 있는가?'라는 질문을 던지며, 컴퓨터가 인간처럼 지능을 발휘할 수 있는 가능성을 탐구하기 시작했다. 1956년 다트머스 회의(Dartmouth Conference)에서 인공지능의 공식적인 연구가 시작되었으며, 이는 AI라는 용어가 처음 사용된 자리다. 튜링 테스트(Turing Test)라는 개념도 이 시기에 소개되어, 기계가 인간의 대화 행동을 모방할 수 있는지를 평가하는 기준으로 자리 잡았다. 1960년대에는 초기 AI 프로그램들이 등장하였다. '엘리자(ELIZA)'라는 프로그램은 심리 상담사와의 대화를 모방하는 챗봇으로, 사람들과 간단한 대화를 나누는 데 성공하였다. 그러나 이 시기의 AI는 계산 능력이 부족하고, 제한된 범위의 문제를 해결하는 데 치중되어 있었다. 이러한 기술은 성공적인 사례도 있었지만, AI의 한계가 명확하게 드러나기 시작하여 자주 'AI의 겨울'이라 불리는 비활성 기간이 발생하였다. 1980년대 중반에는 전문가 시스템(expert system)이 인기를 끌었다. 이는 특정 분야의 지식을 기반으로 전문적인 결정을 내리는 시스템으로, 의료 진단 및 금융 서비스 등에서 활용되었다. 그러나 이러한 시스템의 개발은 비싸고 복잡한 전문가 지식을 필요로 하여 한계에 부딪혔다.

1990년대와 2000년대 초에 들어서는 머신러닝(기계 학습)과 데이터 마이닝(data mining) 기술이 발전하면서 인공지능의 재조명이 이루어졌다. 컴퓨터가 대량의 데이터를 분석하고 학습을 통해 패턴을 인식할 수 있게 되면서, AI의 가능성이 더욱 확장되었다. 2010년대에는 딥러닝(deep learning) 기술이 크게 발전하여 이미지 인식, 자연어 처리, 자율 주행차 등 다양한 분야에서 실질적인 성과를 올리기 시작하였다. 이때부터 AI는 급속도로 발전하며 우리의 일상 속으로 깊숙이 들어오게 되었다.

현재 인공지능 기술은 의료, 금융, 제조업, 뷰티 산업 등 다양한 분야에 응용되고 있다. 인간과 기계 간의 상호작용이 강화되면서, 지속적인 기술 발전과 함께 윤리적 고려사항 또한 제기되고 있다. AI의 발전은 인간의 삶을 더욱 편리하고 풍요롭게 하는 한편, 새로운 사회적 도전을 동반하고 있음을 인식해야 할 필요성이 커지고 있다.

 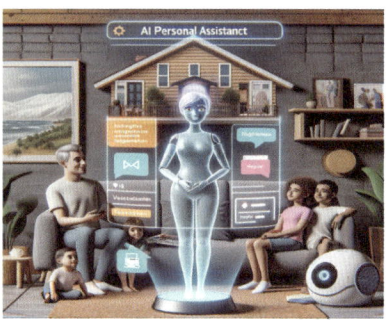

◇ 뷰티 산업에의 적용 사례

AI는 자칫 작은 규모에서 특수한 영역에서만 가능하리라는 생각을 하게 된다. 과학적으로 증명할 수 없다면 마치 사용이 불가한 것처럼 보이기도 한다. 그러나 우리의 생각의 너머에 있는 우리의 또 다른 세계를 보는 눈은 우리를 더욱 성장시키고 발전시키며 우리가 동화를 보듯 다른 세계로 인도하기도 한다. 우리가 인지하는 것보다 더 크게 작용하는 마음의 확장을 통해 경계를 허물고 더 넓은 세계를 향해 날아오를 수 있으며, 이러한 관점에서 AI와 뷰티 산업의 적용 사례를 살펴본다면 지금 우리가 소속되어 있는 많은 뷰티 산업에서 활용이 가능하리라 본다.

먼저 국내 사례에서는 LG생활건강에서 AI 피부 분석을 연구하여 분석하면서 그 적용 사례를 보여주고 있다. LG생활건강은 AI 기술을 활용해 소비자의 피부 상태를 분석하는 서비스를 제공한다. '이너뷰티'라는 앱을 통해 사용자는 자신의 피부 사진을 찍고, AI가 분석하여 맞춤형 제품을 추천받을 수 있다. 이 앱은 피부 고민에 대한 솔루션을 제공하여 소비자 맞춤형 뷰티 경험을 극대화한다.

두 번째, 아모레퍼시픽에서 챗봇 고객 서비스를 실시하고 있는데, 아모레퍼시픽은 자사의 온라인 쇼핑몰에서 AI 챗봇을 도입하여 고객 서비스의 자동화를 추진하고 있다. 챗봇은 소비자의 질문에 실시간으로 응답하고, 제품 추천은 물론 주문 및 배송 상태 조회까지 지원하여 사용자 편의성을 높이고 있다.

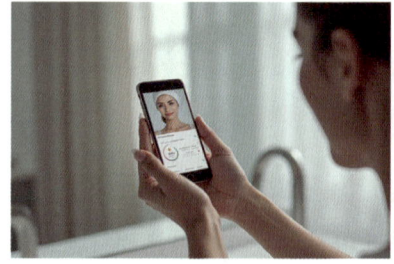 

셋째, 미샤에서 선보이고 있는 가상 메이크업 체험은 '가상 메이크업' 앱을 통해 소비자가 다양한 메이크업 스타일을 가상으로 시도해볼 수 있는 서비스를 제공하고 있다. AR 기술과 AI를 활용하여 사용자에게 신뢰성 있는 메이크업 체험을 제공함으로써, 고객 구매 유도에 성공적으로 기여하고 있다.

넷째, 헤라에서는 AI 기반 스킨케어를 추천하는 시스템으로, 헤라의 스킨케어 라인에서는 AI 분석을 통해 소비자에게 최적화된 제품을 추천하고 있다. 소비자는 간단한 설문지를 작성한 후 AI의 추천을 받아 자신에게 맞는 제품을 쉽게 선택할 수 있다. 이 방법은 소비자의 편의를 증진시키며, 고객 충성도를 증가시키는 데 기여한다.

다섯째, 이니스프리에서는 고객의 데이터 기반을 통해 고객 피드백을 제공한다. 이니스프리는 고객의 구매 이력과 사용 후기를 AI로 분석하여 제품 개선 및 신제품 개발에 활용하고 있다. 이를 통해 고객의 요구를 충족시키고, 구매 결정을 최적화하는 데 중점을 두고 있으며, 맞춤형 마케팅 전략을 세우는 데 큰 도움을 주고 있다.

AI의 해외 적용 사례로는 L'Oréal의 AI 기반 피부 분석기로 L'Oréal은 'Genius Skin' 앱을 통해 소비자가 자신의 피부 상태를 분석하고 제품 추천을 받을 수 있는 AI 기반 피부 분석기를 출시했다. 이 앱은 AI 알고리즘을 통해 사용자 피부를 신속하게 평가하고, 적합한 제품을 추천하여 개인화된 구매 경험을 제공한다.

둘째, Estée Lauder의 AR 메이크업 경험으로 'Virtual Artist'라는 AR 앱을 통해 소비자들이 다양한 메이크업을 가상으로 체험해볼 수 있도록 하였다. 소비자는 자신의 사진을 업로드하거나 실시간으로 메이크업을 시도하여 제품 구매 결정을 돕고, 사용자의 참여를 유도하고 있다.

셋째, Sephora의 AI 챗봇 및 맞춤형 추천은 AI 챗봇을 웹사이트와 모바일 앱에 통합하여 고객 요청에 신속하게 응답하고, 맞춤형 제품 추천을 제공한다. 이는 소비자가 필요한 정보를 즉시 얻을 수 있도록 하며, 구매 전환율을 높이는 데 기여하고 있다.

넷째, P&G는 AI 기반 제품 개발로 AI를 활용하여 소비자의 요구를 분석하고, 제품 개발 및 개선에 적극적으로 활용하고 있다. 데이터 분석을 통해 고객의 선호를 파악하고, 사용자 맞춤형 솔루션을 찾아내는 데 집중하고 있다.

다섯째, Neutrogena의 Skin360 앱은 AI를 활용하여 사용자의 피부 상태를 평가하고, 개인 맞춤형 스킨케어 제품을 추천한다. 사용자는 본인의 피부 상태를 정기적으로 분석 받아 필요에 따라 제품을 조정할 수 있어 지속적인 피부 관리가 가능하다.

2.
뷰티 산업의 현재와 미래

◇ **최신 뷰티 트렌드**

　뷰티 산업은 헤어, 피부, 네일, 두피, 화장품, 뷰티 제품 등 다양한 분야로 구성되어 있으며, 소비자의 요구와 기술 발전에 따라 지속적으로 변화하고 있다. 현재 뷰티 산업의 트렌드와 미래 전망에 대해 세부적으로 살펴보겠다.

　먼저 뷰티 산업이 현재의 놓여진 실태에 대해 헤어, 피부, 네일, 두피 관리, 화장품 및 뷰티 제품으로 나누어 볼 수 있다. 헤어 산업은 개별화된 서비스와 제품이 주를 이룬다. 소비자들은 자신에게 맞는 헤어 스타일과 색상을 찾기 위해 전문가와 상담하길 원하는데, 이러한 트렌드는 맞춤형 서비스로 확장되고 있다. 기술의 발전으로 인해 다양한 헤어 제품이 개발되었으며, 특히 자연 유래 성분을 기반으로 한 샴푸와 트리트먼트 제품이 인기를 끌고 있다.

　피부 관리 산업에서는 스킨케어 제품의 다양성과 고급화가 진행되고 있다. 소비자는 자신에 맞는 스킨케어 루틴을 찾기 위해 많은 시간을 투자하곤 하며, 이는 세분화된 시장을 만들어냈다. 화장품 브랜드들은 AI를 활용하여 고객의 피부 타입에 맞는 제품을 추천하는 서비스도 도입하고 있다. 현재는 자연 및 유기농 화장품의 수요도 증가하고 있어, 지속 가능한 성분을 사용하는 브랜드들이 주목받고 있다.

네일 산업은 개성과 창의성을 중시하는 방향으로 발전하고 있다. 다양한 디자인과 색상의 네일 제품이 소비자의 관심을 끌며, DIY(Do It Yourself) 형태의 네일아트 키트도 인기를 누리고 있다. 전문 네일 아티스트들이 제공하는 독창적인 디자인 또한 주목받고 있으며, 소셜 미디어를 통해 많은 소비자들이 이러한 트렌드에 영향을 받고 있다.

두피 관리 제품은 최근 몇 년간 주목받기 시작했으며, 건강한 두피가 건강한 헤어와 직결된다는 인식이 확산되고 있다. 샴푸와 트리트먼트는 물론, 두피 전용 세럼과 마스크 제품도 등장하면서 소비자들에게 새로운 시장을 열어주고 있다. 건강한 두피 관리의 중요성에 대한 인식이 높아짐에 따라 관련 제품의 시장 성장 가능성이 크다.

화장품 및 뷰티 제품은 현재 화장품 시장은 다양한 브랜드와 제품으로 치열한 경쟁을 이루고 있다. 고급 브랜드뿐만 아니라 저가 브랜드도 소비자에게 인기를 끌고 있으며, 테크놀로지와 결합된 혁신적인 제품(예: 스마트 메이크업 제품)이 계속해서 등장하고 있다. 또한, 자연 성분과 비건 제품에 대한 수요가 급격히 증가하고 있는 추세다.

다음으로 뷰티 산업의 미래에 대해 뷰티 산업별 각 파트별로 전망해 볼 수 있다. 앞으로 헤어 산업에서는 AI와 머신러닝을 통한 개인 맞춤형 솔루션이 더더욱 발전할 것으로 예상된다. 개인의 모발 상태를 실시간으로 분석하고 최적의 제품을 제안하는 기술이 상용화될 것이며, 고급화된 전문적인 헤어 서비스 또한 더욱 인기를 끌 것이다.

또한 피부 관리의 진화 측면에서 미래의 스킨케어는 소비자의 DNA 분석이나 정밀한 피부 측정 기술을 통해 더욱 개인화될 것이다. AI 기반의 피부 분석 도구가 보편화되어 피부 타입에 최적화된 제품을 자동으로 추천하고, 사용자 맞춤형 화장품 제작 서비스가 확산될 가능성이 높다. 또한, 소비자의 피드백을 토대로 지속적인 제품 개선도 이루어질 것이다.

네일아트의 혁신적인 면에서 전망해 보자면 네일 산업은 더욱 창의적이고 다양한 디자인을 제공할 수 있는 방향으로 발전할 것이다. AR 기술을 통해 소비자들은 자신이 원하는 네일 디자인을 가상으로 미리 시도해 볼 수 있을 것이며, 3D 프린팅 기술을 이용한 개인 맞춤형 네일아트 제품 출현이 예상된다.

현대인에게 모발의 중요성과 함께 대두되고 있는 두피 관리의 중요성이 증가함으로써, 두피 관리 제품 시장은 더욱 확장될 것으로 보인다. 특히 두피 건강이 모발 성장과 밀접하게 연결되어 있다는 인식이 커지면서, 두피 전용 제품이 더욱 다양한 형태로 출시될 것이다. 또한, 각종 뷰티 디바이스들을 통한 두피 마사지 및 케어 기술이 발전하면서 두피 관리의 중요성 증가에 따라, 두피 관리 제품은 더욱 넓은 소비자층을 대상으로 하여, 특히 탈모나 비듬과 같은 두피 문제를 해결하기 위한 전문 제품들이 증가할 것이다. AI 및 데이터 분석 기술을 통해 소비자는 자신의 두피 상태에 따른 맞춤형 솔루션을 받게 되어, 개별화된 관리가 가능해질 것이다. 이는 건강한 두피가 건강한 머리카락에 직접적인 영향을 미친다는 인식을 더욱 공고히 하고, 소비자들의 관심을 끌어들일 것이다.

 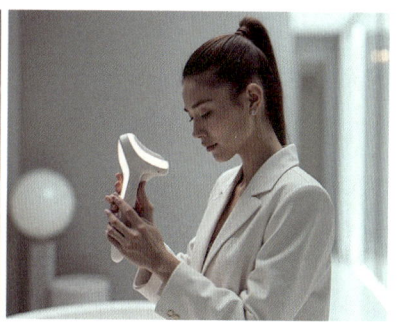

날로 진화하는 과학의 힘에 의해 화장품 및 뷰티 제품의 혁신도 전망해 볼 수 있다. 미래의 화장품 산업은 기술과 혁신이 결합된 형태로 변화할 예정이다. 소비자들은 더욱 고도화된 맞춤형 제품을 요구하게 되고, 이를 충족하기 위해 화장품 브랜드는 실시간 피부 분석과 같은 기술을 도입할 것이다. 스마트 메이크업 제품, 즉 피부 상태에 따라 색상이나 질감이 자동으로 변화하는 제품들이 상용화될 가능성이 크다. 또한, 자연 유래 성분의 사용이 더욱 늘어날 것이며, 환경친화적인 포장재와 생산 방법이 강조될 것으로 보인다. 지속 가능성이 뷰티 제품 선택의 중요한 요소로 자리 잡으면서, 브랜드는 친환경성과 윤리성을 기반으로 한 제품 개발에 힘

쓰게 될 것이다.

　뷰티 산업 내에서의 AI와 기술의 역할이 부각되면서 AI와 기술은 뷰티 산업의 모든 측면에서 혁신적인 변화의 중심이 될 것이다. 소비자는 AI 기반의 개인 맞춤형 제품 추천 시스템을 통해 더욱 편리한 구매 경험을 누릴 것이며, 기업은 소비자 데이터를 분석하여 선호도를 기반으로 한 다양한 마케팅 전략을 구사하게 될 것이다. 또한, 가상현실(VR)과 증강현실(AR) 기술은 소비자들에게 가상 체험을 제공하여 구매 결정을 내리기 쉽게 할 것이다. 예를 들어, 소비자는 메이크업 제품을 실제로 사용해보기 전에 가상으로 경험해 볼 수 있어 구매 결정을 보다 심층적으로 할 수 있게 된다.

　소셜 미디어는 뷰티 산업에서의 주요한 마케팅 도구로 자리 잡을 것이며, 특히 생성된 콘텐츠(UGC)는 소비자 신뢰를 높이는 요소로 작용할 것이다. 인플루언서 마케팅과 함께 소비자와 브랜드 간의 관계는 더욱 밀접해질 것이며, 브랜드는 소비자와의 소통을 강화하는 데 중점을 두게 된다. AI 기술은 이러한 소셜 미디어 분석을 통한 트렌드 파악과 맞춤형 마케팅에 기여할 것이다.

　현재와 미래의 뷰티 산업은 끊임없이 발전하고 있으며, 새로운 기술과 소비자 요구에 발맞추어 나아가고 있다. 헤어, 피부, 네일, 두피, 화장품 등 다양한 분야에서 개인화된 솔루션과 혁신적인 제품이 증가할 것이며, 이는 소비자에게 더욱 풍부한 뷰티 경험을 제공할 것으로 기대된다. 지속 가능한 접근과 혁신적인 기술의 융합은 미래의 뷰티 산업에서 성공의 열쇠가 될 것이며, 이러한 변화를 통해 소비자는 더 나은 선택을 할 수 있는 기회를 얻게 될 것이다. AI와 기술의 발전은 뷰티 산업의 패러다임을 변화시킬 것이며, 이에 따라 새로운 비즈니스 모델과 소비 행태가 등장할 마당이다.

〈표-1〉 뷰티 산업의 현재와 미래

항목	현재	미래 전망
제품 종류	다양한 제품군과 브랜드, 높은 경쟁	지속 가능성 및 개인화된 제품의 증가
소비자 행동	오프라인 매장에서 구매, 가격과 품질 중시	온라인 구매 증가, 개인화 및 맞춤형 솔루션 선호
마케팅 전략	전통적인 광고 및 프로모션 중심	디지털 마케팅, 소셜 미디어, 인플루언서 마케팅 확대
기술 활용	기본적인 웹사이트 및 온라인 쇼핑	AI 기반 데이터 분석, AR/VR 기술을 활용한 경험 제공
소셜 미디어	제한적인 참여 및 소통	소비자 참여가 우선시 되는 플랫폼으로서 성장
소비자 니즈	제품 성능과 숨겨진 가치 집중	감정적 연결 및 사회적 책임 중시
브랜드 신뢰도	유명 브랜드 중심으로 신뢰 구축	투명한 정보 제공과 소비자 피드백 강화
서비스 경험	대면 서비스 중심	Omnichannel(옴니채널) 경험 및 개인 맞춤형 서비스
환경 책임	일부 브랜드의 환경친화적 노력	지속 가능한 제품과 기업의 사회적 책임 강조

◇ 뷰티 산업의 2000년대 이전과 이후의 변화

뷰티 산업은 시간의 흐름에 따라 많은 변화와 발전을 겪어왔다. 2000년대 이전과 이후를 비교하면, 이러한 변화는 기술적, 사회적, 문화적 요인에 의해 크게 영향을 받았다.

2000년대 이전의 뷰티 산업은 제품 중심의 마케팅, 대량 생산의 시대, 신뢰의 시대와 함께 정보 접근의 한계를 가져오기도 했다. 2000년대 이전의 뷰티 산업은 제품 중심의 마케팅 전략에 주안점을 두었다. 브랜드들은 제품의 성능과 성분을 강조하며 소비자에게 어필하였다. 광고는 주로 텔레비전이나 인쇄 매체를 통해 이루어졌고, 특정 제품의 우수성을 강조하는 방식이 일반적이었다. 뷰티 제품은 대량 생산 방식으로 공급되었으며, 대중적인 브랜드의 제품이 주를 이뤘다. 이 시기에는 저가 제품을 통한 대규모 소비가 일반화되었고, 소비자는 가격 대비 성능이 우수한 제품을 선호하였다. 소비자들은 주로 전통적인 미디어를 통해 브랜드의 신뢰도를 형성하였다. 유명 모델이나 스타들이 광고에 등장하여 브랜드 인지도를 높이는 방식이 일반적이었고, 소비자는 이러한 신뢰를 바탕으로 제품을 구매하였다. 그러나 소비자들은 제품에 대한 정보를 얻는 데 제한적이었다. 주로 광고나 매장 직원의 설명에 의존하였으며, 정보의 비대칭성으로 인해 소비자의 선택이 제한적이었다.

2000년대 이후의 뷰티 산업은 개인화 및 맞춤형 제품, 디지털 혁명과 온라인 쇼핑, 경험 중심의 마케팅, 지속 가능성과 윤리적 소비, 기술 혁신과 AI의 활용 등을 통해 눈부신 향상을 이루었다. 2000년대 이후, 뷰티 산업은 개인화된 제품과 맞춤형 서비스에 중점을 두기 시작했다. 소비자들은 이제 자신에게 맞는 제품을 원하며, 브랜드는 소비자의 개별 요구를 충족하는 제품을 개발하고 있다. AI와 데이터 분석 기술이 활용되어 소비자의 기호와 필요를 고려한 추천 시스템이 보편화되었다.

온라인 쇼핑의 확산으로 소비자들은 다양한 뷰티 제품을 쉽고 빠르게 비교·구매할 수 있게 되었다. 소셜 미디어 플랫폼의 성장과 제품 리뷰 및 추천 시스템은 소비자가 더 나은 의사결정을 내리도록 도왔다. Instagram, TikTok 등과 같은 플랫폼은 뷰티 브랜드 마케팅에서 중요한 역할을 하게 되었다.

뷰티 산업은 이제 소비자 경험을 중요시하고 있다. 제품 사용 경험을 중심으로 한 마케팅 전략이 대두되었으며, 소비자는 브랜드와의 관계를 중요하게 여기게 되었다. 뷰티 브랜드들은 소비자와 직접 소통하고, 사용자 생성 콘텐츠(UGC)를 활용하여 브랜드 충성도를 높이고 있다.

최근 몇 년간, 소비자들이 지속 가능성과 윤리적 소비를 중시하게 되면서 뷰티 브랜드들도 환경친화적인 성분과 포장, 비건 제품을 개발하기 위해 노력하고 있다. 소비자들은 그들이 선택하는 제품이 사회적, 환경적으로 책임을 다해야 한다는 요구를 가지고 있으며, 이는 많은 브랜드의 비즈니스 모델 변화에 영향을 미치고 있다.

AI와 머신러닝 기술의 발전은 뷰티 산업에 새로운 가능성을 제공하고 있다. 피부 분석 앱, 가상 메이크업 체험, AI 기반 마케팅 등 다양한 기술적 혁신이 소비자에게 향상된 경험을 제공하고 있다. 이러한 기술들은 제품 추천뿐만 아니라 소비자의 방문 경로나 구매 패턴 등을 분석하여 브랜드 마케팅에 활용되고 있다.

  2020년 이후로, 소비자들은 온라인 쇼핑에 익숙해졌고, 이로 인해 디지털 경험의 품질이 중요해졌다. 브랜드는 차별화된 온라인 쇼핑 경험을 제공하기 위해 증강현실(AR) 및 가상현실(VR) 기술을 활용한 가상 체험 매장을 확대하고 있다. 예를 들어, 소비자는 스마트폰을 통해 가상으로 메이크업을 시도하고, 다양한 제품과 컬러를 실시간으로 비교해볼 수 있을 것이다. 이러한 디지털 경험은 소비자 구매 전환율을 높이고, 브랜드 충성도를 강화하는 데 기여할 것이다. AI 기술의 발전은 뷰티 제품의 개인화에 큰 영향을 미치고 있다. 앞으로 더 많은 뷰티 브랜드는 소비자의 피부 상태와 선호도를 실시간으로 분석하여 최적의 제품을 추천하는 AI 솔루션을 도입할 것이다. 이러한 서비스는 소비자들이 자신에게 맞는 제품을 선택하는 데 도움을 줄 뿐만 아니라, 맞춤형 제품 개발에 대한 피드백을 직접적으로 받을 기회를 제공할 것이다. AI 기술의 발전은 뷰티 제품의 개인화에 큰 영향을 미치고 있다. 앞으로 더 많은 뷰티 브랜드는 소비자의 피부 상태와 선호도를 실시간으로 분석하여 최적의 제품을 추천하는 AI 솔루션을 도입할 것이다. 이러한 서비스는 소비자들이 자신에게 맞는 제품을 선택하는 데 도움을 줄 뿐만 아니라, 맞춤형 제품 개발에 대한 피드백을 직접적으로 받을 기회를 제공할 것이다.

  지속 가능성과 환경 문제에 대한 관심이 높아지면서, 뷰티 브랜드들은 더 많은 노력을 할 것이다. 지속 가능한 성분, 재활용 가능한 포장 및 윤리적 생산 방식을 채택하는 브랜드가 늘어날 것이며, 소비자들은 이러한 가치를 기준으로 브랜드를 선택하는 경향이 더욱 강해질 것이다. 브랜드는 투명성을 강조하고 소비자와의 신뢰를 구축하는 데 주력하게 될 것이다.

뷰티 산업의 다음 단계는 피부 및 헤어 건강과 관련된 웰빙 지향적인 접근 방식이 될 것이다. 소비자들은 더 이상 화장품만을 찾는 것이 아니라, 피부와 머리카락의 건강을 개선하는 제품을 원한다. 이는 건강, 영양, 정신적 웰빙 등을 포함한 종합적인 뷰티 접근법을 요구하는 것으로 이어질 것이며, 기업들은 제품 라인을 건강 및 웰빙 중심으로 다각화할 수 있다. 팬데믹 동안 소비자들은 소셜 미디어를 통해 제품 정보를 얻고 구매하는 경향이 강해졌다. 앞으로 소셜 미디어에서의 쇼핑 경험은 더욱 발전할 것이며, 인플루언서와 브랜드의 협업을 통한 직접 판매가 추가로 증가할 것이다. 소비자들은 친구나 인플루언서의 추천을 통해 자신이 선호하는 제품을 쉽게 발견하고 구입할 수 있게 된다. 이러한 트렌드는 소셜 미디어 플랫폼에서의 쇼핑 기능 강화로 이어질 것으로 보인다.

뷰티 산업은 2000년대 이전과 이후에 걸쳐 극적인 변화를 겪었다. 과거의 제품 중심 마케팅에서 소비자 경험과 맞춤화된 서비스로의 변화는 신

뢰할 수 있는 정보 접근의 증대와 경제적 여건의 변화에 따라 이루어졌다. 현대 사회에서는 소비자가 중요한 의사 결정자로 자리 잡으면서, 기업들도 보다 지속 가능한 접근을 추구하게 되는 등 새로운 방향으로 발전하고 있다. 이러한 변화는 앞으로도 지속될 것이며, 뷰티 산업의 미래는 더욱 다양하고 혁신적일 것으로 예상된다.

◇ **팬데믹 이전과 이후의 뷰티 산업 변화**

팬데믹 이후의 뷰티 산업 변화는 소비자 행동과 기업 운영 방식을 근본적으로 바꿔놓았다. 이러한 변화는 앞으로도 지속될 것이며, 다음과 같은 방향으로 전개될 것으로 예상된다. 팬데믹(전염병 대유행), 특히 COVID-19는 전 세계의 다양한 산업에 중대한 영향을 미쳤으며, 뷰티 산업도 예외는 아니다. 팬데믹 이전과 이후를 비교할 때, 소비자의 행동, 판매 방식, 제품 개발 등이 크게 변화하였다.

팬데믹 이전의 뷰티 산업을 살펴보자면, 오프라인 중심의 유통 및 판매, 소비자의 미용 관심도, 취미 및 여가 중심의 뷰티로 이루어졌다.

팬데믹 이전의 뷰티 산업은 오프라인 매장 중심으로 운영되었다. 소비자들은 뷰티 제품을 구매하기 위해 주로 매장을 방문하였고, 직접 제품을 사용해보거나 상담을 받을 수 있는 기회를 가졌다. 상점에서의 체험은 소비자 구매 결정에 중요한 요소로 작용하였다. 팬데믹 이전에는 화장과 외모 관리에 대한 소비자들의 관심이 높았다. 특히 허가된 외출이 잦고, 공식적인 자리에서의 면접이나 회의가 많았기에 뷰티 제품의 수요가 활발했다. 이는 패션, 뷰티, 화장품 업계에서 다양한 신제품이 출시되는 원동력이 되었다. 뷰티와 관련한 활동은 많은 사람들에게 여가의 한 부분으로 자리 잡고 있었다. DIY(Do It Yourself) 메이크업, 네일아트, 피부 관리 등 다양한 뷰티 관련 콘텐츠가 인기를 끌고 있었고, 뷰티 유튜버들의 영향력이 커지고 있었다.

팬데믹 이후의 뷰티 산업은 이전 산업구조에 볼 수 없는 온라인 중심의 변화, 피부 관리와 웰빙 중심의 흐름을 통해 개인화된 서비스의 필요성이 강조되기 시작했다. COVID-19 팬데믹은 소비자들에게 오프라인 매장 방문을 줄이고 온라인 쇼핑으로의 전환을 가속화하였다. 원격 근무와 사회적 거리 두기 조치로 인해 많은 소비자들이 뷰티 제품을 온라인에서 구매하게 되었고, 뷰티 브랜드들도 온라인 판매 채널을 강화하게 되었다. 이는 E-Commerce(전자상거래)의 중요성을 더욱 부각시켰다. 팬데믹 기간 동안 소비자들은 외모 관리보다 피부 건강과 웰빙에 더 많은 관심을 두게 되었다. 마스크 착용으로 인해 스킨케어 제품과 기능성 화장품에 대한 수요가 증가하였고, 클렌징, 수분 공급 및 진정 효과가 있는 제품이 인기를 끌었다. 홈케어의 중요성이 커지면서 스파 및 전문 시술 대신 직접 홈케어가 주목받았다. 팬데믹으로 인해 개인화된 서비스에 대한 관심이 높아졌다. 소비자들은 자신의 피부 타입에 맞춘 맞춤형 제품이나 온라인 상담을 통해 더욱 개인화된 경험을 원하게 되었다. AI 기반의 피부 분석 앱도 소비자들에게 맞춤형 솔루션을 제공하며 인기를 끌었다. 이제는 이전의 시대와 달리 팬데믹은 소비자들이 지속 가능성과 윤리적 소비에 대한 관심을 높이게 만들었다. 많은 소비자들이 환경 보호와 사회적 책임을 고려한 제품을 선호하게 되었으며, 이는 브랜드들이 지속 가능한 소재 및 포장 개선을 위해 더욱 노력을 기울이게 만들었다.

　　팬데믹 이후 소셜 미디어가 뷰티 산업에서 더욱 중요한 역할을 하게 되었다. 소비자들이 브랜드와의 상호작용을 더욱 원하게 되었으며, 이에 따라 인플루언서 마케팅과 소셜 미디어 캠페인은 브랜드 인지도와 소비자 참여를 높이는 주요 수단이 되었다. TikTok, Instagram과 같은 플랫폼을 통해 짧고 임팩트 있는 콘텐츠가 인기를 끌며, 소비자들에게 영감을 주고 있는 소셜 미디어와 디지털 마케팅의 중요성이 부각되고 있다.

　　현재 뷰티 산업은 다양한 제품을 제공하여 소비자들에게 선택의 폭을 넓혀주고 있다. 각 개인의 필요와 취향에 맞춘 맞춤형 제품이 많이 출시되고 있으며, 이는 소비자가 자신의 피부나 헤어 타입에 맞는 최적의 제품을 찾을 수 있도록 돕는다. 온라인 쇼핑과 디지털 마케팅의 발전으로 소비자들은 언제 어디서나 제품을 검색하고 구매할 수 있는 편리함을 누리고 있다. 소셜 미디어는 제품 정보를 쉽고 빠르게 확산시키며, 소비자 리뷰를 통해 신뢰할 수 있는 정보 제공의 장이 되고 있다. AI와 데이터 분석 기술의 발전으로 브랜드들은 소비자에게 개인 맞춤형 솔루션을 제공할 수 있게 되었다. 소비자는 자신에게 맞는 제품과 서비스를 손쉽게 찾을 수 있으며, 이는 브랜드의 충성도를 증가시키는 데 기여하고 있다.

이와 달리 디지털화와 소셜 미디어의 발달은 소비자에게 정보의 과잉을 초래할 수 있다. 수많은 브랜드와 제품 중에서 소비자는 올바른 선택을 하기 어려운 상황에 놓일 수 있으며, 이는 혼란과 불신을 초래할 수 있다. 지속 가능한 제품 및 윤리적 소비에 대한 요구가 증가하고 있지만, 일부 브랜드는 이를 충족하지 못하고 환경 파괴를 일으키거나 노동자의 권리를 무시하는 경우가 있다. 소비자들은 브랜드의 신뢰성을 높이 평가하며, 이와 관련된 문제가 해결되지 않는다면 브랜드 평판에 악영향을 미칠 수 있다. 뷰티 산업 내 경쟁이 치열해져 많은 브랜드가 비슷한 제품과 서비스를 제공함에 따라, 소비자들은 선택에서 혼란을 느낄 수 있으며, 브랜드가 자사의 고유성을 유지하는 것이 어려워질 수 있다. 소비자의 구매 행동에 따른 바람직한 뷰티 산업의 미래는 사업자와 소비자 간의 실익을 함께 도모하는 방향으로 발전해야 한다. 지속 가능한 경영과 윤리적 소비에서 환경친화적인 제품 개발, 투명한 정보 제공, 개인화된 고객 경험 강화, 피드백 시스템 구축하면서, 커뮤니티 중심의 마케팅에서 소비자 중심의 커뮤니티 형성, 인플루언서와의 협업을 통해 보다 나은 미래를 설계할 수 있다.

브랜드는 지속 가능한 성분을 사용하여 친환경적인 제품을 개발하고, 재활용 가능한 포장재를 사용하여 환경에 대한 책임을 다해야 한다. 이는 소비자들이 뷰티 제품을 구매하는 데 있어 환경 문제를 고려하게 만들고, 브랜드에 대한 신뢰도를 높일 것이다. 소비자에게 제품의 성분, 생산 과정 및 윤리적 기준에 대한 정보를 투명하게 제공함으로써 신뢰성을 확보할 수 있다.

소비자는 브랜드의 책임 있는 행동을 평가하고, 이는 장기적인 브랜드 충성도로 이어질 것이다. AI 기술을 통해 소비자의 피부 상태와 헤어 타입을 실시간으로 분석하여 맞춤형 제품이나 서비스를 제공하는 것이 필수적이다. 고객 맞춤형 체험을 통해 소비자는 자신의 필요에 맞는 최적의 솔루션을 얻고, 브랜드에 대한 만족도가 높아질 것이다. 브랜드는 고객의 피드백을 정기적으로 수집하고 이를 적극적으로 반영하여 제품과 서비스를 개선해야 한다. 이러한 소통은 고객의 관계를 강화하고, 소비자는 자신의 의견이 반영되는 브랜드에 대한 충성도가 높아질 것이다. 소비자들이 서로 정보를 교환하고 의견을 나눌 수 있는 플랫폼을 제공함으로써, 브랜드와 소비자 간의 관계를 강화할 수 있다. 소비자 커뮤니티는 브랜드의 지속적인 발전에도 기여할 수 있으며, 소비자들은 소속감을 느끼게 된다.

    브랜드는 신뢰할 수 있는 인플루언서와 협업하여 소비자에게 보다 신뢰성 있는 정보를 제공할 수 있다. 인플루언서가 제품을 추천하고 사용 후기를 나눌 때, 소비자들은 이를 신뢰하게 되고 브랜드의 신뢰도를 높이는 데 기여한다. 이러한 협업은 소비자와의 직접적인 소통을 강화할 뿐만 아니라, 브랜드의 인지도를 높이는 데도 유용하다. 또한, 인플루언서가 강조하는 지속 가능성이나 윤리적 소비와 같은 핵심 가치는 소비자들에게 더욱 긍정적인 브랜드 이미지를 각인시킬 수 있다.

뷰티 산업의 미래는 지속 가능성과 윤리적 소비, 개인화된 경험, 그리고 커뮤니티 중심의 마케팅을 기반으로 한 다이나믹한 변화에 의해 형성될 것이다. 사업자는 소비자의 요구와 기대를 반영하여 혁신적인 제품과 서비스를 개발함으로써 지속 가능한 성장 경로를 찾아야 한다. 또, 소비자는 자신의 선택이 의미하는 바를 이해하고, 책임을 다하는 브랜드를 선택함으로써 더욱 뚜렷한 가치를 부여하게 될 것이다. 이러한 시너지 효과는 뷰티 산업을 지속 가능하고 신뢰할 수 있는 방향으로 발전시키며, 사업자와 소비자가 모두 만족할 수 있는 원-윈 상황을 만들어 갈 수 있는 기반이 될 것이다. 소비자와 브랜드 간의 관계는 단순한 거래가 아닌, 상호 신뢰와 가치 공유를 위한 파트너십으로 거듭나야 하며, 이는 궁극적으로 뷰티 산업의 성장을 지속 가능하게 할 것이다. 따라서 브랜드는 이러한 변화를 주의 깊게 살펴보아야 하며, 미래에 대비한 전략을 미리 수립하여 소비자의 마음을 사로잡는 데 힘을 쏟아야 한다. 이러한 과정에서 뷰티 산업은 더욱 풍부하고 다채로운 경험을 소비자에게 제공할 수 있을 것이며, 이로 인해 산업 전반에 긍정적인 영향을 미칠 것으로 기대된다.

◇ **뷰티 산업의 미래 전망**

뷰티 산업은 기술의 발전과 소비자 행동의 변화에 영향을 받아 계속해서 혁신하고 있다. 향후 헤어, 피부, 네일, 두피, 그리고 반영구 분야에서 각각의 트렌드와 미래 전망을 살펴보겠다.

헤어 산업의 미래 전망해 보자면 맞춤형 헤어 솔루션으로 AI와 머신러닝 기술을 활용한 맞춤형 헤어 케어 솔루션이나 제품 추천 서비스가 발전할 것이다. 사용자는 자신의 모발 상태와 선호도를 기준으로 최적의 제품을 추천받을 수 있으며, 이는 개인화된 고객 경험을 제공할 것이다. 소비자들이 지속 가능성과 환경을 중시함에 따라, 자연 유래 성분과 친환경 포장을 사용한 헤어 제품의 수요가 높아질 것이다. 브랜드는 지속 가능한 생산 방식을 채택하고, 이를 마케팅 전략으로 활용하여 경쟁력을 유지해야 한다. 온라인 플랫폼에서 가상 헤어 스타일링 또는 AR 기반의 체험 서비스가 확대될 것이다. 소비자들은 매장 방문 없이 자신에게 어울리는 헤어 스타일을 미리 시도해볼 수 있게 되어, 구매 결정을 더욱 쉽게 할 수 있을 것이다.

둘째, 피부 산업의 미래에는 AI 기술의 활용은 피부 분석 및 맞춤형 스킨케어 제품 추천에 혁신을 가져올 것이다. 소비자들은 자신의 피부 타입과 문제에 맞는 제품을 손쉽게 찾을 수 있으며, 이는 브랜드 충성도 중가시키는 계기가 될 것이다. 피부 관리가 단순한 미용을 넘어 건강과 웰빙의 요소로 통합되면서, 면역력 강화나 노화 방지 효과를 강조한 제품의 수요가 증가할 것이다. 이는 소비자들이 건강한 피부를 유지하기 위한 전방위적인 접근을 원하게 만들 것이다. 스킨케어 제품들은 점점 더 고도로

 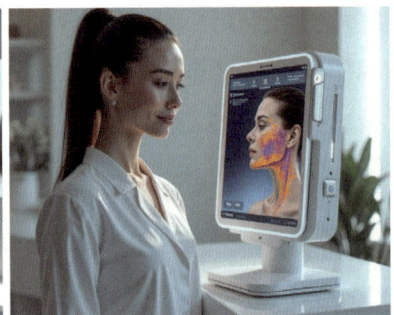

발전된 기능을 갖추게 될 것이다. 나노 기술이나 DNA 기반의 개인 맞춤형 솔루션은 소비자가 자신의 피부에 맞는 정확한 해결책을 제공할 수 있는 기회를 제공할 것이다.

셋째, 네일 산업은 개인화된 네일아트가 트렌드화되면서 3D 프린팅 및 AR 기술의 영향을 받아 더욱 창의적이고 개별화된 디자인이 가능해질 것이다. 소비자들은 다양한 디자인을 직접 선택하고, 필요한 경우 맞춤형 디자인을 인쇄하여 사용할 수 있게 된다. 믹스 앤 매치 스타일을 추구하면서 소비자들은 다양한 색상과 디자인을 조합하여 자신만의 독특한 네일아트를 창조하고자 할 것이다. 이로 인해 DIY(Do It Yourself) 네일아트 키트의 수요가 증가하고, 개인의 취향을 반영한 제품이 더욱 인기를 끌 것이다. 그리고 젤 네일이나 인조 네일 등 지속성이 높은 제품들이 더욱 발전하면서, 소비자들은 비교적 손쉽게 관리할 수 있는 네일 솔루션을 필요로 하게 될 것이다. 홈에서 할 수 있는 네일 관리 기기와 제품들이 인기를 끌 가능성이 높다.

넷째, 두피 관리의 미래 전망은 다양하게 나누어 볼 수가 있는데, 두피 중심의 뷰티 제품이 두피 건강이 헤어와 피부 건강에 중요한 역할을 한다는 인식이 높아짐에 따라, 두피 관리 제품이 더욱 다양화될 것이다. 두피 상태에 맞춘 샴푸, 세럼, 마스크 등 전용 제품의 수요가 증가할 것이다. AI 및 데이터 분석 기술을 통하여 소비자는 개인의 두피 상태를 정확하게 진단받고, 맞춤형 관리 솔루션을 제공받을 것이다. 이는 개인의 두피와 헤어 문제 해결에 큰 도움이 된다. 두피 관리가 스파 서비스에 통합되어 더 많은 전문 체험이 제공될 것이다. 대부분의 스파에서 두피 케어와 헤어 관리를 함께 제공하여 전체적인 뷰티 경험을 증진시킬 수 있는 기회가 생길 것이다.

다섯째, 반영구 산업(크로스오버 시각)의 미래 전망을 보자면 융합 뷰티 제품이 증가하면서 뷰티 산업은 점점 더 다른 산업과의 융합을 통해 새로운 제품 라인을 창출하고 있다. 예를 들어, 헬스 케어와 뷰티 제품이 통합되어, 피부 보호와 건강 개선 기능을 동시에 제공하는 제품이 등장할 것으로 예상된다. 비타민 성분이 포함된 화장품이나, 피부에 영양을 공급하면서 동시에 UV 차단 효과를 가진 제품들이 인기를 끌 것임이 분명하다.

기술 기반의 연구 및 개발은 AI와 머신러닝 기반의 기술이 뷰티 제품의

개발에 적극 활용될 것이다. 이러한 기술을 통해 소비자의 피드백과 시장 데이터를 분석하여, 보다 효과적이고 반응이 빠른 제품 개발이 가능해진다. 이는 제품의 혁신을 가속화하고, 소비자의 요구에 민첩하게 대응할 수 있는 기반이 될 것이다. 이에 따른 다양한 경험 중심의 마케팅의 뷰티 브랜드들은 고객 경험을 향상시키기 위해 다양한 교차 마케팅 전략을 펼칠 것이다. 예를 들어, 스파와 미용실이 협업하여 전체적인 아름다움과 건강 관리를 제공하는 패키지를 만들거나, 뷰티와 헬스 산업 간의 협력을 통해 제품 체험존을 운영하는 경우가 생길 것이다. 이러한 통합된 경험은 소비자에게 브랜드의 가치를 더욱 깊이 있게 전달할 수 있는 기회를 제공할 것이다. 더불어 건강 관리와의 통합 서비스가 이루어지면서 뷰티 산업은 앞으로 건강 관리 분야와 더욱 밀접하게 연결될 것이다. 뷰티에 관심이 있는 소비자들은 스킨케어와 페이셜 케어를 넘어 더 넓은 범위의 건강 관리 솔루션을 추구하게 된다. 이는 뷰티 제품이 단순한 미용에 그치지 않고 건강과 웰빙을 위한 필수 요소로 자리 잡는 것을 의미한다. 예를 들어, 뷰티 보조 식품과 뷰티 제품이 함께 판매되는 경우가 많아질 것이다.

　이렇듯 뷰티 산업은 헤어, 피부, 네일, 두피, 그리고 반영구 분야에서 지속적인 혁신과 변화를 겪고 있다. 이러한 변화는 기술 발전과 소비자 요구에 의해 만들어지며, 브랜드는 이러한 흐름을 반영하여 미래의 비즈니스 모델과 제품 전략을 수립해야 할 것이다. 소비자들은 더욱 개인화되고 지속 가능한 제품을 요구하며, 기업은 이러한 이 요구를 충족하기 위해 혁신적인 솔루션을 제공해야 한다. 앞으로의 뷰티 산업은 소비자와 브랜드 간의 신뢰를 바탕으로 더욱 관계 중심의 접근을 강조하며, 환경과 사회적 책임을 다하는 방향으로 나아가야 할 것이다.

이와 같은 미래 전망은 뷰티 산업이 더욱 풍부한 경험과 의미를 소비자에게 제공하는 동시에, 브랜드에 지속 가능한 성장을 가능하게 하는 기회를 제공하게 될 것이다. 총체적으로, 뷰티 산업의 미래는 혁신과 지속 가능성을 중심으로 고객과 기업이 함께 성장하는 방향으로 전개될 것으로 예측된다.

뷰티 산업의 미래는 지속 가능성과 윤리적 소비, 개인화된 경험, 그리고 커뮤니티 중심의 마케팅을 기반으로 한 다이나믹한 변화에 의해 형성될 것이다. 사업자는 소비자의 요구와 기대를 반영하여 혁신적인 제품과 서비스를 개발함으로써 지속 가능한 성장 경로를 찾아야 한다. 또, 소비자는 자신의 선택이 의미하는 바를 이해하고, 책임을 다하는 브랜드를 선택함으로써 더욱 뚜렷한 가치를 부여하게 될 것이다. 이러한 시너지 효과는 뷰티 산업을 지속 가능하고 신뢰할 수 있는 방향으로 발전시키며, 사업자와 소비자가 모두 만족할 수 있는 윈-윈 상황을 만들어 갈 수 있는 기반이 될 것이다. 소비자와 브랜드 간의 관계는 단순한 거래가 아닌, 상호 신뢰와 가치 공유를 위한 파트너십으로 거듭나야 하며, 이는 궁극적으로 뷰티 산업의 성장을 지속 가능하게 할 것이다. 따라서 브랜드는 이러한 변화를 주의 깊게 살펴보아야 하며, 미래에 대비한 전략을 미리 수립하여 소비자의 마음을 사로잡는 데 힘을 쏟아야 한다. 이러한 과정에서 뷰티 산업은 더욱 풍부하고 다채로운 경험을 소비자에게 제공할 수 있을 것이며, 이로 인해 산업 전반에 긍정적인 영향을 미칠 것으로 기대된다.

◇ AI가 만들어 가는 뷰티 혁신

인공지능(AI)은 뷰티 산업에 혁신적인 변화를 가져오고 있으며, 소비자 경험과 제품 개발, 마케팅 전략 등 다양한 분야에서 AI의 역할이 점차 중요해지고 있다. 다음은 AI가 뷰티 산업에 미치는 주요 혁신적인 영향을 설명하겠다.

① 개인화된 소비 경험

AI 기술은 소비자의 데이터를 분석하여 맞춤형 경험을 제공하는 데 큰 역할을 한다. 피부 분석 및 제품 추천: AI 기반의 피부 분석 앱은 사용자가 자신의 피부 상태를 점검하고, 그에 맞는 제품을 추천받을 수 있도록 돕는다. 이러한 솔루션은 소비자가 직접 진단 과정을 거치고 맞춤형 제품을 찾는 데 기여한다.

개인화된 마케팅에서 AI 알고리즘은 소비자의 구매 이력과 선호도를 분석하여 맞춤형 마케팅 메시지를 최적화한다. 이를 통해 소비자는 필요에 맞는 제품을 적시에 인지하게 되어 구매 전환율을 높일 수 있다.

② 가상 체험과 AR 기술

AI와 증강현실(AR)의 조합은 소비자에게 새로운 체험을 제공한다. 가상 메이크업 체험에서 소비자들은 스마트폰이나 PC를 통해 AR 기술을 활용하여 다양한 메이크업 스타일을 가상으로 시도해볼 수 있다. 이러한 체험은 소비자가 제품을 구매하기 전에 사용해 볼 수 있도록 하여 구매 결정을 쉽게 해준다. 헤어 스타일링 도구에서는 AR 기술을 사용하여 사용자가 자신의 머리 위에 가상으로 다양한 헤어 스타일을 입혀 볼 수 있는 앱과 도구들이 개발되고 있다. 이는 소비자들에게 더욱 더 많은 선택의 자유를 제공하며, 더 나은 구매 결정으로 이어진다.

③ 데이터 기반 제품 개발

AI 기술은 제품 개발 과정에서 중요한 데이터를 제공한다. 소비자 반응 분석에서 브랜드들은 AI를 활용하여 소비자의 피드백과 리뷰를 실시간으로 분석할 수 있다. 이를 통해 어떤 제품이나 성분이 소비자에게 가장 좋은 반응을 얻고 있는지를 파악할 수 있으며, 이는 향후 제품 개선이나 신제품 개발에 큰 도움이 된다. 또한 시장 트렌드 예측에서 AI는 시장의 트렌드를 분석하여 브랜드가 앞으로 집중해야 할 분야나 제품을 예측하는 데 도움을 준다. 이렇듯 실시간 데이터 분석과 예측 모델을 통해 브랜드는 소비자에게 더욱 관련성이 높은 제품을 적시에 출시할 수 있다.

④ 고객 서비스 개선

AI는 고객 서비스 영역에서도 혁신을 가져오고 있다. AI 챗봇의 활용

측면에서 AI 챗봇은 소비자의 질문에 24시간 응답할 수 있어 고객 서비스를 향상시키고, 고객의 문제를 신속하게 해결하는 역할을 한다. 이를 통해 고객의 불만을 줄이고, 긍정적인 브랜드 경험을 높일 수 있다. 자동화된 고객 피드백 시스템으로 AI는 고객의 피드백을 자동으로 수집하고 분석하여 브랜드에게 실질적인 인사이트를 제공한다. 이러한 피드백은 제품의 개선점이나 소비자의 기대를 충족하는 데 중요한 역할을 하게 된다.

⑤ 윤리적 소비와 지속 가능성

AI의 적용은 윤리적 소비와 지속 가능성을 강조하는 데서도 중요한 영향을 미친다. 지속 가능한 성분 분석면에서 AI는 특정 성분의 환경적 영향을 분석해 브랜드가 더욱 친환경적인 제품을 개발할 수 있도록 도와준다. 소비자들이 더욱 지속 가능한 제품을 원하게 되면서, AI의 역할이 브랜드의 책임 있는 제품 개발에 크게 기여할 것이다. 또한 투명한 정보 제공에서 AI는 소비자에게 제품의 성분, 생산 과정 및 윤리적 기준에 대한 정보를 빠르고 투명하게 제공할 수 있도록 돕는다. 이는 고객의 신뢰를 증진시키고, 브랜드와 소비자 간의 관계를 강화하는 데 기여하게 된다.

⑥ 커뮤니케이션의 혁신

AI는 브랜드와 소비자 간의 소통 방식을 혁신하고 있다. 지속적인 상호작용을 통해 AI 기반의 고객 관리 시스템은 소비자의 행동을 지속적으로 분석하고, 이를 통해 적절한 시점에 맞춤형 콘텐츠를 제공함으로써 소비자와의 상호작용을 증대시킬 수 있다. 이러한 소통은 브랜드에 대한 소비자의 충성도를 높이는 데 기여할 수 있다. 다른 면에서는 진정한 고객 경험 창출로 AI는 사전 예방적인 고객 서비스를 제공하여 소비자가 필요로 하는 정보나 솔루션을 미리 제안할 수 있다. 이는 소비자에게 진정한 가치 있는 경험을 제공함으로써 브랜드와 소비자 간의 관계를 강화할 수 있다.

⑦ 글로벌 시장 확장

AI의 활용은 뷰티 브랜드가 글로벌 마켓에서 전략을 세우고 진출하는 데 중요한 역할을 할 것이다. 먼저 문화적 맞춤화로 AI는 지역별 소비자의 선호도와 문화를 분석할 수 있어, 브랜드는 각 시장에 맞춘 제품과 마케팅 전략을 수립할 수 있다. 이로 인해 다양한 지역에서의 소비자 반응을 촉진할 수 있다. 또한 효율적 물류 관리에서 AI는 재고 관리와 물류를 최적화하여 생산성을 높이는 데 기여할 수 있다. 이는 비용 절감과 함께 글로벌 공급망을 더욱 효과적으로 운영할 수 있는 기회를 줄 것이다.

⑧ 새로운 비즈니스 모델

AI는 뷰티 산업의 비즈니스 모델을 변화시키고 있으며, 더욱 혁신적인 형태의 운영 방식이 등장할 것이다. 구독 서비스의 확산으로 개인화된 뷰티 박스나 정기 구독 서비스가 인기를 끌게 될 것이며, 소비자는 AI를 통해 자신의 필요에 맞는 제품을 정기적으로 받아볼 수 있다. 이러한 모델은 고객과의 장기적인 관계를 구축하는 데도 유리하다. 또한 데이터 기반의 협업은 뷰티 브랜드는 AI 기술을 활용하여 데이터를 공유하고, 협업을 통해 혁신적인 제품 개발에 나설 가능성이 높아진다. 이는 업계 전반의 효율성을 높이고, 새로운 비즈니스 기회를 창출할 수 있는 계기가 될 것이다.

〈표-2〉 AI의 기여와 혁신요소

혁신요소	내용	AI의 기여
개인화된 소비	소비자의 개별적 필요와 선호에 맞춘 제품 제공	AI 분석을 통한 맞춤형 추천 및 개인화된 솔루션 생성

가상 체험과 AR 기술	물리적 매장 방문 없이 제품 체험 가능	AR 기술을 활용하여 가상 메이크업 및 스타일링 제공
데이터 기반 제품 개발	소비자의 피드백과 요구를 반영한 제품 개발	AI를 통한 소비자 데이터 분석으로 인사이트 제공 및 제품 개선
고객 서비스 개선	대면 서비스 중심이 아닌 자동화된 고객 지원 체계 구축	AI 챗봇을 통한 24시간 고객 문의 처리 및 빠른 문제 해결
윤리적 소비와 지속 가능성	지속 가능한 제품 개발 및 환경 책임 강화	AI를 활용한 제품 성분 분석 및 지속 가능한 옵션 추천
커뮤니케이션의 혁신	소비자와 브랜드 간의 상호작용 방식 변화	AI를 통한 맞춤형 소통 및 소비자 피드백 실시간 반영
글로벌 시장 확장	다양한 국가와 문화에 맞춘 제품 및 마케팅 전략 검토	AI 분석을 통한 글로벌 소비자 트렌드와 필요 예측
새로운 비즈니스 모델	구독 서비스 및 개인 맞춤형 솔루션을 통해 소비자와의 관계 강화	AI 기반 맞춤형 서비스 및 유연한 가격 전략 개발

3.
고객관리시스템(CRM)의 필요성과 역할

고객관리시스템(Customer Relationship Management, CRM)은 기업이 고객과의 관계를 효과적으로 관리하고 최적화하기 위해 사용하는 소프트웨어나 전략을 의미한다. 뷰티 산업을 포함하여 다양한 산업 분야에서 CRM은 필수적인 도구로 자리 잡고 있다.

CRM은 관계 마케팅(Relationship Marketing)이론으로 기인하였으며, 고객과의 장기적 관계 구축이 기업의 경쟁력 강화에 기여한다는 이론이다. CRM 시스템은 고객의 요구와 기대를 이해하고, 개인 맞춤형 서비스를 제공함으로써 관계 마케팅 전략을 실행하는 도구이다. 이는 고객들의 데이터 기반으로 의사결정(Data-Driven Decision Making)이다. 이를 데이터 분석과 통계 기법을 활용하여, 객관적 근거에 기반한 마케팅 전략과 영업 활동을 수행하는 원칙이다. CRM 시스템은 방대한 고객 데이터를 체계적으로 관리하고, 분석 결과를 의사결정에 반영할 수 있도록 지원한다. 또한 실제로 구매 행동을 이루고 있는 고객 경험(Customer Experience) 관리인 것이다. 고객 접점에서의 경험을 개선함으로써, 고객 만족과 충성도를 높이려는 것이다. CRM 시스템의 필요성과 경영에 미치는 요인을 살펴보면, 고객 중심 경영, 고객 충성도 및 재구매 촉진, 효율적 마케팅 및 영업으로 매출 증대, 비용 효율성 개선, 경쟁력 강화, 데이터 기반 의사결정의 경영 전반의 영향을 미친다. 고객 데이터를 활용하여 고객 요구를 정확히 파악하고, 개인 맞춤형 서비스를 제공함으로써 고객 만족도를 극대화할 필요가 있다. 그리고 정밀한 타깃팅과 개인화된 프로모션을 통해 마케팅 효율성을 높이고, 불필요한 비용을 절감할 수 있다. 이를 통해 고객의 선호와 행동 데이터를 분석하여 고객 유지 및 재구매 전략을 수립함으로써 장기적인 수익성을 확보할 수 있다. 그리하여 고객 데이터를 통한 맞춤형 마케팅은 구매 전환율을 높여 매출 증대에 기여한다. 또한 정밀한 고객 분석을 기반으로 한 타깃 마케팅은 광고 및 판촉 비용을 효과적으로 관리할 수 있게 한다. 그리고 고객과의 관계를 체계적으로 관리하고, 신속한 피드백을 통해 시장 변화에 유연하게 대응함으로써 기업 경쟁력을 높인다. CRM 시스템은 경영진에게 실시간 고객 인사이트를 제공하여, 전략적 의사결정에 필요한 근거를 마련해준다. CRM 시스템은 고객 상호작용 이력을 분석하여, 개인 맞춤형 서비스와 긍정적인 경험을 제공하는 데 기여한다.

이와 같이 관계를 중심으로 하는 마케팅의 중요성이 대두되면서 디지털 경제의 성장과 글로벌화로 인해 고객 정보의 중요성이 더욱 부각되었으며, 고객 데이터를 통한 효율적인 마케팅과 서비스 제공이 기업 경쟁력의 핵심 요소가 되었다. 현대 CRM 시스템의 최근 동향으로 클라우드 기반 CRM은 클라우드 컴퓨팅의 발전으로 CRM 시스템은 보다 유연하고 확장성이 뛰어난 클라우드 기반 솔루션으로 전환되고 있다. 또한 인공지능(AI) 및 자동화로 인해 AI와 머신러닝을 활용하여 고객 데이터를 분석하고, 예측 모델을 통해 맞춤형 마케팅 및 영업 전략을 자동으로 추천하는 시스템이 등장하였다. 전반적인 경제적 배경으로는 정보 기술의 급격한 발전과 함께, 고객 데이터의 가치가 증대되면서 CRM 시스템은 디지털 전환의 핵심 도구로 자리 잡고 있다.

더불어 CRM 시스템은 고객 정보(구매 이력, 연락처, 상호작용 기록 등)를 집약하고 분석하여 고객의 요구와 행동을 예측하며, 이를 토대로 맞춤형 마케팅, 영업, 서비스 전략을 수립하는 데 도움을 주는 시스템이다. 고객과의 장기적 관계 구축 및 유지, 재구매 유도, 충성 고객 확보 등을 목표로 하며, 데이터 기반 의사결정을 가능하게 한다.

CRM 시스템의 역사적 배경으로 초기 단계로 직접 마케팅과 데이터베이스 마케팅 시대이다. 1970~1980년대에는 직접 마케팅의 발전으로 기업들은 우편, 텔레마케팅 등의 직접 마케팅 기법을 활용하여 고객과 직접 소통하기 시작하였다. 다음으로 데이터베이스 마케팅(Database Marketing)으로 고객 정보를 체계적으로 수집·관리하기 위해 초기 컴퓨터 기술을 활용한 데이터베이스 마케팅이 도입되었으며, 이를 통해 고객 분류 및 타깃 마케팅이 가능해졌다.

경제적 배경 측면으로 산업화 및 정보통신 기술의 발전으로 대량 생산 및 대량 유통 체계가 확립되었고, 경쟁 심화로 고객 관리의 중요성이 대두되었다. CRM 시스템의 단계별 발전으로 먼저 CRM의 도입 및 발전 단계는 1990년대이다. 이때 CRM이라는 용어의 등장하면서 관계 마케팅(Relationship Marketing) 개념이 확산되면서, 고객과의 장기적인 관계 구축의 필요성이 부각되었다. 기술 발전과 소프트웨어 시장의 성장은 ERP(Enterprise Resource Planning)와 같은 기업용 소프트웨어가 발전하면서, 고객 데이터를 통합 관리하는 시스템의 필요성이 인식되었다. 경제적 상황에서는 글로벌 시장에서 경쟁이 심화되고, 고객 만족 및 충성도가 기업 경쟁력의 핵심 요인으로 대두됨에 따라 CRM 시스템 도입이 필수가 되었다. 이후 인터넷과 디지털 전환 시대로 2000년대 이후이다. 인터넷 및 모바일 기술의 발전은 웹 기반 CRM 시스템이 등장하면서, 고객과의 상호작용 채널이 다각화되었다. 소셜 미디어와 빅데이터의 활용으로 고객의 온라인 행동 데이터와 소셜 네트워크 데이터를 활용하여 보다 정밀한 고객 분석 및 개인화 전략을 구현할 수 있게 되었다.

◇ CRM의 필요성

① 고객 데이터의 집중 관리

뷰티 산업에서 수많은 고객 데이터를 수집하고 관리하는 것은 필수적이다. CRM 시스템은 고객의 구매 이력, 선호도, 연락처 정보, 피드백 등을 중앙 집중화하여 관리할 수 있게 해준다. 이를 통해 기업은 고객의 행동을 분석하고 더 나은 서비스를 제공할 수 있다.

② 고객 세분화 및 타깃 마케팅

고객 데이터가 풍부해지면, 이를 기반으로 고객을 세분화할 수 있다. 고객의 성별, 나이, 피부 타입, 구매 이력 등을 기준으로 그룹을 형성할 수 있으며, 이에 따라 맞춤형 마케팅 전략을 수립할 수 있다. 이는 소비자에게 개인화된 경험을 제공하며, 전환율을 높이는 데 중요한 역할을 한다.

③ 고객 관계의 강화

CRM 시스템은 고객과의 소통을 더욱 원활하게 하고, 관계를 강화하는 데 기여한다. 예를 들어, 생일이나 기념일에 맞춤형 메시지나 할인 쿠폰을 보내 고객의 기억에 남는 경험을 제공할 수 있다. 이렇게 함으로써 고객의 충성도를 증가시키는 중요한 도구가 된다.

④ 분석 및 성과 평가

CRM 시스템은 고객 데이터를 기반으로 기업의 마케팅 캠페인과 판매 성과를 분석할 수 있는 정보를 제공한다. 이를 통해 기업은 어떤 전략이 효과적이었는지, 무엇을 조정해야 할지를 판단할 수 있으며, 향후 개선 방향을 설정하는 데 큰 도움이 된다.

◇ **CRM의 역할**

① 고객 관리를 통한 충성도 증가

뷰티 업체는 CRM 시스템을 통해 고객과의 지속적인 관계를 형성할 수 있다. 고객이 브랜드와 긍정적인 관계를 유지할 수 있도록 지원하며, 이는 고객의 반복 구매로 이어진다. 고객의 피드백을 적극적으로 반영하고, 필요에 따라 개선 조치를 취함으로써 또 다른 충성 고객을 만들 수 있다.

② 효율적인 의사결정 지원

CRM은 실시간 데이터를 제공하여 경영진이나 마케팅팀이 빠르고 효과적인 의사결정을 내릴 수 있게 한다. 고객의 행동과 시장 트렌드를 분석하고 그에 맞춘 전략을 세우는 데 큰 도움을 준다.

③ 고객 서비스 개선

CRM 시스템은 고객 지원팀이 고객 요청에 신속하게 응대할 수 있도록 도와준다. 고객의 정보를 즉시 불러올 수 있어, 문제 해결이 더 효율적이게 된다. 이는 고객의 불만을 신속하게 처리하여 긍정적인 경험을 제공하는 데 기여한다.

④ 마케팅 자동화

CRM 시스템은 특정 고객 세그먼트에 맞춘 자동화된 마케팅 캠페인을 통해 직원의 시간과 노력을 절약할 수 있다. 고객의 반응에 따라 맞춤형 광고를 전송하거나 프로모션을 진행하는 등의 기능은 결과적으로 운영 비용을 줄이는 데 기여한다.

CRM은 뷰티 산업에서 기업과 소비자 간의 관계를 극대화하고, 비즈니스 성과를 향상시키기 위한 필수 도구다. 이를 통해 효과적인 데이터 관리, 고객 세분화, 관계 강화와 같은 다양한 목적을 달성할 수 있다. 특히, 뷰티 산업에서는 고객의 개인적 요구를 잘 이해하고 맞춤형 서비스를 제공하는 것이 중요하므로, CRM은 이를 가능하게 하는 핵심 역할을 한다. 하루가 다르게 변화하는 시장에서 CRM 시스템은 기업들이 고객과의 관계를 지속적으로 관리하고 개선할 수 있는 중요한 자산이 될 것이다. 특히 CRM 시스템은 초기 직접 마케팅과 데이터베이스 마케팅 단계부터 관계 마케팅, 디지털 전환, 클라우드 및 AI 기반 솔루션으로 발전해왔으며, 고객 중심 경영을 실현하는 핵심 도구이다. 이 시스템은 고객 데이터를 체계적으로 관리·분석하여 맞춤형 서비스와 마케팅 전략을 구현함으로써, 매출 증대, 비용 효율성, 경쟁력 강화 등 경영 전반에 긍정적인 영향을 미치는 중요한 요소이다.

〈표-3〉 CRM system의 필요성과 역할

구분	필요성	역할
고객 유지	신규 고객 유치보다 기존 고객 유지가 비용 효율적임	고객 데이터를 분석하여 맞춤형 서비스 제공
	고객 이탈 방지를 위한 지속적인 관계 관리 필요	고객 피드백을 반영한 맞춤형 마케팅 전략 수립
매출 증가	충성 고객의 반복 구매 유도가 매출 증가로 이어짐	개인화된 프로모션 및 할인 혜택 제공
	고객 세분화를 통한 효과적인 마케팅 전략 가능	고객의 구매 이력 분석을 통한 추천 시스템 운영
운영 효율성	고객 정보를 체계적으로 관리하여 업무 효율성 증대	고객 요청 및 문제 해결을 위한 자동화 시스템 구축
	데이터 기반 의사결정으로 마케팅 비용 절감	AI 및 빅데이터 분석을 활용한 최적의 서비스 제공
브랜드 충성도 강화	고객과의 지속적인 관계 형성이 브랜드 로열티로 이어짐	고객 맞춤형 커뮤니케이션 및 보상 프로그램 운영
	긍정적인 경험이 구전 효과를 일으켜 브랜드 인지도 향상	장기적인 고객 유지 전략 수립
데이터 기반 전략 수립	고객 행동 데이터를 활용하여 시장 변화 예측 가능	실시간 고객 데이터 분석을 통한 신속한 의사결정 지원
	개인화된 마케팅을 통해 소비자 만족도 증가	고객 세그먼트별 차별화된 서비스 제공

제 2부

구매 향상을 위한 커뮤니케이션 전략

구매 향상을 위한 커뮤니케이션 전략은 시대에 따라 변화하고 있으며, 특히 2000년 이전과 2000년대 이후에는 그 접근 방식에서 뚜렷한 차이를 보여준다.

　2000년 이전의 커뮤니케이션 전략의 실천 방안으로 전통적인 광고로 TV, 라디오, 신문, 잡지 등 대중 매체를 통한 광고가 주요 커뮤니케이션 수단이었다. 뷰티 브랜드는 고정된 광고 시간을 구매하여 제품의 장점을 강조하고 소비자에게 제품을 인식시키는 방식이었다. 대면 고객 서비스는 오프라인 매장에서의 직접적인 고객 서비스가 중요한 요소로 작용했다. 소비자들은 매장에서 직원과 상담하고 제품을 체험할 수 있는 기회를 가지며, 개인적인 접촉을 통한 신뢰를 구축했다. 더불어 매장 내 프로모션, 할인 행사, 유명 모델이나 인플루언서를 초청한 이벤트 등을 통해 소비자 참여를 유도하였다. 이러한 실천 방안의 장점으로 대중 매체를 통해 널리 알려진 광고는 브랜드 높은 인지도를 빠르게 높일 수 있었다. 시장 상황에 맞는 직접적인 고객 접촉은 대면 고객 서비스는 소비자의 신뢰를 구축하고, 제품에 대한 긍정적인 경험을 제공하여 구매를 유도하였다. 이러한 장점에도 불구하고 전통적인 광고는 높은 비용이 소요되어 중소 브랜드가 진입하기 어렵게 만들었다. 이러한 일방적인 소통 구조로 인해 소비자 피드백을 즉각적으로 수집하거나 반영하기 어려운 소통의 한계를 가져왔다.

  2000년대 이후 현재의 커뮤니케이션 전략 실천 방안으로 웹사이트, 검색 엔진 최적화(SEO), 소셜 미디어, 이메일 마케팅 등의 디지털 마케팅을 통해 소비자와의 커뮤니케이션을 강화하였다. 소비자와의 상호작용을 중시하며, 사용자 생성 콘텐츠(UGC)를 장려하는 방식이 발전하였다. 이러한 가운데 AI와 데이터 분석 활용은 구매 이력, 고객 행동 데이터를 분석하여 맞춤형 콘텐츠와 제품을 제공함으로써 소비자의 관심을 유도하는 전략이다. 개인화된 마케팅 캠페인은 높아진 클릭률과 전환율을 가져왔다. 소셜 미디어 인플루언서와 협업하여 제품을 홍보하는 방식이 확산되었다. 이런 인플루언서 마케팅은 소비자와의 신뢰를 높이는 데 효과적이다. 이러한 다양한 실천 방안을 통한 전략의 장점으로 고객 맞춤화 전략은 데이터 기반의 개인화된 접근으로 소비자의 선호도를 정확히 파악하고, 맞춤형 광고를 통해 구매 유도를 극대화할 수 있다. 이를 통해 비용 효율성을 가져오는 디지털 마케팅은 전통 광고에 비해 상대적으로 낮은 비용으로 목표 소비자층에 도달할 수 있는 기회를 제공한다. 소셜 미디어와 온라인 플랫폼을 통해 소비자와의 즉각적인 소통이 가능하여, 브랜드와 고객 간의 단방향에서 양방향성의 소통으로 상호 관계가 강화된다. 그러나 정보 과부화는 소비자들은 수많은 정보의 홍수 속에서 혼란스러움을 느낄 수 있으며, 이는 구매 결정 과정에 부정적인 영향을 미칠 수 있다. 인플루언서와의 협업이 증가하면서, 일부 소비자들은 브랜드 메시지를 상업적으로 받아들이고 신뢰성을 저하시키는 경우가 있다. 소비자들은 신뢰성을 높이기 위해 진정한 후기와 피드백을 구하게 된다. 구매 향상을 위한 커뮤니케이션 전략은 2000년 이전과 이후에 큰 변화를 겪었다. 전통적인 광고와 대면 고객 서비스는 높은 인지도를 가져왔지만, 비용과 소통의 한계가 있었다. 반면, 현재의 디지털 마케팅은 개인화, 비용 효율성, 즉각적 소통의 장점을 가지고 있지만, 정보의 과부하와 신뢰성 문제 같은 단점이 있다.

앞으로의 뷰티 산업은 이러한 장단점을 고려하여, 더욱 효과적이고 소비자 중심의 커뮤니케이션을 통해 충분히 충족하는 커뮤니케이션 전략을 개발해야 한다. 향후 구매 향상 커뮤니케이션 전략의 방향으로 앞으로 뷰티 산업의 기업들은 현재의 커뮤니케이션 전략의 장점을 극대화하고 단점을 보완하기 위해 다음과 같은 방향으로 나아가야 할 것이다.

① 데이터 기반의 통합적 접근

고객 데이터 분석의 극대화: 브랜드는 고객의 구매 이력, 행동 데이터 및 선호도를 지속적으로 분석하여 더욱 정교한 맞춤형 마케팅을 개발해야 한다. AI와 머신러닝 기술을 활용하여 예측 분석을 통해 소비자가 무엇을 원하는지 미리 파악할 수 있는 능력을 강화할 수 있다.

　모든 채널 통합: 온라인과 오프라인을 아우르는 통합된 소비자 여정을 제공해야 한다. 이는 소비자가 원하는 정보를 쉽게 찾을 수 있도록 하여, 브랜드의 모든 접점에서 일관된 경험을 제공하는 교육과 관련된 콘텐츠 및 이벤트를 마련하는 방식으로 이뤄질 수 있다.

② 신뢰 구축을 위한 투명성

　제품 성분과 제조 과정의 투명성: 소비자들은 브랜드의 신뢰성을 중시함에 따라, 제품의 성분, 제조 과정 및 원료 출처에 관한 정보를 투명하게 제공해야 한다. 이는 소비자가 브랜드를 선택하는 중요한 기준이 될 것이다.

　진정한 후기와 사례 공유: 소비자 후기와 사용 사례를 적극적으로 활용하여, 신뢰할 수 있는 정보 제공을 통해 구매 결정을 도울 수 있다. 진정한 고객 경험을 반영하는 콘텐츠는 브랜드와 소비자 간의 신뢰 관계를 강화할 수 있다.

③ 혁신적인 콘텐츠 및 경험 제공

참여형 콘텐츠 개발: 소비자가 직접 참여하고 소통할 수 있는 콘텐츠를 제공해야 한다. 예를 들어, 뷰티 챌린지나 캠페인을 통해 소비자가 제품을 사용하고 자신의 경험을 나누도록 유도함으로써 자연스러운 홍보 효과를 불러올 수 있다.

기술을 통한 새롭고 풍부한 경험: AR, VR, 그리고 AI 기술을 활용한 경험 제공은 소비자에게 몰입감을 줄 수 있다. 예를 들어, 인터렉티브한 메이크업 체험이나 가상 헤어 스타일링 툴은 소비자의 구매 의사를 높이는 데 기여할 것이다.

④ 지속 가능성을 강조하는 전략

지속 가능한 제품과 브랜드 이미지로 인해 앞으로의 소비자들은 환경 친화성과 사회적 책임을 강조하는 브랜드를 선호할 것이다. 뷰티 브랜드는 지속 가능한 소재 사용, 환경에 미치는 영향을 줄이기 위한 노력을 통해 브랜드 이미지와 제품의 가치를 높여야 한다.

소셜 임팩트 캠페인 단순한 제품 판매를 넘어 사회적 책임을 다하는 브

랜드로 자리매김하기 위해 다양한 사회적 프로그램이나 캠페인에 참여하는 것도 도움이 된다. 이는 소비자들에게 브랜드의 가치와 사명을 전하는 데 기여할 수 있다.

2000년 이전과 이후의 커뮤니케이션 전략 변화는 뷰티 산업의 흐름을 크게 변화시켰다. 과거의 전통적인 접근 방식에서 현대의 디지털 및 개인화된 전략으로의 변화가 뚜렷하게 나타났다. 그러나 이러한 변화는 지속적으로 발전하고 있으며, 브랜드는 고객의 요구를 충족하고 신뢰를 구축하며, 실질적인 상호작용을 통해 지속 가능한 관계를 형성하는 방향으로 나아가야 한다. 앞으로의 뷰티 산업은 소비자와 브랜드 간의 신뢰를 더욱 강화하고, 다양한 접점에서 맞춤형 경험을 제공하여 구매 향상을 실현하는 동시에 지속 가능성에 대한 책임도 다할 수 있는 방향으로 발전할 것이다. 이를 통해 핵심 소비자층을 확보하고, 장기적인 관계를 유지함으로써 브랜드 가치를 높여 나가는 것이 중요하다.

〈표-4〉 뷰티 산업의 구매 향상 커뮤니케이션 전략 변화

항목	2000년대 이전	2000년대 이후
실천 방안	- 전통적인 광고(TV, 라디오, 인쇄 매체) - 대면 고객 서비스 - 프로모션 및 이벤트	- 디지털 마케팅, 소셜 미디어 활용 - AI 데이터 분석 맞춤형 마케팅 - 인플루언서 마케팅
장점	- 높은 인지도 - 직접적인 고객 접촉	- 고객 맞춤화 - 비용 효율성 - 소통의 양방향성
단점	- 높은 비용 - 소통의 한계	- 정보 과부하 - 신뢰 문제

향후 방향	- 고객 데이터 분석의 극대화 - 모든 채널 통합	- 신뢰 구축을 위한 투명성 강조 - 참여형 콘텐츠 개발 - 기술을 통한 새롭고 풍부한 경험 제공 - 지속 가능한 제품과 브랜드 이미지 - 소셜 임팩트 캠페인

1.
소비자 행동의 변화

디지털 시대의 소비자 심리는 기술 발전과 소셜 매체의 확장으로 인해 급변하는 환경 속에서 형성되고 있다. 이러한 변화는 소비자의 행동, 기대, 그리고 브랜드와의 관계 방식에 깊은 영향을 미치고 있다. 수많은 제품에 대한 소비자의 인식 태도는 매출로 이어지는데 이러한 소비자의 매출로 이어지는 행동의 변화는 제조회사와 마케팅 회사에 영향은 미치며 좋은 상품으로 시장에 선보이고 있으며, 소비자의 미디어 영향에 힘입어 개인화에 맞춘 차별화된 제품을 선택하는 소비자의 행보를 보이고 있다.

현대 사회에서 디지털 기술의 발전과 라이프 스타일 변화로 인해 소비자의 행동이 급격하게 변화하고 있다. 이러한 변화는 소비 형태의 다양화, 구매 경로의 변화, 기업의 매출 구조 변화로 이어지고 있다. 과거의 소비자들은 제품의 기능성과 가격을 중심으로 구매를 결정하였으나, 현대 소비자들은 개성과 가치 소비를 중시하는 경향이 강해지고 있다. 개인화 소비 증가로 소비자들은 자신의 취향과 라이프 스타일에 맞춘 맞춤형 제품과 서비스를 선호하고 있다. 또한 가치 기반 소비로 친환경, 윤리적 소비, 사회적 가치 실현을 중시하는 소비자들이 증가하고 있다. 개인화에 따른 경험 중심 소비 확대: 단순한 제품 구매보다 서비스와 경험을 중시하는 소비 패턴이 강해지고 있으며, 구독 경제 활성화로 인해 일정 금액을 지불하고 정기적으로 제품이나 서비스를 이용하는 소비 형태가 확대되고 있다.

구매 경로의 변화로 기존의 소비자들은 오프라인 매장에서 제품을 직접 확인하고 구매하는 패턴이 일반적이었으나, 디지털 기술이 발전하면서 구매 경로가 다각화되고 있다. 온라인 및 모바일 쇼핑 증가로 전자상거래 플랫폼과 모바일 앱을 통한 구매가 주요한 소비 경로로 자리 잡고 있다. 소셜 미디어와 인플루언서의 영향력 확대로 소비자들은 브랜드 광고보다 인플루언서 추천을 통해 제품을 선택하는 경우가 많아지고 있다. 그리고 AI 및 빅데이터를 활용한 추천 시스템은 AI 기반의 개인화된 제품 추천이 소비자의 구매 결정을 더욱 빠르게 만들고 있다. 많은 옴니채널(Omnichannel) 전략의 부상으로 온라인과 오프라인을 연계하여 소비자가 다양한 경로에서 편리하게 쇼핑할 수 있도록 지원하는 전략이 중요해지고 있다. 그리고 소비 형태와 구매 경로의 변화는 기업의 매출 구조에도 큰 영향을 미치고 있다. 온라인 및 디지털 매출 비중 증가는 전통적인 오프라인 매출 비중이 줄어들고, 온라인 및 디지털 플랫폼을 통한 매출이 급격하게 증가하고 있다. 또한 데이터 기반 마케팅 강화로 고객 데이터를 활용한 개인화된 마케팅 전략이 기업의 매출 상승을 견인하고 있다. 브랜드 충성도의 중요성 증가함에 따라 소비자의 선택지가 많아지면서, 기업은 충성 고객 확보를 위해 지속적인 관계 관리와 맞춤형 서비스 제공이 필수가 되고 있다. 구독 모델 도입 확대는 제품을 일회성으로 판매하는 것보다 정기 구독 서비스를 도입하여 장기적인 고객 유지 전략을 추구하는 기업이 증가하고 있다. 현대 소비자 행동의 변화는 기업들에게 새로운 도전과 기회를 동시에 제공하고 있다. 기업들은 변화하는 소비자 니즈를 반영한 맞춤형 서비스와 마케팅 전략을 구축함으로써 경쟁력을 확보해야 한다. 이러한 2000년도 전·후로 소비 행동의 변화 비교를 다음과 같이 제시하였다.

〈표-5〉 2000년도 전후 소비자 행동 변화 비교

구분	2000년도 이전	2000년도 이후
구매 경로	오프라인 매장 중심 (백화점, 마트, 전문 매장)	온라인 쇼핑 증가(전자상거래, 모바일 앱, 라이브 커머스)
정보 탐색	TV, 신문, 잡지, 전단지 등의 전통적 매체 활용	소셜 미디어, 유튜브, 블로그, 인플루언서 리뷰를 통한 정보 탐색
브랜드 충성도	유명 브랜드 선호, 장기적인 브랜드 충성도 높음	다양한 브랜드 시도, 가성비 & 가심비 중심 소비 증가
소비 패턴	대량 생산된 제품 구매, 획일적 소비	개인 맞춤형 제품 및 서비스 선호, 초개인화 소비 확대
가격 민감도	저렴한 가격과 품질 중심의 소비	품질과 경험, 가치 소비를 고려한 합리적 소비
결제 방식	현금 및 신용카드 중심 결제	모바일 페이, 간편 결제, BNPL(Buy Now Pay Later) 방식 증가
마케팅 방식	TV 광고, 신문 광고, 전단지 중심	데이터 기반 맞춤형 광고, AI 추천 시스템 활용
고객 서비스	고객센터 및 매장 방문을 통한 서비스 제공	챗봇, AI 상담, 24시간 온라인 고객 응대 확대
구독 경제	일회성 구매 중심	정기 구독(Subscription) 서비스 확산 (예: 뷰티 박스, OTT, 렌탈 서비스)
친환경 소비	친환경 개념 희박, 제품 기능성 중심	ESG(환경·사회·지배구조) 고려, 지속 가능한 소비 증가

이에 따른 소비 행동의 변화에 관련 이론인 정보 탐색 이론, 사회적 증

거 이론, 개인화 이론, 감정 이론에 대해 살펴보았다.

◇ 정보 탐색 이론(Information Search Theory)

소비자는 구매 결정을 내리기 전에 관련 정보를 수집하고 평가하는 과정을 거친다. 디지털 시대에는 인터넷과 모바일 기기를 통해 무한한 정보에 접근할 수 있으며, 이는 소비자의 정보 탐색 방식에 큰 변화를 가져왔다. 정보 탐색 이론(Information Search Theory)은 소비자가 의사 결정을 내리기 전에 정보를 수집하고 평가하는 과정을 설명하는 이론이다. 이 이론은 초기 경제학 및 심리학에서 출발하여 다양한 학문적 접근을 통해 발전되었으며, 현대 디지털 환경에서도 중요한 개념으로 활용되고 있다. 특히, 뷰티 산업에서는 소비자들이 제품을 구매하기 전에 다양한 정보(소셜 미디어, 리뷰, 인플루언서 콘텐츠 등)를 탐색하는 과정에서 이 이론이 적극적으로 응용된다. 소비자는 제품 리뷰, 사용자 Generated Contents(UGC), 비교 사이트 등을 통해 다양한 정보를 수집한다. 이러한 정보에 기반하여 제품을 평가하고 최적의 선택을 하려는 경향이 커진다.

〈표-6〉 정보 탐색 이론의 최초 연구자 및 발전 과정

연구자	주요 연구 및 기여
조지 스티글러 (George J. Stigler, 1961)	- 정보 경제학(Information Economics) 개념 도입 - 소비자는 완벽한 정보를 가지지 못하며, 정보를 탐색하는 데 비용이 발생한다고 주장 - 정보 탐색은 합리적인 소비자의 의사결정 과정에서 필수적 요소

Herbert A. Simon (1955, 1972)	- 제한된 합리성(Bounded Rationality) 개념 도입 - 소비자는 완벽한 정보를 찾기보다는 '만족할 만한(satisficing)' 수준에서 의사결정을 내린다고 주장
Bettman (1979)	- 소비자의 정보 처리 과정과 의사결정 모델 제시 - 개인의 인지 능력과 기억 용량이 정보 탐색에 영향을 미친다고 설명
Moore & Lehmann (1980s)	- 정보 탐색 과정에서 브랜드 인지도가 중요한 역할을 한다고 주장
Peterson & Merino (2003)	- 오프라인과 온라인 환경에서의 정보 탐색 차이점 분석

정보 탐색 이론의 주요 개념으로는 먼저 정보 탐색 과정(Information Search Process)으로 소비자는 제품을 구매하기 전, 다음과 같은 단계로 정보를 탐색을 말한다. 특정한 니즈(예: 비건 화장품 필요)가 발생하면 문제를 인식(Problem Recognition)하게 되고, 내부 탐색(Internal Search)을 통해 기존 지식 및 경험을 바탕으로 정보를 떠올리게 된다. 그런 다음 외부 탐색(External Search)의 방법으로 인터넷, 리뷰, 친구 추천, 인플루언서 콘텐츠 등을 통해 추가 정보를 수집한다. 다음으로 대안 평가(Evaluation of Alternatives)를 통해 수집한 정보를 비교 분석하여 최적의 선택 결정하고 구매 결정(Purchase Decision)을 위해 최종적으로 선택한 제품을 구매한다. 구매 후 평가(Post-Purchase Evaluation)에서는 제품 사용 후 만족 여부 평가 및 재구매 결정 여부를 선택하게 된다.

다음으로 정보 탐색의 유형으로는 소비자가 직접 검색, 리뷰 조사, 전문가 의견 탐색하는 능동적 탐색(Active Search)과 광고, SNS 피드 등을 통해 무의식적으로 접하는 정보를 통한 수동적 탐색(Passive Search), 특정 제품을 찾기 위해 집중적으로 탐색하는 목표 지향적 탐색(Goal-Directed

Search), 구매 의도가 확실하지 않은 상태에서 다양한 정보를 접하는 과정의 탐색적(Exploratory) 탐색으로 구분해 볼 수 있다. 이러한 과정을 통해 정보 탐색에는 시간과 노력이 필요하며, 소비자는 탐색 비용을 최소화하려는 경향이 있음을 보이며, 완벽한 정보를 얻기 어려워 때로는 만족할 만한 수준에서 타협을 하게 되는 정보 탐색 비용(Search Cost)과 한계를 보이기도 한다.

그렇다면 정보 탐색 이론의 뷰티 산업 응용을 어떻게 활용할 것 인가의 고민은 매우 고무적이다. 온라인 정보 탐색 증가는 소비자들은 구매 전 SNS, 유튜브, 인스타그램, 뷰티 커뮤니티, 제품 리뷰 등을 적극적으로 탐색 제품 리뷰 및 인플루언서 콘텐츠가 주요 정보 탐색 수단으로 작용한다. 이러한 디지털 커뮤니케이션을 활용한 정보 탐색 최적화로 브랜드는 소비자가 쉽게 정보를 탐색할 수 있도록 콘텐츠를 최적화해야 한다. 예를 들자면, 인플루언서 협업을 통한 제품 리뷰를 제공하고, 브랜드 웹사이트에서 AI 기반 맞춤형 추천 시스템을 제공하며, AR/VR 기술을 활용한 가상 메이크업 체험은 소비자를 구매 앞으로 불러들인다. 이런 것들을 활성화하기 위해서는 정보 과부하(Information Overload) 문제를 해결해야 한다. 소비자들이 너무 많은 정보를 접하면서 선택 장애(Choice Overload)를 겪을 수 있다. 이를 해결하기 위해 큐레이션(추천 알고리즘, 맞춤형 콘텐츠 제공)이 매우 중요하다.

이와 함께 인플루언서와의 협업은 소비자는 브랜드의 직접 광고보다 인플루언서의 솔직한 후기를 신뢰하는 경향이 있어, 브랜드는 마이크로 인플루언서를 활용하여 신뢰도 높은 정보를 제공해야 한다. 또한 AI 및 빅데이터 기반 맞춤형 정보 제공하여, 브랜드는 소비자의 검색 패턴과 구매 이력을 분석하여 개인 맞춤형 정보를 제공 가능하고, AI 챗봇 및 가상 뷰티 어시스턴트를 활용하여 소비자가 원하는 정보를 신속하게 탐색할 수 있도록 지원해야 한다.

  정보 탐색 이론은 소비자의 구매 의사결정 과정에서 매우 중요한 역할을 하며, 뷰티 산업에서는 디지털 채널을 통해 정보 탐색을 최적화하는 전략이 필수적이다. 뷰티 산업은 고객과의 소통에서 많은 부분 외부적으로 보여지는 요소로 그 소통을 가져올 수 있다. 때로는 각각의 시연을 통해 고객의 선택을 받기도 한다. 이러한 그래픽적인 요소는 고객의 상상력을 자극시키며 더 멋진 자신을 꿈꾸게 하기도 한다. 이런 모든 상황에 대해 전문가들은 소셜 미디어, 인플루언서, AI 기술 등을 활용하여 정보 탐색을 돕는 것이 브랜드 성공의 핵심 요소가 될 것이다. 소비자의 정보 과부하 문제 해결 및 맞춤형 큐레이션 전략이 뷰티 브랜드의 경쟁력을 결정할 것이다.

〈표-7〉 정보 탐색 이론의 주요 개념

개념	설명
정보 탐색 과정 (Information Search Process)	소비자가 구매 결정을 내리기 전에 정보를 수집하는 단계별 과정
내부 탐색 (Internal Search)	소비자가 자신의 기억과 경험을 활용하여 정보를 찾는 과정
외부 탐색 (External Search)	소비자가 광고, 리뷰, SNS, 전문가 의견 등을 통해 새로운 정보를 수집하는 과정
정보 탐색 유형 (Types of Search)	능동적 탐색(소비자가 직접 검색), 수동적 탐색(광고, SNS 피드 등), 목표 지향적 탐색(특정 제품을 찾기 위한 집중적 탐색), 탐색적 탐색(구매 의도가 확실하지 않은 상태에서의 정보 탐색)

정보 탐색 비용 (Search Cost)	소비자가 정보를 탐색하는 데 소요되는 시간, 노력, 정신적 부담 등
제한된 합리성 (Bounded Rationality)	소비자는 완벽한 정보를 찾기보다 '충분히 만족스러운 (satisficing)' 수준에서 의사결정을 내림
정보 과부하 (Information Overload)	너무 많은 정보로 인해 소비자가 혼란을 겪고 의사결정이 어려워지는 현상
정보 출처 (Sources of Information)	개인적 출처(친구, 가족), 상업적 출처(브랜드 광고, 웹사이트), 공공 출처(전문가 리뷰, 블로그), 경험적 출처(직접 제품 사용)
정보 신뢰도 (Information Credibility)	소비자가 특정 정보 출처(인플루언서, 리뷰, 브랜드 광고 등)를 얼마나 신뢰하는지 대한 정도
디지털 정보 탐색 (Digital Information Search)	인터넷, SNS, 검색 엔진, 온라인 리뷰 등을 활용하여 정보를 탐색하는 과정

◇ 사회적 증거 이론(Social Proof Theory)

사회적 증거 이론은 사람들이 타인의 행동이나 의견을 따라가는 경향이 있다는 개념을 중심으로 하는 심리학 이론이다. 사람들은 다른 사람들이 긍정적 경험을 공유할 때 그 제품이나 서비스에 대한 긍정적인 태도를 갖게 된다는 이론이다. 디지털 시대에는 소셜 미디어 및 리뷰 플랫폼이 이러한 사회적 증거를 쉽게 전달할 수 있게 해주었다. 소비자는 친구나 다른 소비자들이 추천하는 제품을 우선시하며, 이는 소비자의 구매 결정에 강한 영향을 미친다. 인플루언서 마케팅은 이 이론을 기반으로 하여 브랜드와 소비자 간의 신뢰를 구축하는 데 중요한 역할을 한다. 이는 특히 디지털 마케팅, 소비자 행동, 그리고 뷰티 산업에서 중요한 역할을 한다.

① 사회적 증거 이론의 주요 연구자

로버트 치알디니(Robert Cialdini)에 의한 사람들이 다른 사람의 행동을 모방하며, 이는 불확실한 상황에서 더욱 강하게 나타난다고 하였다. 인간의 행동을 결정 짓는 주요 원칙으로 6가지 주요 원칙(상호성(Reciprocity), 일관성(Commitment & Consistency), 사회적 증거(Social Proof), 호감(Liking), 권위(Authority), 희소성(Scarcity)) 중의 사회적 증거를 제시하였다. 이의 6가지 주요 행동 원칙은 먼저 상호성(Reciprocity)으로 사람은 받은 만큼 되갚고 싶어 하며, 일관성(Commitment & Consistency)은 자신이 한 말이나 행동과 일관되게 행동하려 함을 이르며, 사회적 증거(Social Proof)는 다른 사람의 행동을 따라하려는 경향을 말한다. 호감(Liking)은 좋아하거나 호감 가는 사람의 말을 더 쉽게 받아들임이고, 권위(Authority)는 전문가, 권위자의 말을 더 신뢰하고 따르려 함이며, 희소성(Scarcity)은 희소한 것일수록 더 가치 있게 여겨 소유하고 싶어 함을 말하고 있다.

이러한 사회적 증거 이론은 솔로몬 해쉬(Solomon Asch)의 동조실험, 알버트 반두라(Albert Bandura)의 사회학습이론에 영향을 주면서 AI 시대에 이르러서는 온라인의 고객의 반응을 경제학과 마케팅 관점으로 많은 발전을 이어 가고 있다.

<표-8> 사회적 증거 이론의 사회적 기여

연구자	연구 내용 및 기여
로버트 치알디니 (Robert Cialdini, 1984)	《설득의 심리학(Influence: The Psychology of Persuasion)》에서 '사회적 증거'를 인간 행동을 결정하는 6가지 주요 원칙 중 하나로 제시 사람들은 다른 사람들의 행동을 모방하며, 이는 불확실한 상황에서 더욱 강하게 나타남
솔로몬 애쉬 (Solomon Asch, 1951)	동조 실험(Asch Conformity Experiment)을 통해 사람들이 다수의 의견과 행동을 따르려는 경향이 있음을 실증적으로 연구
앨버트 반두라 (Albert Bandura, 1963)	사회적 학습 이론(Social Learning Theory)을 통해 사람들이 타인의 행동을 보고 학습하는 과정을 설명
쥬디스 & 디나 (Judith Chevalier & Dina Mayzlin, 2006)	온라인 리뷰의 영향, 경제학과 마케팅 관점에서 사회적 증거 분석
스티븐 외 (Stephen M. Garcia et al., 2010)	전자 입소문(eWOM) 연구, IT/마케팅 결합 연구에 영향
존 바흐 (John A. Bargh, 2017)	소셜 임팩트와 경쟁 사람 수가 선택에 미치는 정서적 영향 분석

② 사회적 증거 이론의 개념

사회적 증거 이론은 사람들이 다른 사람들의 행동이나 의견을 기준으로 자신의 결정을 내리는 경향이 있다는 개념이다. 이는 특히 정보가 불완전하거나 불확실할 때 더욱 강하게 나타낸다.

기본 원리는 소비자 입장에서 "다른 사람들이 선택한 것은 신뢰할 만하다."라는 전제를 가지고 있다. 이는 타인의 선택에 대한 의존이 아닌 타인에 선택에 대한 공통점을 찾아냄으로써, 자신이 가져야 할 객관적 시선에 부합하는지를 따져 보곤 한다. 그래서 타인의 주관적 선택과 자신의 객관적 시선이 소비자가 선택할 제품과 상이한 점을 발견하지 않는다면 타인의 주관적인 긍정적인 시선이 소비자의 객관성과 융합을 이루면서 좀 더 올바른 소비자 행동으로 변화하는 것을 보여주고 있다.

이러한 판단의 주요 영향 요인으로는 타인의 행동을 관찰하고 다수의 선택의 기준이 무엇인지 살펴본다. 그리고 그 분야의 전문가는 그 제품에 대해 어떠한 전문적 권위를 제시하고 있는지는, 이를 선택한 다수의 사람의 사용자 리뷰는 어떠한지 더불어 제품에 대한 추천은 상호 부합한지, 이 제품에 능통한 인플루언서 및 유명인의 의견 등은 사회적 증거 이론의 소비자 행동의 중요한 영향을 미친다.

③ 사회적 증거의 유형과 메커니즘

사람들 사이에는 아는 것에 대한 인지적 편향(Cognitive Bias)이 작용하고 있음을 알 수 있다. 더욱이 좋은 제품에 대한 선호는 누구나 같이 열망하는 가운데, 소비자는 방대한 정보 속에서 결정을 내릴 때, "다수가 선택한 제품은 좋을 것"이라는 인지적 편향을 가지고 있음을 보여주고 있다. 이는 특히 온라인 쇼핑에서 제품 리뷰와 평점에 의존하는 행동으로 나타난다. 대상에 대한 신뢰 형성(Trust Formation)은 전문적이거나 신뢰할 수 있는 사람(예: 피부과 전문의, 유명 인플루언서)의 추천이 브랜드에 대한 신뢰를 증가시킨다. 그래서 자신의 지식의 병합보다는 그래도 전문가이니 나보다 더 세밀하게 분석하고 영향을 비교하였을 것이고, 이러한 사회적 비교(Social Comparison)는 사람들은 자신의 선택이 올바른지 확인하기 위해 타인의 선택과 비교하는 경향이 있음을 반증하는 것이다. 이것을 바탕으로 SNS에서 유행하는 뷰티 제품이 빠르게 확산되는 이유 중 하나를 선택하는 예를 들어 "요즘 가장 핫한 립스틱"이라는 표현은 소비자가 제품을 구매하도록 유도하는 사회적 증거 효과를 활용한 사례에서 소비자들은 행동 강화(Behavior Reinforcement)를 이루면서 다수가 지지하는 제품을 사용하면 심리적 만족감과 소속감을 느낀다.

〈표-9〉 사회적 증거의 유형

유형	설명	예시
다수의 영향 (Majority Influence)	사람들이 다수가 선택한 제품, 브랜드를 신뢰하는 경향	"10만 명이 사용한 제품" 광고 문구
전문가 증거 (Expert Proof)	권위 있는 전문가의 추천이 소비자의 신뢰도를 증가시킴	피부과 전문의가 추천하는 화장품
사용자 리뷰 (User Proof)	실제 소비자의 리뷰와 평가가 제품 신뢰도를 높임	"구매 후기 5,000개 이상, 평균 평점 4.8점"
인플루언서 증거 (Influencer Proof)	SNS 인플루언서, 유명인 추천이 구매 결정에 영향을 미침	뷰티 유튜버가 특정 브랜드의 제품을 추천
친구 및 가족 추천 (Peer Proof)	가까운 지인의 추천이 소비자 행동에 큰 영향을 미침	"친구가 추천한 제품"

④ 사회적 증거 이론과 뷰티 산업

이러한 사회적 증거 이론은 뷰티 산업에서 소셜 미디어 마케팅, 온라인 리뷰 및 평가 시스템, 바이럴 마케팅(Viral Marketing), 제품 추천 알고리즘, 한정판 마케팅(FOMO: Fear of Missing Out)으로 적용해 볼 수 있다.

○ 소셜 미디어 마케팅

최근 뷰티 산업에서는 인스타그램, 유튜브, 틱톡 등 다양한 소셜 미디어 플랫폼을 통해 인플루언서들이 화장품을 사용한 후기를 공유함으로써, 소비자에게 제품에 대한 신뢰를 형성하고 설득력을 강화하고 있다. 이는 인플루언서가 갖는 대중적 신뢰와 모방 심리를 활용하여, 제품에 대한 긍정적인 사회적 증거를 제공하는 대표적인 방식이라 할 수 있다.

○ 온라인 리뷰 및 평가 시스템

뷰티 브랜드의 공식 온라인 쇼핑몰 및 다양한 전자상거래 플랫폼에서는 구매자들이 제품에 대한 리뷰와 별점 평가를 직접 남길 수 있는 시스템을 운영하고 있다. 이처럼 다수의 긍정적 평가와 높은 평점은 잠재 소비자들에게 제품의 우수성을 간접적으로 입증하는 사회적 증거로 작용하며, 이는 구매 결정 과정에 큰 영향을 미친다.

○ 바이럴 마케팅(Viral Marketing)

"SNS에서 화제가 된 제품", "온라인에서 품절 대란을 일으킨 화장품" 등과 같은 대중의 관심을 끌 수 있는 문구나 콘텐츠를 활용하는 마케팅 전략 또한 사회적 증거 이론의 실천적 예라 할 수 있다. 이러한 방식은 제품에 대한 대중의 열광적인 반응을 강조함으로써, 제품을 선택하지 않으면 뒤처진다는 인식을 불러일으키고 소비자의 구매를 유도한다.

○ 제품 추천 알고리즘

전자상거래 플랫폼에서는 "이 상품을 구매한 고객들이 함께 구매한 제품"이라는 문구와 함께 관련 제품을 추천하는 알고리즘이 일반화되어 있다. 이는 기존 소비자들의 선택 행동을 사회적 증거로 삼아, 신규 소비자의 의사결정에 영향을 미치도록 설계된 구조이며, 소비자의 선택을 보다 자동적이고 수월하게 만든다.

○ 한정판 마케팅(FOMO: Fear of Missing Out)
"한정 수량 판매", "재고 소진 임박"과 같은 문구를 활용하는 전략은 소비자에게 제품이 희소하며, 많은 사람들이 이미 구매 중이라는 인식을 유도한다. 이는 소비자에게 구매 기회를 놓치고 싶지 않다는 심리(FOMO)를 자극하여, 빠른 의사결정을 유도하는 동시에 제품의 가치와 인기 있다는 사회적 증거를 강화한다.

〈표-10〉 뷰티 산업에서 사회적 증거 이론의 적용

적용 사례	설명
소셜 미디어 마케팅	인스타그램, 유튜브, 틱톡에서 인플루언서들이 화장품 사용 후기를 공유하며 제품 신뢰도를 높임
온라인 리뷰 및 평가 시스템	고객들이 제품에 대한 리뷰를 남기고 평점이 높은 제품이 더 많은 소비자들에게 선택됨
바이럴 마케팅 (Viral Marketing)	"SNS에서 난리 난 화장품"과 같은 광고 문구를 활용하여 대중의 관심을 끌어냄
제품 추천 알고리즘	"이 제품을 구매한 고객들이 함께 구매한 상품" 과 같은 알고리즘을 활용하여 소비자 선택 유도
한정판 마케팅 (FOMO, Fear of Missing Out)	"한정 수량", "재고 소진 임박" 등의 문구를 활용하여 소비자들이 빠른 구매 결정을 내리도록 유도

⑤ 뷰티 브랜드들이 활용하는 전략
인플루언서와 협업한 제품 출시에서 뷰티 브랜드들은 소비자들에게 큰

영향력을 미치는 인플루언서와 협업하여 한정판 제품을 출시하거나 특정 제품을 홍보한다. 유명 뷰티 유튜버나 SNS 인플루언서와 공동 브랜드 제품을 기획하면 해당 인플루언서의 팬층이 적극적인 구매자로 전환될 가능성이 높아진다. 협업 제품은 일반 제품보다 희소성이 강조되므로 '한정판', '콜라보 에디션' 등의 마케팅 요소를 추가하여 소비자들의 구매 욕구를 자극한다.

둘째, 사용자 후기 기반 광고를 활용함으로써 소비자들은 다른 사용자의 실제 경험을 신뢰하는 경향이 있으므로, 후기 데이터를 적극적으로 광고에 활용한다. "98%의 사용자가 만족했다" 또는 "5,000개의 리뷰, 평균 평점 4.8점"과 같은 메시지를 강조하여 제품에 대한 신뢰도를 높인다. SNS 및 유튜브 광고에서도 실제 소비자의 후기를 활용하여 제품의 효과를 직관적으로 전달한다.

셋째, 온라인 리뷰 및 평점 시스템 강화에서 뷰티 브랜드들은 공식 쇼핑몰과 온라인 마켓플레이스에서 리뷰 시스템을 강화하여 소비자가 쉽게 긍정적인 피드백을 접할 수 있도록 한다. 또한 제품 상세 페이지에 상위 리뷰를 고정하여 신뢰도를 확보한다. 이에 리뷰를 남긴 고객에게 할인 쿠폰이나 적립금을 제공하여 사용자 후기를 적극적으로 확보하여, 별점이 높은 제품이 검색 상위에 노출되도록 알고리즘을 최적화한다.

넷째, 바이럴 마케팅(Viral Marketing)을 활용하여 소셜 미디어에서 특정 제품이 자발적으로 확산되도록 유도하는 전략을 활용한다. 이러한 활용은 "SNS에서 난리 난 화장품", "틱톡에서 1억 뷰 돌파" 등의 문구를 사용하여 소비자의 관심을 유도하여, 사용자들이 자연스럽게 제품을 공유할 수 있도록, 특정 해시태그(#)를 생성하고 참여형 이벤트 진행을 유도하게 된다. 이와 함께 화장품 체험단을 운영하여 소비자가 제품을 사용하고 후기를 자발적으로 게시하도록 유도할 수 있다.

다섯째, 제품 추천 알고리즘 활용은 뷰티 브랜드들이 AI 및 빅데이터를 활용하여 소비자에게 맞춤형 제품을 추천하는 알고리즘을 적용함으로써, "이 제품을 구매한 고객들이 함께 구매한 상품" 기능을 통해 연관 제품을 추천을 통해 고객의 과거 구매 이력과 검색 기록을 분석하여 맞춤형 광고를 제공한다. 이를 소비자 성향에 따라 개인 맞춤형 샘플을 제공하여 추가 구매를 유도한다.

여섯째, 한정판 마케팅(FOMO, Fear of Missing Out) 전략으로 소비자들은 '놓치면 후회할 것 같은' 제품에 대해 더 높은 관심을 보이므로, 뷰티 브랜드들은 희소성을 강조하는 마케팅을 활용한다. "한정 수량", "재고 소진 임박", "단 3일 동안만 할인" 등의 문구를 사용하여 소비자의 즉각적인 구매 결정을 유도하여, 계절 한정판, 홀리데이 에디션 등을 출시하여 특정 시기에만 구매할 수 있는 제품이라는 점을 강조한다. 이를 통해 선착순 이벤트, 리미티드 에디션 패키지를 기획하여 소비자의 구매 욕구를 자극한다.

일곱째, UGC(User-Generated Content) 활용은 사용자가 직접 생성한 콘텐츠(UGC)를 마케팅에 적극적으로 반영하여 브랜드 신뢰도를 높인다. 소비자가 SNS에 제품 사용 후기를 사진이나 영상으로 공유하도록 유도하여, "베스트 리뷰어 선정 이벤트"를 개최하여 소비자가 자발적으로 제품 홍보에 참여하도록 한다. 이는 인플루언서 뿐만 아니라 일반 사용자들도 손쉽게 참여할 수 있도록 챌린지 및 공모전을 진행하여 그 활용도를 최대한 높인다.

이와 같은 방법을 통해 뷰티 브랜드들은 사회적 증거 이론을 활용하여 소비자의 신뢰를 얻고 구매 행동을 유도하는 전략을 실행한다. 인플루언서 협업, 사용자 후기 활용, 바이럴 마케팅, 한정판 마케팅 등의 전략은 소비자들이 브랜드에 대한 긍정적인 인식을 형성하는 데 기여하게 된다. 소비자들을 향한 디지털 환경에서 효과적인 맞춤형 마케팅을 실행하기 위해 AI 및 데이터 분석을 적극적으로 도입하여 소비자의 구매 경험을 개선하는 것이 필수적으로 작용한다. 앞으로 뷰티 산업에서는 더욱 정교한 개인화 마케팅과 커뮤니티 중심의 사회적 증거 전략이 중요한 역할을 할 것이다.

⑥ 사회적 증거 이론이 뷰티 산업에 미치는 영향

사회적 증거 이론은 소비자들이 다른 사람들의 행동이나 의견을 참고하여 자신의 결정을 내리는 현상을 설명한다. 이는 뷰티 산업에서 특히 강하게 작용하며, 브랜드의 신뢰도 구축과 제품 판매 촉진에 핵심적인 역할을 한다. 다음은 사회적 증거 이론이 뷰티 산업에 미치는 주요 영향이다.

먼저 소비자의 구매 의사결정 과정 단축을 통해 소비자들은 다양한 뷰티 제품 중에서 최적의 선택을 하기 어려울 때, 타인의 선택을 참고하여 빠른 결정을 내린다. 사용자들의 제품 리뷰, 평점, 추천 수 등의 데이터를 기반으로 구매 여부를 판단하게 한다. 즉 "베스트셀러", "N만 개 판매"와 같은 사회적 증거 요소가 구매 결정을 촉진하게 하고, 유명 인플루언서가 추천한 제품일수록 소비자들이 신뢰하고 쉽게 구매 결정을 하게 한다.

둘째, 브랜드 신뢰도 및 인지도 향상은 사회적 증거가 강하게 작용하면 소비자들은 브랜드를 더욱 신뢰하게 된다. 다수의 소비자가 지지하는 브랜드는 더욱 신뢰받으며 충성 고객층이 형성되고, "SNS에서 핫한 브랜드", "전문가가 추천하는 브랜드" 등의 이미지가 브랜드 인지도 상승에 기여한다. 이를 통해 고객 후기와 사용자 경험이 많을수록 브랜드의 신뢰도가 높아지는 결과를 가져오게 한다.

셋째, 인플루언서 및 사용자 콘텐츠(UGC) 기반 마케팅 강화를 통해 소셜 미디어가 활성화되면서 인플루언서 및 일반 사용자들의 콘텐츠가 브랜드 홍보의 중요한 역할을 한다. 인플루언서가 특정 제품을 추천하면 해당 제품의 신뢰도가 상승하고, 구매율이 증가하게 되고, 사용자들이 직접 제품 사용 후기를 남기고 이를 공유하면서 자연스럽게 브랜드 홍보 효과가 발생된다. 뷰티 브랜드들은 인플루언서 및 일반 사용자의 콘텐츠를 활용한 UGC(User-Generated Content) 마케팅을 적극적으로 진행하게 한다.

넷째, 온라인 리뷰 및 평점이 소비자 행동에 미치는 영향 확대를 통해 소비자들은 온라인 쇼핑 시 제품 리뷰와 평점을 가장 중요한 정보로 고려한다. 별점이 높고 리뷰가 많은 제품일수록 신뢰도가 상승하여 구매 가능성이 높아지는 효과를 가져온다. 이는 제품 상세 페이지에서 긍정적인 리뷰를 강조하여 구매 유도를 강화를 가져오고 부정적인 리뷰가 많을 경우, 소비자 신뢰도가 하락하고 브랜드 이미지에도 부정적인 영향을 미친다.

다섯째, 소셜 미디어 및 바이럴 마케팅 효과 증대는 소셜 미디어에서 확산되는 트렌드가 소비자의 구매 행동을 크게 좌우한다. 예를 들어 "SNS에서 난리 난 제품", "틱톡에서 조회수 1억 돌파" 등의 바이럴 마케팅이 소비자들의 관심을 끌어 구매를 촉진한다. 이를 통해 소비자들은 특정 제품이 유행하고 있다는 사실을 인식하면 제품에 대한 신뢰도가 상승하고, 이에 따라 구매 의향이 증가하며, 브랜드는 소셜 미디어 플랫폼을 활용하여 소비자와 직접 소통하고, 브랜드 충성도를 높이는 전략을 수행한다.

여섯째, FOMO(Fear of Missing Out, 놓치면 안 된다는 심리) 자극을 통한 사회적 증거는 소비자들에게 "이 제품을 구매하지 않으면 유행을 놓칠 수 있다."는 심리를 유발하게 한다. 또한 한정판 마케팅, 빠른 품절 효과 등을 활용하여 소비자들이 즉각적인 구매 결정을 내리도록 유도하는 효과를 가져온다. "재고 소진 임박", "한정 수량 판매"와 같은 문구가 구매 심리를 자극한다. 이러한 효과에 소비자들은 트렌드에 민감하기 때문에, 인기 제품이 품절되기 전에 서둘러 구매하는 경향을 보인다.

일곱째, 브랜드 충성도 및 재구매율 증가에 대해 보여지는 사회적 증거가 강한 브랜드는 소비자의 신뢰를 얻고 충성도를 높이는 데 유리하다. 다수가 사용하는 제품에 대한 신뢰감이 형성되면서, 소비자는 해당 브랜드의 다른 제품도 자연스럽게 구매하게 된다. 이러한 정기적인 사용자 리뷰 이벤트, 커뮤니티 활성화 등을 통해 브랜드에 대한 소비자의 애착을 높일 수 있다. 이런 사회적 증거가 지속적으로 축적되면 브랜드의 장기적인 성장과 충성 고객층 형성에 기여한다.

이와 같은 사회적 증거 이론은 뷰티 산업에서 소비자의 구매 행동을 결정짓는 중요한 요소로 작용한다. 인플루언서 협업, 사용자 후기, 소셜 미디어 트렌드, 한정판 마케팅 등을 활용하면 소비자의 신뢰도를 높이고 판매를 극대화할 수 있다고, 온라인 리뷰와 평점 시스템을 최적화하면 소비자가 보다 쉽게 제품을 신뢰하고 구매하도록 유도할 수 있다. 마침내 사회적 증거를 효과적으로 활용하는 브랜드가 소비자의 신뢰를 얻고 시장에서 경쟁 우위를 점할 것이다.

◇ **개인화 이론(Customization Theory)**

　개인화 이론은 소비자 개개인의 선호와 필요에 맞춘 서비스를 제공하는 것이 중요하다는 이론이다. 디지털 기술의 발전은 소비자의 경험을 맞춤화할 수 있는 기회를 확대하였다. AI 및 데이터 분석 기술을 활용하여 소비자의 행동과 구매 이력을 기반으로 맞춤형 제품 추천이 가능해졌다. 개인화된 이메일 마케팅, 맞춤형 광고 등의 전략은 소비자의 반응을 극대화하는 데 기여하고 있다. 위와 같은 연구들에 의해 지속적인 발전을 해왔으며 개인화 이론(Personalization Theory)은 고객의 개별적인 특성, 선호도, 행동 패턴을 분석하여 맞춤형 제품과 서비스를 제공하는 개념이다. 이는 소비자의 경험을 최적화하고 브랜드와의 관계를 강화하는 데 초점을 둔다. 개인화는 고객의 관심사, 구매 이력, 검색 기록, 온라인 활동 등을 분석하여 맞춤형 콘텐츠, 광고, 제품 추천을 제공하는 방식으로 구현된다. 이러한 개념들을 바탕으로 최근 AI 기술과 빅데이터 분석이 발전하면서, 개인화 마케팅이 더욱 정교하고 효과적으로 실행되고 있다.

〈표-11〉 개인화 이론의 주요 기여

연구자	연구 년도	주요 기여
Theodore Levitt	1983	소비자의 개별적 요구를 반영한 대량 맞춤화(Mass Customization) 개념을 제안하여 개인화 마케팅의 초석을 마련하였음
John R. Hauser & Glen L. Urban	1986	소비자 행동 분석을 통해 개별 고객 선호도를 파악하고 이를 맞춤형 마케팅에 적용하는 모델을 제시하였음

Joseph Pine II	1993	고객의 개별 경험을 중시하는 맞춤형 제품 및 서비스 제공, 즉 대량 맞춤화(Mass Customization) 개념을 구체화하였음
R. S. Winer	2001	디지털 환경에서 고객 데이터를 활용한 개인화 마케팅 전략 및 CRM(Customer Relationship Management)의 중요성을 강조하였음
Shankar et al.	2020	AI와 머신러닝을 활용한 초개인화(Hyper-Personalization) 전략이 현대 마케팅에서 핵심적 역할을 한다는 점을 분석하였음

① 개인화 이론의 메커니즘

개인화 이론은 개인에 특성을 중요시하며 데이터 수집 및 분석, 맞춤형 추천 시스템 적용, 인터렉티브 콘텐츠 및 커뮤니케이션 최적화, 지속적인 피드백 및 개선, 그 메커니즘을 통해 작동한다.

○ 데이터 수집 및 분석

소비자의 온라인 및 오프라인 활동 데이터를 수집(구매 이력, 검색 기록, SNS 활동 등) AI 및 머신러닝을 활용하여 소비자의 행동 패턴 및 선호도를 분석하여 고객 세분화(Segmentation)를 통해 유사한 패턴을 가진 그룹을 식별하는 데 활용한다.

○ 맞춤형 추천 시스템 적용

제품 추천 시스템(Product Recommendation)을 활용하여 개별 고객의 관심사에 맞는 제품을 제공하는 데 "이 제품을 구매한 고객이 함께 구매한 제품", "당신을 위한 맞춤 추천" 등의 알고리즘을 적용하여 과거 구매 이력과 관심사를 기반으로 개인 맞춤형 할인 및 프로모션을 제공한다.

ㅇ 인터렉티브 콘텐츠 및 커뮤니케이션 최적화

개별 소비자에게 최적화된 마케팅 메시지를 전달(이메일, 푸시 알림, SNS 광고)하여 실시간 고객 서비스 챗봇 및 AI 기반 상담을 활용하여 개인 맞춤형 응대를 제공하고, 고객 참여형 콘텐츠(AR 기반 메이크업 체험, 맞춤형 스킨케어 진단 등)를 활용하여 브랜드와 소비자 간의 인터랙션을 강화한다.

ㅇ 지속적인 피드백 및 개선

소비자의 피드백을 수집하고 AI 학습 알고리즘을 통해 개인화 전략을 지속 개선하여 A/B 테스트를 활용하여 개인화된 마케팅 캠페인의 효과성을 검증하여 고객 만족도 분석을 통해 맞춤형 서비스 최적화에 적용한다.

② 개인화 이론과 뷰티 산업과의 관계 및 영향

뷰티 산업에서는 개인화 이론이 소비자의 만족도를 높이고 브랜드 충성도를 강화하는 데 중요한 역할을 한다. 개인화 이론은 소비자의 개별적인 특성과 선호도를 기반으로 맞춤형 제품과 서비스를 제공하는 전략이다. 이 이론은 소비자의 데이터를 분석하여 각 고객에게 최적화된 경험을 제공함으로써 브랜드와 소비자 간의 장기적인 관계를 구축하는 데 기여한다.

뷰티 산업에서는 소비자의 피부 타입, 미용 취향, 사용 이력 등 다양한 데이터를 수집하여 맞춤형 스킨케어 및 화장품을 추천하고 제공하는 것이 중요하다. AI 및 빅데이터 기술을 활용한 개인화 마케팅은 소비자가 자신의 니즈에 부합하는 제품을 쉽게 선택할 수 있도록 도와주며, 이로 인해 소비자의 만족도와 브랜드 충성도가 크게 향상된다. 또한, AR(증강현실) 및 AI 기반의 가상 메이크업 체험과 피부 진단 시스템을 통해 소비자는 자신의 외모와 상태에 맞는 제품을 체험하고 추천받을 수 있다. 이러한 맞춤형 서비스는 소비자가 제품을 구매하기 전에 신뢰를 형성하는 데 중요한 역할을 하며, 결과적으로 구매 전환율을 높이는 효과를 가져온다.

개인화 이론을 뷰티 산업에 적용함으로써 브랜드는 고객 데이터를 기반으로 개별 소비자의 특성을 면밀히 분석할 수 있게 되며, 이를 통해 효과적인 마케팅 전략과 제품 개발을 추진할 수 있다. 소비자에게 최적화된 경험을 제공하는 것은 단기적인 판매 증대뿐만 아니라, 장기적으로 브랜드 충성도와 고객 만족도를 높이는 데 결정적인 영향을 미친다. 결국, 개인화 이론은 뷰티 산업에서 소비자의 다양한 요구를 충족시키고, 고객 경험을 극대화하며, 브랜드와 소비자 간의 신뢰를 구축하는 핵심 전략으로 자리 잡고 있다.

또한 개인화 이론은 뷰티 산업에서 소비자의 다양한 특성과 요구를 반영하여 맞춤형 제품 및 서비스를 제공함으로써 소비자 만족도를 높이고 브랜드 충성도를 강화하는 핵심 전략이다. 이를 위해 뷰티 산업은 다음과 같은 여러 측면에서 개인화 이론을 구체적으로 적용하고 있다.

○ 스킨케어 및 화장품 맞춤형 추천 시스템

AI 기반 피부 분석 기술을 활용하여 소비자의 피부 상태를 정밀하게 진단하고, 그 결과를 바탕으로 최적의 제품을 추천하는 시스템을 구축한다.

"맞춤형 화장품(Customized Cosmetics)" 개념을 도입하여 고객의 피부 타입, 피부 톤, 그리고 구체적인 피부 고민에 따라 개별화된 제품을 제공한다. 빅데이터 분석을 통해 소비자 개개인의 취향과 선호도를 면밀히 파악하고, 이에 따라 개인 맞춤형 제품 패키지나 추천 목록을 구성한다. 이러한 제품에 대한 선호에 대한 빅데이터는 고객이 고객을 부르는 추천 시스템으로 이어지게 되며 이것은 많은 부분 유출되는 고객을 멈추어 구매 행동으로 이어지게 한다.

○ AI 및 AR 기술을 활용한 뷰티 체험

증강현실(AR) 기술을 적용한 '가상 메이크업 체험(Virtual Try-On)' 기능을 제공하여 소비자가 실제 제품을 사용하기 전에 가상 환경에서 제품의 효과를 체험할 수 있도록 한다. AI 챗봇과 가상 퍼스널 컬러 컨설팅을 통해 소비자에게 개인별 맞춤 뷰티 솔루션을 제안하고, 소비자의 선호도와 얼굴형에 맞춘 최적의 헤어 스타일 및 색조 화장품을 추천한다.

○ 개인화된 마케팅 및 광고 전략

소비자의 검색 이력과 SNS 활동 등 다양한 데이터를 기반으로 맞춤형 광고 집행을 실시하여, 소비자가 관심을 가질 만한 제품이나 콘텐츠를 효과적으로 전달한다. 이메일 및 푸시 알림 등의 채널을 활용하여 소비자 개개인에게 최적화된 할인 정보나 프로모션을 제공함으로써 구매 전환율을 높인다. 이러한 일련의 마케팅 활동은 특정 소비자의 관심사나 생활 패턴에 맞춘 브랜드 캠페인을 기획하여, 예를 들어 채식주의자를 위한 비건 화장품 추천 등 세분화된 타깃 마케팅을 실행하여 소비자의 구매 행동이 이루어지도록 지원한다.

○ 고객 맞춤형 뷰티 구독 서비스(Subscription Service)

매달 소비자의 피부 상태와 개인적 선호도를 반영한 맞춤형 뷰티 박스를 제공하여, 소비자가 지속적으로 새로운 제품을 체험할 수 있도록 한다. 개별 소비자의 취향에 따라 화장품 샘플을 정기적으로 배송함으로써, 소비자가 브랜드의 다양한 제품을 경험하고 체험할 기회를 제공한다. 구독 서비스에서 축적된 데이터를 기반으로 지속적으로 개인 맞춤형 제품 추천 및 할인 혜택을 제공하여 고객 만족도를 극대화한다.

○ 초개인화(Hyper-Personalization) 트렌드 도입

머신러닝과 AI 분석을 통해 실시간으로 개별 고객의 요구와 변화하는 선호도를 반영한 제품 및 서비스를 제공하는 초개인화 전략을 도입한다. 뷰티 브랜드들은 실시간 피부 분석, 맞춤형 화장품 제조 등 고객 맞춤형 솔루션을 강화하는 방향으로 기술 투자를 확대하고 있다. 고객의 과거 행동 데이터를 기반으로 "다음에 필요할 제품 예측" 기능을 도입하여, 소비자가 미래의 요구를 미리 충족 받을 수 있도록 선제적 서비스를 제공한다. 이와 같이 개인화 이론은 뷰티 산업에서 소비자 만족도와 브랜드 충성도를 향상시키기 위한 필수적인 전략이다. 이러한 맞춤형 접근 방식은 소비자가 자신의 특성과 필요에 부합하는 제품 및 서비스를 경험하게 함으로써 긍정적인 구매 경험을 형성하고, 장기적인 브랜드 관계를 구축하는 데 결정적인 역할을 한다.

개인화 이론은 뷰티 산업에서 소비자 경험을 혁신적으로 변화시키는

핵심 전략이다. AI 및 빅데이터를 활용한 맞춤형 추천 시스템을 통해 소비자의 만족도를 높이고 브랜드 충성도를 강화할 수 있다. AR 및 AI 기술을 적용한 가상 메이크업 체험과 스킨케어 추천 서비스는 뷰티 브랜드의 경쟁력을 높이는 요소가 된다. 개인 맞춤형 구독 서비스 및 광고 전략은 소비자의 니즈를 충족시키고 지속적인 브랜드 관계 형성을 가능하게 한다. 향후 뷰티 브랜드들은 초개인화(Hyper-Personalization) 기술을 더욱 발전시켜 소비자에게 보다 정밀한 맞춤형 솔루션을 제공할 것이다.

◇ **감정 이론(Affect Theory)**

감정 이론은 소비자의 감정이 구매 결정에 중요한 영향을 미친다고 주장한다. 디지털 시대에서는 브랜드 경험이 소비자의 감정을 더욱 민감하게 된다. 브랜드는 소비자의 긍정적인 감정을 유도하기 위해 소셜 미디어 캠페인과 정서적 광고를 활용한다. 소비자는 감정적인 경험을 통해 브랜드에 대한 충성도와 친밀성을 느끼게 되며, 이는 반복 구매로 이어진다.

① 감정 이론의 주요 개념

감정 이론은 인간의 감정이 인지, 판단, 행동에 미치는 영향을 설명하는 심리학적 이론이다. 이 이론은 감정이 단순히 경험되는 정서적 상태를 넘어, 의사결정 과정, 사회적 상호작용, 소비자 행동 등에 중요한 역할을 한다고 본다. 감정은 정보 처리 방식에 영향을 미치며, 긍정적 혹은 부정적 감정 상태가 행동의 방향과 강도를 결정하는 주요 요소로 작용한다. 감정은 자극에 대한 인지 평가에 따라 나타나며, 이 평가 과정은 개인의 과거 경험, 상황적 요인, 문화적 배경 등에 의해 영향을 받는다. 감정은 소비자 행동에서 제품 선택, 브랜드 충성도, 구매 의사결정 등에 중요한 역할을 한다. 감정 이론은 감정이 소비자의 행동을 유도하고, 마케팅 메시지의 효과를 증대시키는 데 활용될 수 있음을 제시한다.

○ 자극(Stimulus)

외부 혹은 내부 요인에 의해 개인이 감정을 경험하게 되는 출발점이다. 자극은 시각, 청각, 촉각 등 다양한 감각을 통해 인지되며, 감정 반응의 기초가 된다.

○ 인지 평가(Cognitive Appraisal)

자극에 대한 개인의 평가 과정이다. 개인은 자신의 과거 경험, 문화적 배경, 상황적 맥락을 고려하여 자극의 의미를 해석하며, 이 평가에 따라 감정의 유형과 강도가 결정된다.

○ 감정 상태(Affective State)

인지 평가를 통해 나타난 주관적인 정서적 경험이다. 긍정적 감정(예: 행복, 기쁨)과 부정적 감정(예: 슬픔, 분노)으로 구분되며, 개인의 행동과 의사결정에 직접적인 영향을 미친다.

○ 정서 표현(Emotional Expression)

감정 상태가 외부로 드러나는 방식이다. 얼굴 표정, 목소리의 톤, 제스처 등 다양한 비언어적 요소를 통해 감정이 표현되며, 사회적 상호작용에서 중요한 역할을 한다.

○ 행동 유도(Behavioral Response)

감정 상태에 따른 구체적인 행동 반응이다. 감정은 소비자의 의사결정, 제품 선택, 구매 행동 등 다양한 행동 패턴을 형성하며, 마케팅 전략 수립에 중요한 데이터로 활용된다.

○ 피드백 루프(Feedback Loop)

감정에 따른 행동 결과가 다시 감정 상태에 영향을 미치는 순환 과정이다. 긍정적 행동 결과는 긍정적 감정을 강화하고, 부정적 행동 결과는 부정적 감정을 유발하여 지속적인 감정 변화가 발생한다.

○ 감성 자극(Emotional Stimuli)

마케팅 및 광고에서 의도적으로 제공되는 감정적 요소이다. 감성 자극은 소비자에게 감정적 공감을 이끌어 내어 브랜드 호감도를 높이고, 구매 의사결정에 긍정적 영향을 준다.

○ 정서적 공감(Emotional Empathy)

타인의 감정 상태를 이해하고, 이에 공감하는 심리적 능력이다. 브랜드가 소비자의 정서적 니즈를 충족시키기 위해 정서적 공감을 유도하는 전략은 소비자와의 강한 정서적 연결을 형성한다. 감정 이론의 주요 연구자와 활동에 대한 기여는 다음과 같다.

<표-12> 주요 연구자 및 기여

연구자	연구 년도	주요 기여 및 설명
로버트 바고찌 (Robert Bagozzi)	1999	감정과 행동 사이의 관계를 체계적으로 분석하여, 감정이 소비자 의사 결정, 행동에 미치는 영향을 설명함
러셀 (James A. Russell)	1980	감정의 원형 모형(Circumplex Model)을 제안하여 감정의 다양성과 차원을 시각적으로 설명하고, 감정의 구조를 체계화함
플러치크 (Robert Plutchik)	1980	감정의 기본 유형과 진화적 기능에 대한 이론을 제시하여, 감정의 상호작용과 감정 변화의 패턴을 설명함
라자루스 (Richard Lazarus)	1991	스트레스와 감정 사이의 관계를 연구하고, 인지 평가 이론을 통해 감정이 어떻게 발생하며, 상황에 따라 달라지는지를 설명함

② 감정 이론의 메커니즘

감정 이론의 메커니즘은 자극-인지 평가 과정, 감정의 정보 처리 영향, 행동 유도 및 피드백 루프, 감정 이론과 뷰티 산업과의 관계 및 영향과 같이 정리할 수 있다.

○ 자극-인지 평가 과정

외부 자극이 인지되어 개인의 평가 과정을 거치며 감정이 발생한다. 이 과정에서 개인의 과거 경험, 문화, 상황 등이 감정의 강도와 유형을 결정한다.

○ 감정의 정보 처리 영향

감정 상태는 정보 처리 방식에 영향을 미쳐, 긍정적 감정은 창의적 사고와 개방적 태도를, 부정적 감정은 신중하고 보수적인 판단을 유도한다.

소비자는 감정에 따라 제품에 대한 관심도와 평가 기준이 달라지며, 이는 의사결정에 직접적인 영향을 미친다.

○ 행동 유도 및 피드백 루프

감정은 행동을 유발하며, 행동 결과는 다시 감정을 변화시켜 지속적인 피드백 루프를 형성한다. 마케팅에서는 긍정적 감정을 유도하는 메시지와 이미지를 활용하여 소비자의 구매 행동을 촉진할 수 있다.

③ 감정 이론과 뷰티 산업과의 관계 및 영향

감정 이론은 뷰티 산업에서 소비자 경험과 브랜드 충성도 강화에 중요한 역할을 한다. 뷰티 산업은 늘 고객과 마주하고 상호 친밀감에 따라 신뢰성이 구축되며, 공감 형성은 재구매로 이어지고 있다. 이러한 산업의 특수한 구조를 가지고 있는 인간 중심의 뷰티 산업은 다음과 같은 적용을 받게 된다.

○ 감성 마케팅 전략 강화

뷰티 브랜드는 광고와 프로모션에서 감성적 요소를 강조하여 소비자의 긍정적 감정을 유발한다. 감동적이거나 공감할 수 있는 스토리텔링, 비주얼 이미지, 음악 등이 소비자의 감정을 자극하여 브랜드 호감도를 높인다.

○ 제품 체험 및 브랜드 경험

증강현실(AR) 및 가상현실(VR) 기술을 활용한 가상 메이크업 체험 등은 소비자가 제품을 경험하는 과정에서 감정적 만족을 극대화한다. 개인의 피부 상태나 취향에 맞춘 맞춤형 제품 추천은 소비자에게 '나를 위한 특별한 서비스'를 제공하는 감정을 일으켜, 브랜드 충성도를 강화한다.

○ 소비자 피드백 및 커뮤니티 형성

소비자 리뷰, SNS 후기 등에서 감정 표현은 다른 소비자에게 강한 사회적 증거로 작용한다. 긍정적인 사용자 후기는 감정 이입을 유도하여, 신규 소비자에게 제품 구매의 동기를 제공하며, 브랜드 커뮤니티를 형성하는 데 기여한다.

○ 위기 상황 관리

부정적 감정이 소비자 경험에 미치는 영향을 신속히 파악하고, 적절한 대응 전략(예: 사과, 보상, 소통 강화)을 통해 소비자 신뢰를 회복할 수 있다. 소비자 감정 데이터 분석을 통해 브랜드는 감정 기반 위기 관리 시스템을 구축하고, 잠재적 위기를 사전에 예방할 수 있다.

이러한 감정 이론의 메커니즘은 Emotional Stimuli(감성 자극)는 외부에서 의도적으로 제공되는 감정적 자극으로, Stimulus(자극)로 인지되어 인지평가(Cognitive Appraisal) 과정을 거친 후, 감정 상태(Affective State)가 형성된다. 이 감정 상태는 정서 표현(Emotional Expression)을 통해 외부로 드러나며, 결과적으로 행동 유도(Behavioral Response)로 이어진다. 행동의 결과는 피드백 루프(Feedback Loop)를 통해 다시 감정 상태에 영향을 미친다. 정서적 공감(Emotional Empathy)은 이 전체 과정에 관여하며, 개인 간 또는 브랜드와 소비자 간 감정적 연결을 강화한다.

이렇듯 소비자의 행동의 영향을 미치는 감정 이론은 뷰티 산업에서 소비자의 감정적 경험을 정밀하게 파악하고, 이를 기반으로 맞춤형 마케팅 전략을 수립하는 데 결정적인 역할을 한다. 감성적 연결은 소비자의 제품 만족도와 브랜드 충성도를 높이며, 장기적인 시장 경쟁력 확보에 기여한다.

◇ 소셜 미디어와 소비자 관계

디지털 시대의 소비자는 소셜 미디어 플랫폼을 통해 브랜드와의 관계를 형성하게 된다. 브랜드는 소비자와의 소통을 통해 관계를 강화하고 충성도를 높이는 데 집중해야 한다. 브랜드는 소비자와의 두터운 관계를 위해 소셜 미디어를 활용하여 피드백을 받고, 소통하며, 커뮤니티를 형성해야 한다.

소비자는 이러한 관계를 통해 브랜드에 대한 신뢰를 쌓고, 브랜드 충성도로 이어지게 된다. 디지털 시대의 소비자 심리는 정보 탐색, 사회적 증거, 개인화, 감정, 그리고 소셜 미디어와의 관계와 같은 다양한 이론적 배경에 의해 형성되고 있다. 각 이론은 소비자의 행동과 결정 과정에 실질적으로 영향을 미치며, 기업은 이러한 심리를 깊이 이해함으로써 효과적인 마케팅 전략과 커뮤니케이션 방식을 구축할 수 있다. 이러한 이론적 배경을 바탕으로 브랜드는 소비자 요구를 충족시킬 수 있는 혁신적이고 지속 가능한 전략을 수립할 수 있을 것이다.

〈표-13〉 소비자 행동 변화 이론과 적용

이론	개요	소비자 행동 변화	적용 사례
정보 탐색 이론	소비자가 의사결정을 내리기 전, 필요한 정보를 탐색하는 과정 설명	디지털 환경과 온라인 쇼핑의 확산으로 정보 탐색의 범위와 방식 변화	- 온라인 쇼핑에서 리뷰와 비교 사이트를 통한 제품 선택 - 소셜 미디어 및 검색 엔진을 활용한 정보 탐색
사회적 증거 이론	다른 사람들의 의견이나 행동을 통해 자신의 결정을 정당화하려는 경향	소비자들이 타인의 의견과 행동을 더욱 중요하게 여기고, 사회적 네트워크의 영향이 커짐	- 인플루언서의 추천이나 사용자 리뷰에 의존한 제품 구매 - 스타트업이나 신생 브랜드의 사용자 후기와 추천
개인화 이론	소비자에게 맞춤화된 정보를 제공하여 의사결정을 최적화하는 이론	빅데이터와 AI 기술의 발전으로 소비자 행동 분석이 가능해지고, 맞춤형 콘텐츠 제공의 중요성 증가	- 디지털 광고에서 개인 맞춤형 광고 제공 - 온라인 쇼핑에서 개인 맞춤형 제품 추천 시스템(예: 아마존, 넷플릭스)
감정 이론	소비자 의사결정 과정에서 감정이 중요한 역할을 한다는 이론	감정이 구매 결정에 미치는 영향이 중요시되고, 감정 기반 마케팅이 증가	- 감성 광고(예: 애플, 코카콜라 등) - 구매 후 감정적 만족도 평가를 통해 고객 충성도 증대

◇ 디지털 시대의 소비자 심리

디지털 시대는 소비자 심리에 많은 변화를 가져왔고, 이러한 변화는 여러 심리학적 원리에 기반하고 있다. 소비자들이 상품을 구매하고, 브랜드와 상호작용하는 방식은 다양한 심리학적 이론에 의해 설명될 수 있다. 이는 정보 탐색 행위, 대안 평가 과정, 의사 결정, 감정적 반응, 반복 구매 및 충성도 등의 차원에서 바라볼 수 있다.

먼저, 정보 탐색 행위를 위한 소비자의 행동에 대해 심리학적 근거 이론으로 인지 부하 이론(Cognitive Load Theory)을 들 수가 있다. 이 이론은 존 스와러(John Sweller)에 의해 1980년대에 처음 제안되었다. 스와러는 학습 과정에서의 정보 처리에 관한 이론을 연구하면서, 인간의 인지 시스템이 정보를 처리하는 데 있어 한계가 있다는 것을 발견하였다. 그의 연구는 특히 교육 심리학 및 instructional design(교육 설계) 분야에서 큰 영향력을 미쳤다. 인지 부하 이론에 따르면, 학습자는 주어진 과제에 따라 세 가지 유형의 인지 부하를 경험한다. 내재적 인지 부하(Intrinsic Load)는 과제 자체의 복잡성과 난이도에 의해 결정되는 부하로, 개인의 선행 지식이나 경험에 따라 달라진다. 예를 들어, 어려운 수학 문제는 높은 내재적 인지 부하를 요구하게 된다. 외재적 인지 부하(Extraneous Load)는 학습에 힘을 주지 않는 불필요한 정보로 인해 발생하는 부하로, 불명확한 설명이나 정보 처리의 비효율성 등이 이에 해당된다. 예를 들어, 비효율적인 자료가 제공되면 소비자는 정보 처리에 어려움을 겪게 된다. 적절한 인지 부하(Germane Load)는 학습에 도움이 되는 정보 처리로, 다양한 연습이나 피드백의 형태로 나타난다. 이는 효과적인 학습과 이해를 위해 발생하는 긍정적인 부하이다.

  그의 연구에 따르면, 적절한 인지 부하를 유지하는 것이 정보 처리와 학습 효과를 극대화하는 데 중요하다고 강조되었다. 과도한 인지 부하는 인지적 자원을 소모하게 되어 학습 효율성을 떨어뜨리게 된다고 보고하고 있다. 디지털 시대 소비 심리와의 관계에서 디지털 시대에서는 소비자들이 웹사이트, 소셜 미디어, 모바일 앱 등 다양한 플랫폼에서 정보를 탐색하게 된다. 이 과정에서 소비자의 인지 부하는 여러 측면에서 중요한 역할을 하게 된다. 정보의 과부하로 디지털 환경에서 소비자는 방대한 양의 정보에 접근할 수 있으며, 이는 인지 부하를 증가시킬 수 있다. 소비자가 여러 제품 간의 비교나 추천, 후기, 광고 등의 정보를 처리해야 하는 경우, 이러한 정보의 양이 많아지면 내재적 및 외재적 인지 부하가 증대된다. 이로 인해 소비자는 혼란을 느끼고, 효과적인 구매 결정을 내리기 어려워질 수 있다. 이는 구매 결정 과정과 인지 부하로 소비자는 광고, 리뷰, 가격 정보를 모두 고려하고 싶어 하지만, 이 정보들이 과도하게 많아질 경우 선택 피로(fatigue)가 발생할 수 있다. 이는 구매 결정을 지연시키거나 소비자가 제품을 포기하게 만드는 원인이 된다. 더불어 브랜드 커뮤니케이션 전략은 브랜드는 소비자가 제품 정보를 보다 쉽게 처리할 수 있도록 간결하고 명확한 메시지를 전달해야 한다. 복잡한 정보보다는 소비자가 이해하기 쉬운 형태로 제품의 장점과 특성을 정리하여 제공하는 것이 중요하다. 내용의 시각적 요소를 활용하거나, 스토리텔링 방식으로 정보를 제공하는 것도 체계적인 접근을 통한 인지 부하 감소에 기여할 수 있다.

인지 부하 이론은 소비자가 정보를 처리하는 방식과 이를 통해 구매 결정을 내리는 과정에 대해 중요한 통찰을 제공한다. 디지털 환경에서 소비자의 심리를 이해하고, 정보를 제공하는 방법을 최적화함으로써 브랜드는 구매 전환율과 소비자 만족도를 높일 수 있다. 소비자는 제품 선택 시 다양한 정보와 옵션에 직면하게 된다. 지식이나 정보가 많을수록 선택의 기회가 풍부해지지만, 반대로 정보 과부하가 발생할 경우 소비자가 의사 결정을 내리기 더 어려워진다. 디지털 플랫폼에서는 소비자가 많은 정보를 동시에 접할 수 있지만, 이로 인해 혼란스러워질 수 있다. 브랜드는 유용하고 간결한 정보를 제공하여 소비자가 원하는 것을 쉽게 찾을 수 있도록 도와야 한다.

둘째, 소비에 대한 대안 평가 과정으로 가치와 신뢰의 원리(Value and Trust Principle)는 가치와 신뢰의 원리는 여러 심리학적 연구와 마케팅 이론에 바탕을 두고 있으며, 특정한 연구자에 의해 고안된 원리라기보다, 다양한 연구자들이 이 원리에 기여해 온 결과물로 볼 수 있다. 특히, 로버트 C. 치알디니(Robert Cialdini)와 같은 사회심리학자들은 사회적 영향력, 설득, 그리고 소비자가 브랜드와 상호작용하는 방식에서 신뢰의 중요성을 강조하고 있다. 그의 저서 Influence: The Psychology of Persuasion에서 그는 소비자가 신뢰를 기반으로 판단을 내리는 경과를 설명하였다.

가치와 신뢰의 원리는 소비자가 브랜드, 제품, 또는 서비스를 평가할 때 고려하는 두 가지 주요 요인이다. 이는 가치(Value)와 신뢰(Trust)로 나누어 볼 수 있다. 가치(Value)는 소비자는 제품이나 서비스에 대해 지불할 만한 가치가 있는지를 평가한다. 가격 대비 품질, 기능, 그리고 사용자 경험이 가치 평가에 중요한 요소로 작용한다. 소비자는 자기가 느끼는 가치가 크다고 생각할수록 해당 제품을 구매할 가능성이 높아진다. 신뢰

(Trust)는 소비자는 신뢰할 수 있는 브랜드에 대해 더 긍정적인 태도를 취하며, 신뢰를 기반으로 구매 결정을 내린다. 브랜드가 정직하고 지속 가능한 행동을 유지하고 있다는 것이 소비자에게 신뢰를 주며, 이는 재구매 및 추천으로 이어진다. 이러한 원리는 소비자의 구매 결정 과정에서 강력한 영향력을 미친다. 특히, 불확실한 환경에서는 소비자는 신뢰할 수 있는 정보원이나 브랜드를 우선적으로 고려하게 된다.

디지털 시대에서는 가치와 신뢰의 원리가 더욱 두드러져 나타난다. 디지털 시대의 정보의 용이성과 투명성은 디지털 플랫폼에서 소비자들은 손쉽게 다양한 정보에 접근할 수 있으며, 제품 리뷰, 사용자 후기, 소셜 미디어 피드백 등을 통해 다른 소비자들의 경험을 확인할 수 있다. 이러한 정보들은 소비자가 브랜드에 대한 신뢰를 형성하는 데 중요한 역할을 한다. 브랜드가 소비자와의 관계에서 투명성을 유지하고 신뢰를 쌓는 것이 무엇보다 중요하다. 정보의 투명성을 바탕으로 소비자들은 동일한 상품이나 서비스를 경험한 타인의 의견을 중시한다. 온라인 리뷰나 추천은 소비자가 제품이나 서비스에 대한 신뢰성을 판단하는 중요한 기준이 된다. 신뢰할 수 있는 추천이 브랜드에 대한 긍정적인 신뢰를 증대시키며, 이러한 사회적 증거는 브랜드 충성도와 재구매로 연결된다. 이러한 윤리적 가치의 실현은 브랜드 충성도와 가치, 두 마리의 토끼를 잡으면서, 소비자는 브랜드가 제공하는 가치에 민감하게 반응하며, 감정적으로 연결되는 브랜드에 대해 더 큰 충성도를 보인다. 브랜드의 사회적 책임, 지속 가능한 제품 개발, 투명한 의사소통이 소비자에게 가치로 인식된다. 이는 장기적인 고객 관계를 형성하는 데 필수적이다.

가치와 신뢰의 원리는 디지털 시대 소비자 심리를 이해하는 데 있어 핵심 요소로 작용하고 있다. 소비자는 브랜드의 가치와 신뢰를 기반으로 구매 결정을 내리며, 이는 소비자 경험을 통해 지속적으로 강화된다. 브랜드가 소비자와의 관계에서 신뢰를 불러일으킨다면, 이는 재구매율과 브랜드 충성도를 높이는 데 기여하게 될 것이다. 소비자는 여러 대안 중 최적의 선택을 하기 위해 각 제품의 가치를 평가한다. 또한, 소비자는 브랜드의 신뢰도와 평판을 중요시하여 구매 결정을 내린다. 소비자는 다른 고객들의 리뷰와 평점을 통해 소통하며, 소셜 미디어에서의 추천 또한 중요하게 여깁니다. 따라서 브랜드는 소비자가 신뢰할 수 있는 정보를 제공하고, 긍정적인 후기나 추천을 지속적으로 쌓아가는 것이 중요하다.

셋째, 의사결정을 하기 위해 소비자의 심리를 파악하기 위해서 희소성 이론(Scarcity Theory) 희소성 이론은 사회 심리학자인 로버트 시알디니(Robert Cialdini)에 의해 널리 알려졌다. 그는 "Influence: The Psychology of Persuasion"이라는 저서에서 희소성의 원리를 설명하며, 사람들이 특정 자원 또는 기회의 희소함에 반응하는 방식에 대해 논의하였다. 희소성 이론은 기본적으로 사람들이 특정 자원이나 기회가 제한되어 있다는 사실을 인식할 때 그 가치를 높게 평가한다는 원리를 바탕으로 하고 있다. 다음은 이 이론의 주요 결과들이다. 제한된 시간 또는 수량의 가치 증가에서 소비자는 특정 제품이나 서비스가 특정 기간 동안만 유효하거나, 수량이 제한되어 있으면 더 큰 욕구를 일으킨다는 것이다. 이것은 소비자가 기존보다 더 가치 있게 느끼게 하며, 구매 결정에 강한 영향을 미친다. 또한 소유를 식별하게 됨으로써, 희소성은 소비자에게 소유욕을 불러일으킨다. 누군가가 가지고 있는 특정한 자원을 얻고자 하는 욕구가 커지며, 이는 경쟁을 불러오고 브랜드에 대한 충성도를 높이게 된다. 디지털 시대에서는 희소성 이론이 소비자 심리에 더욱 큰 영향을 미치고 있으며, 다음과 같은 방식으로 작용하고 있다. 이러한 희소성의 원리는 한정판 마케팅 즉, 많은 브랜드가 한정판 제품이나 특별 컬렉션을 통해 소비자에게 긴박감을 조성한다. 디지털 마케팅을 통해 "수량 한정" 또는 "기간 한정" 등의 메시지를 전달함으로써 소비자들로 하여금 즉각적인 구매 결정을 내리도록 유도한다. 이러한 전략은 소비자가 기회를 놓치고 싶지 않다는 심리를 자극한다. 이러한 것을 베이스에 두면서 소셜 미디어 플랫폼에서는 선호하는 제품에 대한 제한된 시간 동안의 클릭 유도(예: "지금 구매하면 20% 할인")가 소비자에게 더욱 긴급함을 주게 된다. 사용자는 제품이 빠르게 소진될 것이란 생각에 구매를 서두르게 되는 경향을 보이면서 소셜 미디어는 그 역할을 다 하고 있다. 이는 소비자 행동 데이터 분석을 통해 AI와 데이터 분석 기술을 활용해, 소비자들이 과거에 관심을 가졌던 제품을 기반으로 희소성을 제시하는 스마트한 마케팅이 가능하다. 예를 들어, 소비자가 장바구니에 상품을 담았지만 결제하지 않을 경우 해당 제품이 '매진 임박'이라고 알림을 주면 소비자를 자극할 수 있다.

희소성 이론은 소비자 심리를 이해하는 데 중요한 역할을 한다. 디지털 시대에 들어서면서, 이론은 더욱 진화하여 온라인 마케팅에 적극적으로 활용되고 있다. 소비자는 공급 과잉 시대에서 구매 결정을 내리기 어려운 상황에 놓일 때가 많지만, 희소성이 강조된 마케팅 전략은 소비자의 구매 욕구를 극대화할 수 있는 효과적인 수단으로 자리 잡고 있다. 소비자는 자신의 선택이 제한적이거나 희소하다고 느낄 때 더 큰 가치를 부여하게 된다. 물건이 제한될 경우 소비자는 그것을 소유하고자 하는 욕구가 더욱 강해진다. 디지털 플랫폼에서는 한정판 제품이나 기간 한정 세일을 통해 소비자에게 즉각적인 결정 유도를 할 수 있다. "한정 판매" 또는 "재고가 얼마 남지 않았습니다"와 같은 문구는 소비자의 구매 욕구를 자극할 수 있다.

넷째, 감정적 반응으로 감정 이론(Affect Theory)을 살펴보겠다. 감정 이론은 심리학자 로버트 제이 플러치크(Robert Plutchik)에 의해 주로 발전되었으며, 그의 연구는 감정의 생물학적 기초와 감정 간의 상관관계를 이해하는 데 집중하였다. 플러치크는 감정이 인간의 행동을 유도하고 의사결정을 형성하는 중요한 요소라는 점을 강조했다. 주요 개념으로 감정의 구조란 플러치크는 기본 감정(예: 기쁨, 슬픔, 두려움, 분노 등)이 서로 조합되어 더 복잡한 감정을 형성한다고 주장하였다. 그는 이를 통해 감정의 강도와 각기 다른 감정 간의 관계를 시각적 모델로 표현하였다. 생존 메커니즘에서는 감정은 생물학적 관점에서 살아남기 위한 생존 전략으로 작용한다. 특정 상황에서의 감정 반응은 행동을 유도하고, 이는 즉각적인 결정과 행동으로 이어진다. 또한 감정과 의사결정 사이에서 감정은 소비자의 의사결정 과정에서 중요한 역할을 하며, 제품에 대한 감정적 반응이 결국 구매 결정에 뚜렷한 영향을 미친다. 소비자는 긍정적인 감정을 느끼는 브랜드에 더 많은 호감과 충성도를 가지게 된다. 디지털 시대에서는 소비자들이 브랜드와 상호작용하게 될 때의 감정적 경험이 더욱 중요하게 작용한다. 다음은 감정 이론이 디지털 시대 소비자 심리에서 브랜드 경험과 감정으로 소비자는 브랜드에 대한 긍정적인 감정을 형성할 경우 반복 구매와 충성도로 이어질 가능성이 높아진다. 디지털 플랫폼에서 브랜드는 소비자에게 감정적으로 공감할 수 있는 스토리를 제공함으로써 감정을 자극하는 전략을 개발하고 있다. 예를 들어, 감동적인 광고 캠페인이나 브랜드의 사회적 책임 활동이 소비자의 긍정적 감정을 유도할 수 있다.

또한 소셜 미디어상의 감정 표현에서 소비자들은 소셜 미디어를 통해 자신의 감정 상태와 감정적인 경험을 공유한다. 이러한 공유는 브랜드에 대한 사회적 증거로 작용하며, 소비자는 긍정적인 감정을 가진 브랜드들이며, 이를 통해 다른 소비자들에게 긍정적이고 실질적인 영향을 줄 수 있다. 더불어 감정 기반의 마케팅은 광고나 콘텐츠에서 감정적 반응을 유도하기 위해 스토리텔링 기법이 활용된다. 소비자들은 자신과 밀접한 감정을 느끼는 브랜드에 더 쉽게 반응하고, 이는 브랜드 충성도로 이어질 가능성이 높아진다.

감정 이론은 소비자의 행동 및 의사결정 과정에 필수적인 요소로 작용하며, 특히 디지털 시대에서는 더욱 그 중요성이 부각되고 있다. 브랜드는 소비자의 감정을 이해하고 이를 기반으로 적절한 마케팅 전략을 수립하는 것이 필요하다. 감정이 소비자 심리와 구매 결정에 미치는 영향은 브랜드의 성공에 결정적인 요소가 될 것이다. 소비자의 감정은 구매 결정에 매우 중요한 영향을 미친다. 긍정적인 감정은 구매를 유도하고, 부정적인 감정은 소비자의 행동을 좌절시킬 수 있다. 브랜드는 소비자에게 긍정적인 감정을 불러일으키는 콘텐츠(예: 따뜻한 이야기, 감동적인 광고)를 제공함으로써 브랜드에 대한 긍정적인 인식을 강화할 수 있다. 소셜미디어 콘텐츠는 감정 공유를 통해 소비자와의 관계를 깊게 하는 데 기여한다.

다섯째, 반복 구매 및 충성도를 나타내는 소비자의 사회적 동일시(Social Identification)에서 소비자는 자신이 선호하는 브랜드와의 관계를 통해 자신을 정의하고, 그 브랜드에 대한 충성도가 형성된다. 브랜드가 소비자의 사회적 정체성과 맞아떨어질 때, 소비자는 브랜드에 대한 충성도가 높아진다. 디지털 플랫폼에서는 사용자가 브랜드의 커뮤니티에 참여하고, 같은 취향을 가진 사람들과 연결되도록 유도할 수 있다. 이는 소비자가 브랜드와 소속감을 느끼게 해 반복 구매로 이어지게 한다.

디지털 시대의 소비자 심리는 다양한 심리학적 이론에 의해 설명될 수 있으며, 정보 탐색, 대안 평가, 의사결정, 감정적 반응, 그리고 브랜드 충성도 형성에서 중요한 역할을 한다. 기업은 이러한 심리적 작용을 이해하고 소비자의 행동을 탐구함으로써 효과적인 마케팅 및 커뮤니케이션 전략을 개발할 수 있으며, 궁극적으로 소비자에게 긍정적인 경험을 제공하는 데 기여할 것이다. 디지털 시대의 소비자 심리를 고려한 접근은 브랜드 라벨의 충성도를 높이는 핵심적인 요소가 될 것이다.

〈표-14〉 디지털 시대 소비자 심리 분석

소비자 행동 단계	적용 이론	핵심 개념	디지털 환경 적용
정보 탐색	인지 부하 이론 (Cognitive Load Theory)	과도한 정보는 내재적·외재적 인지 부하를 유발하여 구매 결정 지연 또는 포기로 이어짐	웹, SNS, 앱에서의 정보 과부하 상황에서 간결한 콘텐츠 제공이 중요
대안 평가	가치와 신뢰의 원리 (Value and Trust Principle)	소비자는 가치(품질, 기능, 경험)와 신뢰(브랜드 투명성, 리뷰)를 바탕으로 제품을 평가	소비자 리뷰, 후기, 소셜 미디어 신뢰성 정보가 구매 결정에 큰 영향
의사 결정	희소성 이론 (Scarcity Theory)	한정판, 기간 한정 등의 메시지가 소비자의 긴박감과 구매욕을 자극	소셜 플랫폼에서 한정 프로모션을 통한 구매 유도, AI 분석 기반 희소성 마케팅
감정적 반응	감정 이론 (Affect Theory)	감정은 소비자 행동을 유도하며, 긍정적인 감정이 충성도와 반복 구매로 연결	스토리텔링 콘텐츠, 소셜 미디어 감정 공유를 통한 브랜드 감정 공감 강화
반복 구매 및 충성도	사회적 동일시 이론 (Social Identification)	브랜드와 동일시를 통해 소속감과 정체성이 강화되며, 커뮤니티 기반 충성도 형성	브랜드 커뮤니티 참여, 동일 취향 기반 연결 유도를 통해 정체성 강화

2.
AI가 이해하는 소비자 니즈에 따른 이론

우리는 많은 부분을 경시하게 여겨 소비자로부터 외면당하는 경우가 많다. 소비자가 무엇을 원하는가의 기준을 자신의 주관적인 잣대로 파악하다 보니 그들과 멀어지는 소비촉진 운동을 하고 있는 것이다. 소비자 니즈를 이해하기 위한 여러 이론들이 있으며, 이들 이론은 소비자가 제품이나 서비스에 대해 어떻게 반응하고, 결정하는지를 설명하는 데 유용하다. 이와 관련한 이론적 배경의 주요 이론과 해당 이론의 창시자, 연구 결과는 다음과 같다.

◇ **계층적 욕구 이론(Hierarchy of Needs Theory)**

계층적 욕구 이론은 미국의 심리학자 아브라함 매슬로우(Abraham Maslow)에 의해 1943년 발표된 논문에서 처음 제안되었다. 매슬로우는 정신 건강과 인간의 동기에 대한 연구를 통해 인간의 다양한 욕구를 계층화하여 설명하는 이론을 발전시켰다. 이 이론은 심리학, 교육학, 인적 자원 관리 등 여러 분야에 영향을 미쳤으며, 특히 마케팅과 소비자 행동에 관한 이해를 깊게 하는 데 기여했다. 매슬로우는 인간의 욕구를 다섯 가지 단계의 계층으로 나누었다. 이 욕구는 생리적 욕구, 안전 욕구, 사회적 욕구, 존중 욕구, 그리고 자아실현 욕구로 구성된다. 매슬로우의 욕구 계층 이론은 인간의 욕구를 다섯 가지 기본 카테고리로 구분하고 이를 피라미드 형태로 표현한다. 각 수준의 욕구가 충족되어야 다음 단계의 욕구로 넘어갈 수 있다는 점에서 '계층적'이라는 명칭이 붙었다.

이 다섯 가지 욕구의 단계로는 첫째, 생리적 욕구(Physiological Needs). 인간의 생존에 필수적인 기본 욕구로, 음식, 물, 수면, 호흡 등이 포함된다. 이 욕구가 충족되지 않으면 개인은 생존을 위해 다른 욕구를 무시할 수 있다. 둘째, 안전 욕구(Safety Needs). 생리적 욕구가 충족된 후, 사람들은 신체적 안전, 재정적 안정, 건강, 그리고 환경의 안정성을 추구하게 된다. 특히 위험이 제거되거나 최소화된 안정된 환경을 원한다. 셋째, 사회적 욕구(Social Needs). 안전 욕구가 충족된 후, 인간은 사회적 관계와 소속감을 원하게 된다. 친구, 가족, 그리고 특정 사회 집단과의 교류를 통해 정서적 지지와 사랑을 받고자 한다. 넷째, 존중 욕구(Esteem Needs). 사회적 욕구가 충족되면, 개인은 자신에 대한 존중과 타인으로부터의 존중을 추구하게 된다. 자아 존중감, 성취감, 인지 받는 것 등이 이에 해당한다. 이를 통해 개인은 높은 자존감을 형성한다. 다섯째, 자아실현 욕구(Self-actualization Needs). 가장 높은 단계로, 개인이 자신의 잠재력을 최대한 발휘하고, 창의성, 성취, 자기 개선 등을 통해 개인의 진정한 목표를 이루고자 하는 욕구이다. 자아실현은 개인에 따라 다르게 나타날 수 있다.

매슬로우의 계층적 욕구 이론은 인간의 동기와 행동을 이해하는 데 중요한 모델로 자리잡았다. 각 단계는 상위 욕구로의 발전을 위한 토대가 되며, 이는 소비자 행동 연구에서도 중요한 참고 자료가 된다. 이러한 소비자 행동은 소비자가 특정 제품이나 서비스를 구매할 때, 그들의 욕구가 어떤 수준인지를 이해하는 것은 마케팅 전략 수립에 중요한 요소다. 예를 들어, 고급 브랜드는 소비자의 존엄성과 자아실현 욕구를 충족시키는 방식으로 마케팅할 수 있다. 이에 따른 조직 관리 및 인적 자원은 기업 내부의 직원 관리에서 매슬로우의 이론은 직원의 동기를 이해하고 향상시키는 데 기여한다. 기업은 기본적인 안정성을 재고한 후, 사회적 상호작용, 존중, 자아실현의 기회를 제공함으로써 직원의 만족도와 생산성을 높일 수 있다. 계층적 욕구 이론에 따른 연구 결과로는 소비자는 생리적 욕구가 충족된 후에야 안전 욕구로 넘어가는 등, 각 단계의 욕구가 충족되어야 다음 단계로 나아갈 수 있다. 이는 소비자가 제품을 선택할 때 각자의 욕구 충족 상황에 따라 다른 선택을 하게 된다는 것을 의미한다. 소비자 니즈 파악의 중요한 키로 브랜드가 소비자의 욕구를 이해하고, 해당 욕구를 충족시키기 위해 맞춤형 솔루션을 제공함으로써 소비자의 충성도를 높일 수 있다.

계층적 욕구 이론은 인간의 욕구가 단순한 생리적 필요에서 시작하여, 상위 수준의 심리적, 사회적 욕구로 발전한다는 중요한 이론적 배경을 제공한다. 특히 소비자의 행동과 기업의 관리 전략을 이해하는 데 중요한 프레임워크로 기능하며, 이는 브랜드가 소비자와의 관계를 구축하고, 효과적으로 소통하는 데 기여할 수 있다. 매슬로우의 계층적 욕구 이론은 오늘날에도 여전히 유효하며, 다양한 분야에서 인사이트를 제공하고 있다.

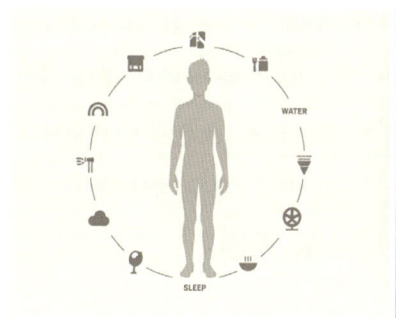

◇ 구매 결정 과정 이론(Consumer Decision Making Process)

구매 결정 과정 이론은 로저스(Everett M. Rogers)이다. '혁신 확산 이론(Diffusion of Innovations)'을 통해 사람들이 새로운 제품이나 아이디어를 어떻게 받아들이고 확산시키는지를 설명하였으며, 이 이론은 구매 결정 과정에 대한 핵심적인 통찰을 제공한다. 구매 결정 과정의 주요 단계로 먼저 인식(Exposure)으로 잠재적인 소비자는 새로운 제품이나 아이디어에 처음 접하게 된다. 두 번째로는 관심(Interest)으로 소비자는 해당 혁신에 대해 더 많은 정보를 원하게 되고, 관심을 보인다. 세 번째로 평가(Evaluation)로서 소비자는 이 혁신이 자신의 필요에 맞는지 평가하고, 이를 받아들일지, 혹은 사용을 중단할지 결정을 내린다. 네 번째, 시도(Trial)의 단계로 소비자는 혁신을 실제로 시험해보며, 그 효율성을 판단한다. 마지막으로 채택(Adoption)은 소비자가 혁신을 자신의 일상에 채택하고 사용하는 단계이다.

구매 결정 과정 이론은 일반적으로 Rogers에 의해 초기 연구해 오다가 소비자 행동 연구에서 주로 Engel, Blackwell, Miniard 등의 학자들에 의해 발전된 모델이다. 이 모델은 소비자가 구매 결정을 내리는 일련의 단계를 설명하며, 대표적으로 문제 인식, 정보 탐색, 대안 평가, 구매 결정, 구매 후 평가의 다섯 단계로 구성된다. Roger A. Strack은 주로 태도와 행동 간의 관계, 그리고 사회 심리학적 측면에서 연구를 수행한 학자로, 구매 결정 과정 이론의 주요 창시자로 인정되지는 않는다.

필립 코틀러(Philip Kotler)에 의해 소비자가 제품이나 서비스를 구매하기 위해 거치는 일련의 단계를 설명하는 만물 이론이다. 이 이론은 마케팅 및 소비자 행동 연구에서 중요한 개념으로 자리 잡고 있다. 이론의 이해는 기업이 소비자의 행동을 예측하고 효과적인 마케팅 전략을 설계하는 데 필요하다. 구매 결정 과정 이론은 다양한 심리학적, 사회적, 경제적 요소가 상호작용하여 소비자의 구매 결정에 영향을 미친다고 주장한다. 이 이론은 일반적으로 다음의 다섯 가지 단계로 구성된다.

첫째, 문제 인식(Problem Recognition)으로 소비자는 특정 필요나 문제를 인식하게 된다. 이러한 인식은 개인의 욕구나 상황적 요인에 의해 발생하며, 이는 각각 다른 자극에 의해 유도될 수 있다. 예를 들어, 피부가 건조해지는 것을 느낀 소비자는 적절한 스킨 케어 제품의 필요성을 인식하게 된다. 둘째, 정보 탐색(Information Search)으로 소비자는 문제를 해결하기 위해 정보를 수집하기 시작한다. 이 정보는 다양한 소스에서 얻을 수 있으며, 직접 경험, 친구나 가족의 추천, 소셜 미디어, 광고 등을 비롯한 여러 경로를 통해 수집된다. 이 단계에서 소비자는 가능한 대안에 대한 정보를 광범위하게 탐색하게 된다. 셋째, 대안 평가(Evaluation of Alternatives)로 소비자는 수집한 정보를 기반으로 여러 대안을 비교하고 평가한다. 이 과정에서는 가격, 품질, 브랜드 이미지, 사용자 리뷰 등의 요소를 고려하게 된다. 소비자는 각 대안의 장단점을 깊이 분석하여 최적의 선택을 하려는 경향이 있다. 넷째, 구매 결정(Purchase Decision)로 소비자는 대안 평가 과정을 거친 후, 최종적으로 제품이나 서비스를 구매하기로 결정하게 된다. 이 단계에서 소비자는 금전적 가치, 개인적인 선호도, 브랜드 신뢰도 등을 종합적으로 고려한다. 그러나 이 단계에서도 외부 요인(예: 프로모션, 친구의 추천 등)이 구매 결정에 영향을 미칠 수 있다. 다섯째, 구매 후 평가(Post-Purchase Evaluation)로 소비자 구매 후에는 제품 사용 경험에 대한 평가가 이루어진다. 소비자는 구매한 제품이 자신의 기대를 충족하는지, 혹은 불만족스러운 경험을 했는지를 고려한다. 이 평가가 긍정적이라면 향후 재구매 및 브랜드 추천으로 이어질 수 있으며, 부정적일 경우 브랜드에 대한 신뢰성과 충성도가 감소할 수 있다.

이러한 구매 결정 과정 이론은 소비자 행동을 이해하는 데 있어 매우 중요하다. 이 이론을 통해 기업과 마케터는 소비자의 요구와 기대를 보다 잘 이해할 수 있으며, 각 단계에서 소비자를 지원하는 방법을 효과적으로 계획하고 실행할 수 있다. 마케팅 전략 수립은 소비자 결정 과정의 각 단계에서 필요한 정보와 지원을 제공함으로써, 기업은 소비자의 구매 경험을 개선하고 구매 전환율을 높일 수 있다. 소비자의 의사결정 과정에서 어떤 요인이 영향을 미치는지를 연구함으로써, 브랜드는 소비자의 행동 패턴을 예측하고 이에 맞춘 전략을 세울 수 있다. 구매 후 소비자의 피드백을 통해 제품이나 서비스의 개선점을 파악하고, 소비자 만족도를 높이는 데 기여할 수 있다.

구매 결정 과정 이론은 소비자가 제품을 구매하기까지의 심리적 과정과 이를 구성하는 요소들을 체계적으로 이해하도록 돕는다. 이를 통해 기업은 소비자의 행동을 예측하고 효과적인 마케팅 전략을 구축하여 매출을 증대시킬 수 있는 기회를 창출할 수 있다. 소비자의 요구, 기대, 그리고 심리적 요인을 이해하는 것은 지속 가능한 시장 경쟁력을 유지하는 데 필수적이다.

구매 결정 과정은 소비자가 인식, 정보 탐색, 대안 평가, 구매 결정, 구매 후 평가의 단계를 거치는 과정을 설명한다. 연구 결과로는 소비자는 각 단계에서 다양한 외부 요인(예: 마케팅 정보, 사회적 증거 등)과 내부 요인(예: 개인의 경험, 감정 등)에 의해 영향을 받는다. 이 과정은 소비자에게 정보 제공의 기회를 마련해 주며, 브랜드가 그에 맞추어 소통할 수 있는 기초를 제공한다. 소비자 니즈 파악의 중요한 키로는 각 단계에서 소비자가 무엇을 필요로 하는지를 잘 이해하고 적절한 정보를 제공하는 것이 중요하다. 브랜드는 정보 탐색 단계에서는 유용한 정보를, 대안 평가 단계에서는 비교를 쉽게 할 수 있는 데이터를 제공하여 소비자의 결정을 지원해야 한다.

◇ 태도 변화 이론(Theory of Reasoned Action)

태도 변화 이론(Theory of Reasoned Action, TRA)은 마틴 플래스킨(Martin Fishbein)과 아이작 아셈(Icek Ajzen)에 의해 개발되었다. 이 이론은 소비자의 행동이 그들의 태도와 주관적 규범에 의해 어떻게 영향을 받는지 설명한다. 1975년에 발표된 이론은 소비자의 행동 예측을 위한 기초 모델로 널리 사용되며, 광고, 마케팅, 그리고 건강 행동 연구 등 다양한 분야에서 적용된다.

태도 변화 이론의 개념으로 태도(Attitude), 주관적 규범(Subjective Norm), 행동 의도(Behavioral Intention)로 나눈다. 먼저 태도(Attitude)는 특정 행동(예: 제품 구매)에 대한 개인의 긍정적 또는 부정적 평가를 나타낸다. 소비자가 어떤 제품에 대한 긍정적인 태도를 가질 경우, 그 제품을 구매할 가능성이 높아진다. 태도는 개인의 신념(beliefs)과 그 신념에 대한 평가(evaluations)로 형성된다. 둘째, 주관적 규범(Subjective Norm)은 특정 행동에 대해 사회적 환경에서의 기대 및 압력을 나타낸다. 이는 소비자가 자신의 주변인, 예를 들어 친구, 가족, 사회적 그룹의 행동 및 의견을 어떻게 인식하는지를 기반으로 한다. 소비자가 긍정적인 외부 압력을 느낀다면, 그 행동을 더욱 수행할 가능성이 커진다. 셋째, 행동 의도(Behavioral Intention)는 소비자가 실제로 특정 행동을 수행할 의도를 나타낸다. 태도와 주관적 규범이 소비자의 행동 의도에 영향을 미치며, 행동 의도가 강할수록 실제 행동으로 이어질 가능성도 높아진다. 이 이론은 소비자가 특정 행동을 선택할 때, 개인의 태도와 사회적 압력을 검토하여 의사결정을 내린다는 사실을 보여주었다. 의사결정에 대한 강력한 태도와 행동의 관계로 플래스킨과 아셈의 연구에서 소비자가 특정 제품에 대해 긍정적인 태도를 가진 경우, 그 제품을 구매할 가능성이 상승한다. 이들은 태도-행동 일관성을 분석하며 실증 연구를 통해 이 관계를 뒷받침하였다. 소비자는 주변 사람들의 의견이나 행동에 영향을 많이 받는다. 예를 들어, 친구가 특정 제품을 추천했을 경우 소비자는 그 제품을 시도해 볼 가능성이 높아진다. 이는 소비자 의사결정 과정에서 사회적 요소가 어떻게 작용하는지에 대해 주관적 규범의 중요성을 보여준다. 태도 변화 이론은 디지털 시대의 소비자 심리를 이해하는 데 중요한 기초가 된다.

디지털 시대에서는 소비자가 소셜 미디어를 통해 주변인의 의견이나 추천 정보를 쉽게 접근할 수 있다. 따라서, 주관적 규범은 더욱 강력하게 작용할 수 있으며, 소비자는 타인이 좋아하는 제품에 심리적으로 더욱 끌리게 된다. 또한 고객 리뷰와 추천 시스템은 온라인 쇼핑에서 소비자들은 리뷰와 별점을 참고하여 제품에 대한 태도를 형성한다. 긍정적인 리뷰는 소비자의 구매 의도를 높일 수 있으며, 이는 태도로 연결된다. 마지막으로 맞춤형 마케팅은 AI와 데이터 분석을 통해 소비자의 태도와 선호를 이해하고, 그에 맞춘 맞춤형 광고가 제공될 수 있다. 이 접근법은 소비자의 구매 의도를 더욱 강화하는 데 기여한다.

이러한 태도 변화 이론은 소비자가 제품이나 서비스를 선택하는 과정을 이해하는 데 중요한 이론적 배경을 제공한다. 이 이론은 소비자 행동의 예측 및 분석에 활용될 수 있으며, 마케팅 전략 개발 시 소비자의 태도와 사회적 영향력을 고려하는 데 필수적이다. 디지털 시대에는 소셜 미디어 및 온라인 플랫폼을 통해 이 이론의 요소들이 강화되어 소비자 심리를 더욱 복잡하게 만들고 있다. 이 이론은 사람의 행동이 그들의 태도와 주관적인 규범(사회적 압력)을 반영한다는 개념에 기반한다. 소비자의 의사결정 과정은 제품에 대한 태도와 주변인의 영향을 통해 형성된다. 소비자가 특정 제품에 대해 긍정적인 태도를 가질 때, 그 제품을 구매할 가능성이 높아진다. 이는 소비자가 친구, 가족 등의 의견에 민감하게 반응한다는 연구 결과를 보여준다. 소비자 니즈 파악의 중요한 키로는 브랜드는 소비자에게 긍정적인 태도를 형성할 수 있는 콘텐츠를 제공해야 하며, 신뢰를 구축하기 위해 고객의 사회적 환경을 이해하는 것이 필요하다.

위의 이론들은 소비자 니즈 이해에 있어 중요한 배경을 제공하며, 소비자 행동을 이해하는 데 기여한다. 기업은 이러한 이론과 연구 결과를 바탕으로 소비자 맞춤형 전략을 개발할 수 있으며, 이를 통해 소비자의 욕구를 충족시킬 수 있는 기회를 가질 수 있다.

〈표-15〉 소비자 니즈에 따른 이론

이론	이론가	개요	연구 결과	Key-point
계층적 욕구 이론	아브라함 매슬로우 (Abraham Maslow)	인간의 욕구를 생리적, 안전, 사회적, 존중, 자아실현으로 계층화	각 단계의 욕구가 충족되어야 다음 단계로 진입 가능	소비자의 욕구 충족을 위한 맞춤형 솔루션 제공
구매 결정 과정 이론	필립코틀러 (Philip Kotler) 외	소비자의 인식→정보 탐색→대안 평가→구매 결정→구매 후 평가의 과정 설명	외부 요인과 내부 요인에 의해 소비자 행동이 영향을 받음	각 단계에서 필요한 정보 제공 및 지원
태도 변화 이론	마틴과 아이작 (Martin Fishbein & Icek Ajzen)	행동은 태도, 사회적 규범, 지각된 통제감에 따라 결정됨	긍정적인 태도를 가질 때 구매 가능성이 높아짐	긍정적인 브랜드 태도 형성 및 사회적 환경 이해

3.
디지털 커뮤니케이션 채널

　디지털 시대에서 브랜드와 소비자 간의 커뮤니케이션 방식은 급격하게 변화했다. 기존의 TV, 라디오, 신문 같은 전통적 매체를 넘어 디지털 커뮤니케이션 채널이 등장하면서 정보 전달의 속도와 방식이 더욱 다양해지고 즉각적인 소통이 가능해졌다. 특히, 뷰티 산업에서는 소비자의 경험과 감성을 중요하게 다루기 때문에 디지털 커뮤니케이션 채널의 역할이 더욱 강조되고 있다.

　디지털 커뮤니케이션 채널은 인터넷과 디지털 기술을 기반으로 정보가 전달되는 모든 경로를 의미한다. 기업과 소비자가 소통하는 다양한 온라인 매체를 포함하며, 소셜 미디어, 웹사이트, 이메일, 모바일 앱, 챗봇, 라이브 스트리밍 등이 대표적인 예라고 할 수 있다. 과거에는 기업이 일방적으로 정보를 전달하는 방식이 일반적이었지만, 현재 디지털 커뮤니케이션 채널을 통해 소비자와 브랜드 간의 쌍방향 소통이 활발히 이루어지고 있다. 디지털 커뮤니케이션 채널의 주요 특징으로 쌍방향 커뮤니케이션은 소비자는 즉각적인 피드백을 제공하며 브랜드는 실시간 대응 가능한 방법이다. 둘째, 데이터 기반으로 한 개인화로 AI와 빅데이터를 활용하여 개별 소비자 맞춤형 정보를 제공하여 다채로운 형식은 텍스트, 이미지, 동영상, AR/VR 등 다양한 형태로 정보 전달을 가능케 한다. 셋째, 확장성과 글로벌 접근성으로 시간과 공간의 제약 없이 전 세계 소비자와 연결 가능한 기능을 하고 있다. 넷째, 사용자 생성 콘텐츠(UGC) 중심은 소비자가 직접 브랜드를 홍보하는 역할을 수행하는 특징을 가지고 있다.

다음으로 디지털 커뮤니케이션 채널은 브랜드가 소비자와 효과적으로 소통하는 데 중요한 역할을 하며, 크게 브랜드 인지도 강화, 소비자 경험 개선, 판매 촉진의 세 가지 측면에서 중요한 기능을 수행한다. 먼저 브랜드 인지도 및 신뢰도 구축하여 디지털 채널을 통해 브랜드는 고객과 직접 소통하며 신뢰를 구축할 수 있다. 그 예로 소셜 미디어인데 인스타그램, 틱톡, 유튜브 등을 활용하여 브랜드 감성을 전달하며, 블로그 및 웹사이트는 뷰티 팁, 제품 정보 등을 제공하여 브랜드의 전문성 강화하고 있다. 또한 라이브 스트리밍은 실시간 제품 시연을 통해 브랜드 신뢰도 향상시키는 데 영향을 미치고 있다. 예를 들어 각종 뷰티 브랜드에서 실시하고 있는 다양한 소셜 미디어 플랫폼에서 실시간 메이크업 튜토리얼을 제공하며 소비자에게 브랜드 가치를 전달하는 데 막대한 영향력을 끼치고 있다.

두 번째, 디지털 환경에서는 소비자의 경험과 참여가 디지털 환경에서 중요한 요소로 작용하고 있다. 이중 인터랙티브 콘텐츠로 퀴즈, AR 필터 등을 활용한 제품 체험 제공하여 소비자가 실질적으로 참여하면서 브랜드에 대한 인식을 전환하거나 상승의 효과를 누리기도 한다. 또한 챗봇 & AI 어시스턴트는 24시간 고객 지원 및 개인 맞춤형 제품을 추천하면서 기성 제품의 부족한 부분을 채워 새로운 고객 창출에 도움을 주기도 한다. 이러한 기능과 더불어 고객 후기 및 커뮤니티 활성화는 사용자가 직접 제품 후기를 공유하도록 유도하는 가장 원시적인 고전적이나, 고객의 충성도를 가늠해보는 중요한 방법으로 사용되고 있다. 글로벌한 뷰티 화장품 회사들은 AI 기반 챗봇을 활용해 고객의 피부 톤과 선호도를 분석하여 맞춤형 제품을 추천하는 서비스를 제공하는 것이 고객 맞춤 서비스의 방향이기도 한다. 이러한 디지털 환경에서 고객 맞춤 서비스의 방법은 판매 촉진 및 전환율 증가하게 하여 디지털 커뮤니케이션 채널은 단순한 정보 전달을 넘어, 실제 매출 증대에도 기여하고 있다.

고객과의 직접적인 소통의 방법으로 라이브 커머스는 실시간 방송을 통해 제품 시연 및 즉시 구매 유도하며, 소셜 커머스로 인스타그램, 틱톡 등의 쇼핑 기능을 활용하여 직접 판매의 판로를 개척하게 하며, 퍼스널라이제이션은 AI 기반 맞춤형 광고와 추천 시스템을 활용하여 고객 맞춤형 쇼핑 경험 제공하여 디지털 환경에서 구매촉진에 다양성을 보여주고 있다.

이러한 디지털 커뮤니케이션 채널의 파급효과로 디지털 커뮤니케이션 채널은 브랜드와 소비자뿐만 아니라 산업 전반에도 큰 영향을 미치고 있다. 소비자들은 점차적으로 행동의 변화를 일으키면서 온라인 리뷰, SNS 후기, 인플루언서 콘텐츠가 구매 결정에 강력한 영향을 미침으로써, 즉각적인 정보 검색이 가능해지면서 브랜드의 신뢰성과 투명성이 중요해지기 시작한다. 모바일 중심의 소비 트렌드 확산(M-commerce)은 예를 들어 소비자는 유튜브에서 "내 피부에 맞는 파운데이션 추천"을 검색한 후, 인스타그램에서 사용 후기를 확인하고, 최종적으로 브랜드 웹사이트에서 구매하는 패턴을 보이는 현상으로 나타나고 있다.

뷰티 산업의 혁신 가속화로 AI 및 AR 기술을 활용한 가상 메이크업 시뮬레이션 증가하면서, 소셜 미디어 기반 브랜드(예: Glossier) 등장으로 전통 브랜드와 경쟁 심화되는 사회적 기이 현상은 브랜드 충성도를 높이기 위한 구독형 서비스 및 개인 맞춤형 제품 출시 증가를 보여준다. 예를 들어 L'Oréal은 AR 기반의 "ModiFace" 기술을 활용하여 소비자가 스마트폰 카메라를 통해 실시간으로 메이크업을 시뮬레이션할 수 있도록 지원하는 방법들이 성공적인 예라고 볼 수 있다. 이러한 디지털과 소비자의 소통은 글로벌 시장 접근성 확대하는 영향을 미치고 있으며 디지털 플랫폼을 활용하면 소규모 브랜드도 글로벌 시장 진출 가능하게 하고 인플루언서 및 K-뷰티 트렌드를 활용한 해외 소비자 공략 증가로 언어 및 문화 장벽을 낮춘 AI 기반 번역 및 맞춤형 광고 시스템 도입하는 결과를 가져오고 있다. 그 성공적인 예로 K-뷰티 브랜드는 유튜브와 틱톡을 활용하여 전 세계 소비자들에게 한국 화장품 트렌드를 소개하고 글로벌 시장을 확대하고 있다.

그러므로 디지털 커뮤니케이션 채널은 단순한 정보 전달 도구가 아니라, 브랜드와 소비자가 소통하고 관계를 형성하는 핵심 요소로 자리 잡았다. 특히 뷰티 산업에서는 AI, AR, 소셜 미디어 등의 기술을 적극 활용하여 소비자 경험을 극대화하고 있으며, 향후 메타버스, AI 기반 추천 시스템, NFT 기반 제품 마케팅 등이 더욱 활발하게 활용될 것으로 예상해 볼 수 있다.

◇ 소셜 미디어와 뷰티 브랜드

① 소셜 미디어의 뷰티에서의 역할

플랫폼별 뷰티 브랜드 활용 전략을 살펴보자면 많은 기술의 혁신을 통해 구매행동에 영향을 미치는 것을 볼 수 있었다. 이러한 각 소셜 미디어 플랫폼은 고유한 특징을 가지며, 뷰티 브랜드들은 이를 효과적으로 활용해야 한다.

○ 인스타그램(Instagram)

비주얼 중심의 브랜드 이미지 구축하여 개인의 사생활과 활동하는 회원의 취향에 따라 개인의 개성을 강조한 주관적인 활동을 보여주고 있다. 이것은 화면의 섬세함에서 볼 수 있는데, 고품질 이미지 & 숏폼 동영상 활용하여 브랜드 감성을 전달하는 방식은 가장 그 활용도나 디자인 면에서 소비자의 만족을 충족시키는 프로그램으로 작용하고 있다. 활동하고 있는 회원 수와 그를 추종하는 팔로우와 관계는 새로운 판로를 여는 계기가 된다. 리얼한 사용자 후기 콘텐츠(UGC) 공유로 신뢰도 향상으로 블로그와는 다른 추가된 기능을 가지고 있고, 그 좋은 예로 쇼핑 기능(Instagram Shop, 쇼핑 태그)을 활용한 제품 판매, 릴스(Reels)와 스토리(Stories)를 활용한 실시간 커뮤니케이션은 선호 제품의 크루를 이루면서 제품에 대한 선호도를 한층 더 고양되고 있다. 글로벌 뷰티 브랜드는 다양한 피부 톤을 고려한 제품을 강조하며, 사용자의 리얼 리뷰(UGC)를 지속적으로 공유하여 신뢰도를 높여 혁신적인 구매 활동을 이루고 있다.

○ 유튜브(YouTube)

심층적인 제품 리뷰 및 튜토리얼을 제공하여, 뷰티 인플루언서를 활용한 제품 리뷰 및 튜토리얼을 콘텐츠로 제작하는 귀염을 선보이고 있다. AI 기반 맞춤형 추천 시스템을 활용하여 타깃 고객에게 노출시켜 브랜드 공식 채널 운영을 통한 제품 설명 및 전문가 인터뷰 진행시켜 선호도를 한층 올려 구매에 열을 올리게 한다. 좋은 예로 Charlotte Tilbury는 브랜드 공식 유튜브 채널을 운영하며, 메이크업 아티스트가 직접 제품을 사용하고 다양한 피부 톤에 맞춰 설명하는 방식으로 고객 신뢰를 구축하여, 구매 활동을 부각시켜 매출 신장에 영향을 미치고 있다.

○ 틱톡(TikTok)

바이럴 마케팅과 챌린지를 통한 고객 참여 유도하는 방식으로 숏폼(Short-form) 비디오 콘텐츠를 활용하여 빠르게 바이럴 효과 창출하는 방식으로, 틱톡 챌린지(예: #GlowUpChallenge) 등을 활용한 소비자 참여 유도하여 AI 기반 맞춤형 콘텐츠 추천 알고리즘 활용하여 브랜드 노출 증가시키고 있다. 그 예로 e.l.f. Cosmetics는 틱톡 전용 오리지널 음악을 제작하고 챌린지를 유도하여 수백만 건의 조회 수를 기록하며 브랜드 인지도를 극대화하는 것은 구매 행동으로 이어지는 결과를 보여준다.

○ 트위터(Twitter)

실시간 고객 소통 및 트렌드 주도하면서 실시간 브랜드 소식 업데이트 및 이벤트 홍보를 통해 소비자 피드백을 즉각적으로 반영하는 Q&A 활용하여, 해시태그 트렌드 분석을 통한 브랜드 캠페인 최적화되었다고 할 수 있다. 이는 좋은 신제품의 개발하는 전략을 사용하는데 유용하게 사용되고 있으며, 정치인 등의 현재 심정이나 의견에 대한 즉각적인 행위에 대한 소비자의 반응을 유도하는 데에도 사용되기도 한다.

○ 페이스북(Facebook)

커뮤니티 중심의 마케팅 전략으로 페이스북 그룹을 활용한 브랜드 커뮤니티 구축에 유용하게 쓰인다. 인스타그램과 달리 라이브 커머스(Facebook Live Shopping) 를 통한 제품 판매에 활용이 좋으며, 연령, 성별, 관심사 기반한 페이스북 광고를 활용한 타깃 마케팅에 구매 효과를 노려볼 수 있다. 페이스북 라이브 방송을 활용하여 신제품 출시 이벤트를 진행하고 실시간으로 고객 질문에 답변하는 방식으로 고객과의 관계를 강화한다.

② AI와 데이터 분석을 활용한 소셜 미디어 전략

AI 및 빅데이터 분석은 뷰티 브랜드가 소셜 미디어에서 맞춤형 경험을 제공하는 데 중요한 역할을 한다. 먼저 AI 기반 개인화 추천으로 인해 AI는 고객의 소셜 미디어 활동을 분석하여 취향과 피부 타입에 맞는 제품 추천할 수 있고 그 기반인 빅데이터의 접근에서 오는 결과는 가상의 소비자에게 많은 정보를 제공하여 나온 결과로 제조회사에서는 이것을 바탕으로 한 제품 개발에 유용하게 활용된다. 즉, AI 기반 피부 분석 기술을 통해 고객에게 맞춤형 제품을 제안이라든지 하는 것들의 기성 다수의 제품과 더불어 세밀하고 세분화하는 분석을 통해 구매를 촉진 시키는 결과를 가져올 수 있다. 또한 가상 뷰티 체험(AR & VR)은 소셜 미디어에서 AR 필터를 활용한 가상 메이크업 테스트 제공함으로서, 인스타그램 및 틱톡 AR 필터를 통해 고객이 제품을 미리 체험할 수 있도록 한다. 이러한 가상 뷰티의 체험은 자동화된 고객 응대(챗봇 & AI 어시스턴트)로 이어지면서, 시공간을 초월한 구매 패턴을 가져 올 수 있으며, AI 챗봇을 활용해 소셜 미디어 DM을 통한 24시간 고객 서비스 제공을 통해 고객에게 맞춤형 제품 추천 및 예약 서비스를 지원하게 한다.

◇ 인플루언서와의 협업 전략

오늘날 소셜 미디어는 단순한 홍보 채널을 넘어, 브랜드와 소비자가 직접 소통하고 맞춤형 경험을 제공하는 플랫폼으로 발전하고 있다. AI, AR, 데이터 분석 기술을 적극 활용하면 뷰티 브랜드는 더 정교한 마케팅을 실행하고 소비자와의 관계를 강화할 수 있다. 앞으로 뷰티 브랜드들은 라이브 커머스, 인플루언서 협업, 가상 체험(AR/VR) 등 다양한 혁신적인 전략을 결합하여 더욱 효율적인 디지털 커뮤니케이션을 구축하게 될 것이다.

또한 인플루언서와의 협업은 단순한 제품 홍보를 넘어, 소비자의 구매 여정을 혁신적으로 변화시키는 중요한 전략이다. 디지털 커뮤니케이션 채널과 인플루언서 마케팅을 효과적으로 결합하여 구매 전환율을 극대화하는 데 도움을 준다.

　1단계로 목표 설정 및 전략 수립하여 협업의 목적을 명확화하는 것이 중요하다. 브랜드 인지도 향상 vs 판매 촉진 vs 소비자 신뢰 구축 중 우선순위 설정은 타깃 고객층과 브랜드 아이덴티티에 부합하는 인플루언서 유형을 정의하는 데 그 기준이 될 수 있다. 그 기간에 있어 단기(캠페인별 ROI) vs. 장기(브랜드 충성도 강화) 목표를 설정하여 그 목적에 맞는 적합한 인플루언서 선정 기준 수립은 팔로워 수: 나노(1천1만), 마이크로(1만 10만), 매크로(10만~100만), 메가(100만 이상) 인플루언서 중 선택을 할 수 있는 것이다. 다음으로 인플루언서의 가장 중요한 잣대로 작용하고 있는 것은 바로 참여율(Engagement Rate)인데 이를 좋아요, 댓글, 공유 등의 평균 비율 분석이 매우 중요하다. 그리고 브랜드 적합성을 따져 보고 기존 콘텐츠 스타일 및 브랜드와의 시너지 평가에 대해 예측할 수 있어야 된다. 또한 인플루언서의 특징에 맞는 플랫폼 최적화 즉, 유튜브, 틱톡, 인스타그램 등 각 채널의 특성을 반영하여 적합한 인플루언서 결정에 매우 중요한 요소로 작용한다.

　2단계로 콘텐츠 전략 기획 및 맞춤형 협업 구조 개발에서 브랜드 메시지와 콘텐츠 스타일 정립에 있어, 인플루언서가 자연스럽게 브랜드 가치를 전달할 수 있도록 가이드라인 제공하는 것이 필요하다. 이를 충분히 숙지하고 이에 대한 콘티를 통해 제품의 핵심 USP(Unique Selling Proposition)와 소비자 니즈 연결할 수 있는 셀링 포인트를 전달해낼 수 있다. 이것은 콘텐츠 형식 최적화하게 하며, 제품 사용 후기(Review & Unboxing) 즉, 제품의 기능과 실제 사용 경험 강조하여 튜토리얼 &

How-to 영상을 통해 소비자가 직접 따라할 수 있는 가이드 제공하는 역할을 한다. 챌린지 & 바이럴 콘텐츠는 소비자 참여를 유도하는 인터랙티브 포맷 활용을 하고, 라이브 스트리밍 & Q&A 세션은 실시간 소통을 통한 신뢰도 증가하는 효과를 가져온다. 이러한 인플루언서의 창의성 존중과 브랜드 메시지 조화는 인플루언서가 기존 스타일을 유지하면서도 브랜드 메시지를 효과적으로 전달할 수 있도록 협업하게 하고, 광고처럼 보이지 않도록 자연스러운 콘텐츠 유도하여 브랜드의 직접적 개입 최소화하게 한다.

3단계로 디지털 커뮤니케이션 채널과의 연계 전략 구축은 인플루언서는 디지털을 통한 소통의 창구이기도 하다. 이러한 디지털의 커뮤니케이션 채널로 인로 인해 최적의 제품을 사용에 적합하고 최적화된 구매 활동을 일으키게 하는 중요한 요소로 작용된다. 이은 플랫폼별 최적화 전략이 필요하며, 그 예로 인스타그램 & 틱톡은 숏폼 콘텐츠와 스토리를 활용한 즉각적인 관심 유도하는 역할을 하여 구매 향상에 영향을 준다. 유튜브는 심층적인 리뷰 및 튜토리얼을 통한 신뢰 형성하게 하고, 라이브 커머스는 실시간 소통을 통해 즉시 구매 유도하게 한다. 이러한 인플루언서의 콘텐츠를 활용한 브랜드 채널 확산은 브랜드 공식 채널에서 인플루언서 콘텐츠를 리포스팅하여 신뢰도 강화하게 하며, AI 기반 개인 맞춤형 광고로 소비자 관심 유도하게 한다. 이를 통한 데이터 기반 최적화를 이루면서, 인플루언서 콘텐츠의 성과 데이터를 실시간으로 분석하여 전략 조정하게 하고, 참여율(Engagement Rate), 클릭률(CTR), 전환율(Conversion Rate) 등을 KPI로 설정하여 활용한다.

4단계로는 구매 여정에 따른 경험 최적화로 볼 수 있는데, 할인 코드, 한정판 이벤트, 선착순 구매 혜택을 제공, 쇼핑 태그, '지금 구매' 버튼 등 클릭 유도 요소 활용하는 CTA(Call to Action) 전략 강화를 사용한다. 증강현실(AR) 기반 가상 체험 기능을 활용하여 소비자 참여 유도 제품 후기(UGC)를 활성화하여 신뢰성 강화하는 인터랙티브 요소를 추가하고, 인플루언서와 협업하여 특정 기간 동안 지속적인 콘텐츠 노출을 통해, 브랜드 앰배서더 프로그램을 운영하여 장기적인 관계 구축하여 재구매 및 충성도 강화 전략을 활용한다.

5단계로 성과 분석 및 지속적 최적화하는 방법을 사용한다. 단계별 자료를 정량적, 정성적 평가를 통해 매출 증가율, 전환율, SNS 참여율 등을 분석하여 캠페인 성과 평가하고, 소비자의 댓글, 피드백을 바탕으로 브랜드 인식 변화 모니터링한다. 또한 데이터 피드백을 통한 개선 전략 도출로 성과가 높은 콘텐츠 유형을 분석하여 향후 마케팅 전략 반영하고. 실시간 데이터 기반 A/B 테스트를 수행하여 최적의 콘텐츠 스타일 및 플랫폼 최적화시킨다.

이러한 인플루언서와의 협업을 통해 소비자의 구매 경험을 혁신적으로 변화시키기 위해서는 체계적인 전략 수립과 실행이 필수적이다. 목표 설정, 콘텐츠 기획, 커뮤니케이션 채널 연계, 구매 여정 최적화, 성과 분석 및 개선 등 이러한 단계별 접근법을 활용하면 브랜드는 단순한 홍보를 넘어 소비자와의 지속적인 관계를 형성하고 구매 전환율을 극대화할 수 있다.

〈표-16〉 인플루언서 협업과 단계별 혁신적인 구매 활동 전략

단계	주요 내용	세부 전략
1단계: 목표 설정 및 전략 수립	협업 목적과 방향 설정	- 브랜드 인지도 강화, 판매 촉진, 소비자 신뢰 구축 중 우선순위 설정 - 단기(ROI) vs. 장기(충성도 강화) 목표 설정
	적합한 인플루언서 선정	- 나노(1천~1만), 마이크로(1만~10만), 매크로(10만~100만), 메가(100만 이상)중 선택 - 팔로워 수, 참여율, 브랜드 적합성 분석
	플랫폼 최적화	- 유튜브, 틱톡, 인스타그램 등 브랜드와 맞는 플랫폼 결정
2단계: 콘텐츠 전략 기획 및 협업 구조 개발	브랜드 이미지 정립	- 제품의 USP(Unique Selling Proposition)와 소비자 니즈 연결
3단계: 디지털 커뮤니케이션 채널 연계 전략 구축	콘텐츠 유형 선정	- 리뷰 & 언박싱, 튜토리얼, 챌린지, 라이브 스트리밍 등 최적의 포맷 결정
	인플루언서 창의성 존중	- 브랜드 개입 최소화, 인플루언서 고유 스타일 유지하면서 자연스러운 홍보
	플랫폼 맞춤형 전략	- 인스타그램 & 틱톡: 숏폼 콘텐츠 활용 - 유튜브: 심층 리뷰 & 튜토리얼 - 라이브 커머스: 실시간 구매 유도

	브랜드 채널 확산	- 브랜드 공식 계정에서 인플루언서 콘텐츠 리포스팅 - AI 기반 맞춤형 광고 활용
	데이터 기반 최적화	- KPI 설정(참여율, 클릭률, 전환율 등) 및 실시간 모니터링
4단계: 구매 여정에 따른 경험 최적화	CTA(Call to Action) 전략	- 할인 코드, 한정판 이벤트, 쇼핑 태그 활용
	인터렉티브 요소 추가	- AR 기반 가상 체험, 소비자 후기(UGC) 활성화
	재구매 및 충성도 강화	- 장기적인 인플루언서 협업, 브랜드 앰배서더 프로그램 운영
5단계: 성과 분석 및 지속적 최적화	정량적 & 정성적 평가	- 매출 증가율, 전환율, SNS 참여율 분석
	피드백 개선	- A/B 테스트 수행, 고성과 콘텐츠 분석 후 최적화

4.
데이터 기반의 맞춤형 마케팅

　데이터 기반의 맞춤형 마케팅은 소비자의 행동, 선호도, 관심사를 분석하여 개별화된 마케팅 전략을 수립하는 접근 방식이다. 디지털 환경이 발전함에 따라 기업들은 고객 데이터를 보다 정교하게 수집하고, AI 및 머신러닝을 활용하여 개인화된 경험을 제공하고 있다. 이를 통해 브랜드는 소비자의 만족도를 높이고 충성도를 극대화할 수 있다.

① 고객 데이터의 유형 및 수집 방법

　고객 데이터를 효과적으로 활용하기 위해서는 다양한 유형의 데이터를 수집하는 것이 필수적이다. 주요 데이터 유형으로는 3가지로 나누어 볼 수 있다. 1차 데이터(First-party Data)는 기업이 직접 수집하는 고객의 구매 이력, 웹사이트 방문 기록, 설문 응답 등이다. 2차 데이터(Second-party Data)는 파트너 기업을 통해 공유받는 데이터로, 고객 행동 및 트렌드 분석에 활용된다. 마지막으로 3차 데이터(Third-party Data)는 외부 데이터 제공업체로부터 구매한 데이터로, 시장 분석 및 타깃팅 광고에 사용된다. 이러한 데이터 수집 방법으로는 웹사이트 쿠키, 고객 피드백, 소셜미디어 분석, IoT 기기 데이터 등이 있다.

② AI 분석을 통한 개인화 전략

데이터 기반 맞춤형 마케팅에서 AI의 역할은 점점 더 중요해지고 있다. AI는 방대한 데이터를 실시간으로 분석하여 소비자 행동을 예측하고, 최적의 마케팅 전략을 도출하는 데 기여한다. 머신러닝 기반 추천 시스템: AI가 소비자의 과거 구매 기록과 선호도를 분석하여 개인 맞춤형 제품을 추천한다. 챗봇과 가상 어드바이저의 역할로 AI 챗봇이 고객의 문의에 즉각적으로 응답하며, 개별 소비자의 요구에 맞는 제품과 서비스를 추천한다. 자동화된 광고 타깃팅은 소비자의 검색 이력, 클릭 패턴을 분석하여 맞춤형 광고를 제공한다.

③ 개인화 마케팅의 핵심 요소

맞춤형 마케팅의 효과를 극대화하기 위해서는 다음과 같은 요소들이 고려되어야 한다. 세분화된 고객 군(Target Segmentation): 데이터를 기반으로 고객을 세분화하고, 각 그룹에 맞는 마케팅 전략을 수립한다. 소비자 데이터를 활용할 때는 실시간 데이터 활용과 고객 경험 최적화로 나누어 그 전략을 세울 필요가 있다. 먼저 실시간 데이터 활용(Real-time Personalization)은 고객의 실시간 행동을 분석하여 즉각적인 맞춤형 메시지를 제공한다. 다음으로 고객 경험 최적화(Customer Experience Optimization)는 개인화된 이메일, 푸시 알림, 맞춤형 할인 혜택 등을 통해 고객 경험을 향상시킨다.

④ 데이터 기반 맞춤형 마케팅의 기대 효과

데이터를 활용한 개인화 마케팅은 고객 충성도 증가, 전환율 상승. 광고 비용절감과 같은 효과를 기대할 수 있다. 고객 충성도 증가의 결과로 개인 맞춤형 서비스를 제공하면 소비자의 브랜드 로열티가 강화된다. 전환율 상승은 고객이 관심 있는 제품과 서비스를 추천받음으로써 구매 가능성이 높아진다. 이를 통한 광고 비용 절감은 타깃팅을 최적화하여 불필요한 광고 노출을 줄이고, ROI를 극대화할 수 있다. 데이터 기반 맞춤형 마케팅은 단순한 트렌드를 넘어 필수적인 마케팅 전략으로 자리 잡고 있다. 지속적인 데이터 분석과 AI 기술의 발전을 통해 더욱 정교한 개인화 마케팅이 가능해질 것이며, 이는 브랜드의 경쟁력을 높이는 핵심 요소가 될 것이다.

이를 바탕으로 데이터 기반 맞춤형 마케팅은 뷰티 산업에서 고객 개개인의 취향과 피부 타입, 라이프 스타일을 고려한 정교한 마케팅 전략을 수립하는 핵심 요소이다. 뷰티 시장은 감각적 요소와 개인 선호도가 강하게 작용하는 산업으로, 소비자들에게 보다 개인화된 경험을 제공하는 것이 브랜드 성공의 중요한 요인이 된다. 데이터 기반 마케팅을 활용하면 고객 만족도를 높이고, 브랜드 충성도를 강화할 수 있으며, 나아가 매출 증대에도 직접적인 기여를 할 수 있다.

⑤ 스킨케어 & 화장품 분야

소비자의 피부 타입(건성, 지성, 민감성 등)과 피부 고민(여드름, 주름, 잡티 등)이 매우 다양하여 개별 맞춤형 제품 추천이 필요하다. 스킨케어 루틴이 개인마다 다르므로, 고객의 피부 변화 및 관심 제품을 실시간으로 분석할 필요가 있다. 화장품 성분에 대한 소비자의 관심이 높아지면서, 특정 성분을 선호하거나 피하는 경향을 반영한 제품 추천이 요구된다. 이는 소비자의 개인화에 따른

AI 기반 피부 분석 & 맞춤형 제품 추천되면서 고객의 피부 상태를 AI로 분석하고, 적합한 제품을 추천하여 최적의 스킨케어 루틴을 제안한다. 이를 통한 맞춤형 샘플링 서비스로 소비자의 피부 고민에 맞는 샘플 제품을 제공하여 최적의 제품 선택을 돕는다. 더불어 리텐션 마케팅 강화는 고객의 스킨케어 루틴 데이터를 기반으로 주기적인 제품 리마인드 및 재구매 유도를 진행한다.

⑥ 색조 화장품(메이크업) 분야

메이크업은 지극히 한정된 공간에서 이루어지는 작업의 형태로 즉 개

인의 피부 톤, 얼굴형, 선호하는 메이크업 스타일이 다르므로 맞춤형 추천이 필요하다. SNS와 트렌드의 변화 속도가 빠르므로, 소비자의 관심도를 실시간으로 반영한 마케팅이 중요하다. 또한 온라인 구매가 증가하면서, 제품 테스트 없이 구매하는 고객을 위해 가상 체험 기술이 필요하다. 왜냐하면 대면에서의 한계를 온라인을 통해 극복할 수 있으며, 이를 AR 기반 '가상 메이크업(Virtual Try-On)' 제공으로 소비자가 직접 제품을 발라보지 않고도 다양한 메이크업 룩을 가상으로 체험할 수 있도록 한다. 또한 퍼스널 컬러 진단 및 맞춤형 색조 추천: AI 분석을 통해 개인에게 가장 잘 어울리는 립스틱, 블러셔, 아이섀도우 등을 추천한다. 더불어 SNS 트렌드 분석을 통한 실시간 마케팅으로 소셜 미디어에서 인기 있는 컬러 및 제품을 분석하여 개인 맞춤형 광고를 제공한다.

⑦ 향수 & 퍼스널 케어 분야

향수와 바디케어 제품은 개인적인 취향이 강하며, 각자의 라이프 스타일과 감성에 따라 선택이 달라진다. 향수의 지속력, 계절별 선호 향, 사용 경험 등은 고객마다 다르므로 맞춤형 추천이 필요하다. 고객의 기분이나 감정 상태에 따라 향수의 선호도가 변화할 수 있다. 그러므로 AI 기반 향수 추천 시스템 구축은 고객의 선호 향, 이전 구매 이력, 사용 후기를 분석하여 맞춤형 향수를 추천한다. 또한 구독형 향수 서비스를 운영하여 개별 고객의 취향과 계절별 트렌드에 맞춘 향수를 매달 제공하는 구독 서비스를 운영한다. 그리고 전문적인 서비를 제공하는 향과 감정 데이터를 활용한 맞춤형 마케팅은 특정 감정 상태(예: 활력, 편안함, 로맨틱한 분위기)에 맞는 향수를 추천하는 개인화된 광고를 진행한다.

⑧ 헤어 & 두피 관리 분야

두피 타입(건성, 지성, 민감성)과 모발 특성이 개인마다 다르므로, 맞춤형 제품이 필수적이다. 스타일링 제품, 헤어 트리트먼트 등은 개인의 모발 상태와 스타일링 습관을 반영해야 한다. 탈모 및 두피 건강에 대한 관심이 증가하면서, 맞춤형 헤어 케어 솔루션이 필요하다. 이러한 시스템은 AI 두피 분석 서비스 도입으로 고객의 두피 상태를 스마트 기기로 분석하고, 맞춤형 샴푸 및 트리트먼트를 추천한다. 맞춤형 헤어 스타일 추천과 같은 개인의 캐릭터에 맞는 즉, 얼굴형과 개인의 스타일 선호도를 반영하

여 최적의 헤어 스타일을 추천한다. 헤어와 함께하는 두피 건강 모니터링 및 맞춤형 케어 솔루션 제공을 실시하여 정기적으로 고객의 두피 상태를 점검하고, 적절한 제품을 추천하는 개인 맞춤형 서비스 운영한다.

⑨ 네일 & 뷰티 액세서리 분야

네일 컬러 및 디자인 트렌드가 빠르게 변화하며, 개별 소비자의 스타일과 피부 톤에 맞는 추천이 필요하다. 손톱 건강을 고려한 맞춤형 네일 케어 제품 추천이 중요하다. 네일아트 및 뷰티 액세서리는 개성과 패션 스타일에 따라 선택이 달라진다. 소비자 개인의 기호을 우선시하여 AI 기반 네일 컬러 추천을 하여 피부 톤과 패션 스타일을 분석하여 적합한 네일 컬러를 추천한다. 또한 트렌드 반영 맞춤형 네일 디자인 추천으로 SNS 데이터 분석을 통해 현재 인기 있는 디자인을 소비자 취향에 맞춰 추천한다. 더 나아가 가상 네일 체험(Virtual Nail Try-On) 제공을 하여 고객이 다양한 네일 컬러 및 디자인을 직접 손톱에 적용해보는 가상 체험 기술을 도입한다.

이와 같은 데이터 기반 맞춤형 마케팅은 뷰티 산업에서 소비자 개개인의 선호도, 피부 타입, 스타일을 정밀하게 분석하여 최적의 제품과 서비스를 제공하는 필수 전략이다. 이를 통해 브랜드는 단순한 제품 판매를 넘어 개인 맞춤형 경험을 제공할 수 있으며, 궁극적으로 고객 만족도와 브랜드 충성도를 높이는 효과를 기대할 수 있다. AI, 빅데이터, 머신러닝 등의 기술 발전과 함께 뷰티 산업의 맞춤형 마케팅은 더욱 정교해지고 있으며, 소비자와 브랜드 간의 지속적인 관계 형성을 위한 핵심 전략이 될 것이다.

◇ **고객 데이터의 활용**

데이터 기반 맞춤형 마케팅은 고객의 행동 데이터를 수집하고 분석하여 개별 소비자에게 최적화된 마케팅 전략을 수립하는 방식이다. 특히 뷰티 산업에서는 피부 타입, 메이크업 취향, 사용 후기 등 다양한 고객 데이터를 활용하여 개인 맞춤형 제품과 서비스를 제공하는 것이 점점 더 중요해지고 있다. 이를 통해 브랜드는 고객 만족도를 높이고, 충성도를 강화하며, 나아가 경영 성과를 극대화할 수 있다.

고객 데이터는 맞춤형 마케팅의 핵심 자산이며, 소비자와 더욱 가까운 선택의 직접적인 영향을 주는 형태로 나타나고 있다. 소비자 맞춤형 경험 제공, 소비자 행동 분석 및 트렌드 예측하게 되며, 브랜드 충성도 및 장기 고객 유지하여 경제 변동률의 영향을 적게 받게 되는 것이다. 먼저 소비자 맞춤형 경험 제공으로 고객의 피부 타입, 톤, 개인 취향에 맞춘 제품 추천을 가능하게 한다. 소비자가 원하는 정보를 즉각적으로 제공하여 만족도를 높인다. 고객이 필요로 하는 제품을 정확하게 안내하여 구매 전환율을 증가시킨다. 소비자 행동 분석 및 트렌드 예측으로 고객의 검색 및 구매 이력을 분석하여 향후 수요를 예측할 수 있다. 뷰티 트렌드 변화에 따라 실시간으로 제품 개발 및 마케팅 전략을 조정할 수 있다. 소셜 미디어 및 온라인 리뷰를 분석하여 소비자의 관심사를 빠르게 파악할 수 있다. 브랜드 충성도 및 장기 고객 유지하여 지속적인 개인화된 마케팅을 통해 브랜드와 고객 간의 친밀도를 높인다. 맞춤형 리워드 및 프로모션 제공으로 반복 구매를 유도하여 고객의 생애 가치를 극대화하여 장기적인 브랜드 성장을 도모할 수 있다. 이러한 이유로 고객 데이터 활용의 필요성이 강조되고 있다.

또한 고객 데이터를 활용하는 주요 목적은 맞춤형 마케팅 전략을 수립하고, 브랜드 경쟁력을 강화하는 데 있다. 무엇보다도 소비자와 제조사는 정밀한 타깃팅(Targeting) 및 세분화(Segmentation)가 필요하며, AI와 빅데이터 분석을 통해 개별 고객의 선호도를 정확히 파악할 수 있다. 연령, 지역, 피부 타입, 쇼핑 패턴 등을 고려하여 세분화된 마케팅 전략을 수립한다. 이로 인해 고객별로 다른 제품 추천 및 광고를 제공하여 마케팅 효과를 극대화한다. 그리고 실시간 개인화된 추천 시스템 구축을 통해 AI 기반 추천 엔진을 활용하여 실시간으로 고객에게 맞춤형 제품을 제안한다. 온라인 쇼핑몰과 모바일 앱에서 고객의 검색 및 클릭 데이터를 반영하여 개별 맞춤형 콘텐츠를 제공한다. 과거 구매 데이터를 기반으로 소비자가 필요할 시기에 제품 리마인드를 제공하여 구매율을 증가시킨다. 이러한 일련의 과정은 고객 만족도 향상 및 이탈 방지시켜 소비자의 불만 요소를 조기에 감지하고, 빠르게 개선하여 고객 만족도를 높인다. 불만족 경험이 발생한 고객에게 맞춤형 서비스(할인, 무료 교환 등)를 제공하여 충성도를 유지한다. 고객과의 지속적인 관계 유지를 통해 이탈률을 낮추고 장기적인 관계를 형성한다.

이러한 고객 데이터 활용이 경영에 미치는 영향은 고객 데이터를 효과적으로 활용하는 것은 기업의 전반적인 경영 전략과 성과에 큰 영향을 미친다. 이는 매출 증대 및 수익성 강화하여 맞춤형 추천을 통해 소비자가 더 많은 제품을 구매하도록 유도할 수 있다. 또한 효과적인 크로스셀링(Cross-Selling) 및 업셀링(Upselling) 전략을 통해 객단가(ARPU, Average Revenue Per User)를 증가시킬 수 있다. 이로 인한 구매 전환율이 증가하여 마케팅 비용 대비 높은 ROI(투자 대비 수익)를 달성할 수 있다.

둘째, 마케팅 비용 절감 및 효율성 증대는 데이터 기반의 정밀한 타깃팅을 통해 불필요한 광고 지출을 줄일 수 있다. 맞춤형 이메일, 푸시 알림, SMS 등을 활용하여 비용 대비 높은 효과를 얻을 수 있으며, 광고 집행 후 고객 반응 데이터를 실시간으로 분석하여 캠페인 전략을 최적화할 수 있다.

셋째, 브랜드 가치 및 경쟁력 강화를 통해 개인 맞춤형 서비스를 제공하는 브랜드는 고객 충성도를 높이고 시장에서 차별화된 경쟁력을 갖출 수 있다. 고객 데이터를 활용하여 신제품 개발 및 브랜드 전략을 최적화함으로써 시장 선도 기업으로 자리매김할 수 있다. 이러한 빅데이터 기반의 소비자 인사이트를 활용하여 글로벌 시장에서도 확장 가능성을 높일 수 있다.

넷째, 지속적인 고객 관계 형성 및 장기적인 브랜드 성장으로 이어지고 개인 맞춤형 마케팅은 단순한 일회성 판매가 아니라 지속적인 고객 관계를 형성하는 데 기여한다. 이를 바탕으로 충성 고객 기반을 확대하여 안정적인 매출 흐름을 유지할 수 있다. 고객 데이터를 활용한 재구매 마케팅 전략을 통해 장기적인 브랜드 성장을 견인할 수 있다.

이러한 고객 데이터 활용은 데이터 기반 맞춤형 마케팅의 핵심이며, 이를 효과적으로 활용할 경우 소비자 만족도 향상, 매출 증대, 마케팅 비용 절감, 브랜드 경쟁력 강화 등 다양한 경영적 이점을 창출할 수 있다. 특히 뷰티 산업에서는 소비자의 피부 상태, 취향, 트렌드 선호도를 반영한 맞춤형 제품과 서비스를 제공하는 것이 필수적이다. 따라서 기업은 AI, 빅데이터, 머신러닝 기술을 적극 활용하여 고객 데이터를 실시간으로 분석하고, 최적화된 마케팅 전략을 실행해야 한다. 이를 통해 장기적인 브랜드 성장과 지속 가능한 경쟁력을 확보할 수 있을 것이다.

◇ **AI 분석을 통한 개인화 전략**

데이터 기반의 맞춤형 마케팅에서 AI 분석을 통한 개인화 전략은 고객 데이터를 실시간으로 수집·분석하여 각 고객의 행동 패턴과 선호도를 예측하고, 이에 맞는 맞춤형 콘텐츠와 제품을 추천하는 전략이다.

먼저 기업은 개인 고객 응대를 통해 데이터 수집 및 전처리하는 과정을 거친다. 즉 기업은 웹사이트 방문 기록, 구매 이력, 소셜 미디어 활동, 고객 설문 등 다양한 채널에서 고객 데이터를 수집한다. 수집된 데이터는 정제, 통합, 구조화 과정을 거쳐 분석 가능한 형태로 전환된다. 그런 다음 AI 분석 모델 구축하는 것이다. 이러한 데이터를 처리할 수 있는 머신러닝 및 딥러닝 알고리즘을 활용하여 고객 행동을 예측할 수 있는 모델을 구축한다. 이렇게 구분된 모델은 고객 세분화, 추천 시스템, 예측 분석 등 다양한 목적으로 설계되며, 이를 위해 협업 필터링, 콘텐츠 기반 필터링, 하이브리드 추천 시스템 등 다양한 기술이 사용된다. 이러한 과정을 통해 다음으로는 개인화 추천 시스템 운영한다. 수집된 데이터를 정제 과정을 통해 분석하고 모델링을 하여, 구축된 AI 모델은 각 고객의 과거 행동과 현재 관심사를 분석하여 개인 맞춤형 제품과 콘텐츠를 실시간으로 추천한다. 예를 들어, 고객이 자주 검색하거나 구매한 제품과 유사한 상품을 제안하거나, 고객의 선호도를 반영한 맞춤형 할인 쿠폰이나 프로모션 정보를 제공한다.

　이러한 일련의 과정을 통해 소비자의 구매 활동에 대해 실시간 데이터 업데이트 및 피드백이다. 고객의 최신 행동 데이터를 지속적으로 반영하여 모델의 예측 정확도를 높인다. 고객이 추천된 제품을 실제로 구매하거나, 리뷰 및 피드백을 제공하면 이를 다시 학습 데이터로 활용하여 개인화 전략을 지속적으로 개선한다. 소비자의 구매 행동의 한 서클을 회전 후에 과정에서는 성과 분석 및 최적화이다. 무엇보다도 AI 분석을 통해 도출된 추천 결과와 마케팅 캠페인의 효과를 정량적으로 측정하여, 전환율, 재구매율, 고객 만족도 등을 분석한다. 이를 바탕으로 모델을 지속적으로 최적화하고, 타깃팅 전략을 개선하여 마케팅 ROI를 극대화한다.

이와 같은 과정을 통해 데이터 기반의 맞춤형 마케팅에서 AI 분석을 통한 개인화 전략은 고객의 특성과 행동 패턴을 정밀하게 분석하여, 각 고객에게 최적화된 마케팅 메시지와 제품 추천을 제공함으로써 고객 만족도와 브랜드 충성도를 극대화하는 핵심 전략이다.

이는 데이터 기반의 맞춤형 마케팅에서 AI 분석을 통한 개인화 전략은 뷰티 산업의 각 종목에 세부적으로 적용되어 소비자 맞춤형 경험을 제공하고, 이를 구매 행동으로 유도하는 핵심 전략이다. 아래는 뷰티 산업의 주요 분야별로 AI 기반 개인화 전략이 어떻게 구매 행동으로 이어지게 하는지 세부적으로 설명해보자면 다음과 같다.

① 스킨케어 및 화장품 분야
  ○ 데이터 수집 및 분석
  고객의 피부 타입, 피부 고민(예: 여드름, 주름, 민감성 등), 이전 구매 이력 및 온라인 행동 데이터를 수집한다. AI 모델은 이미지 분석 기술과 설문 데이터를 활용하여 고객의 피부 상태를 정밀하게 평가한다.

  ○ 개인화 추천 및 체험 제공
  타깃 소비자에게 맞는 정밀 분석 결과에 따라 고객에게 맞춤형 스킨케어 루틴 및 제품 조합을 추천한다. AI 기반 피부 진단 결과를 바탕으로 "나에게 꼭 맞는 제품" 메시지를 전달하여 소비자가 자신에게 필요한 제품임을 인식하게 한다. 개인화에 따른 소비자의 구매 행동 전략의 적용으로 맞춤형 제품 추천 후, 즉각적인 구매 연결(예: "지금 바로 구매", "맞춤 할인 코드 제공")을 통해 소비자가 쉽게 구매하도록 유도한다. 이와 동시에 제품 체험 샘플 제공 및 무료 상담 서비스와 같은 추가 혜택을 결합하여 소비자의 신뢰도를 높이고, 재구매로 이어지게 한다.

② 색조 화장품(메이크업) 분야

○ 데이터 수집 및 분석

고객의 피부 톤, 얼굴 특징, 선호하는 메이크업 스타일 및 SNS상의 활동 데이터를 수집한다. AI와 머신러닝 알고리즘은 얼굴 인식 및 색상 분석을 통해 고객의 개인적 특성을 파악한다.

○ 개인화 추천 및 가상 체험 제공

AR(증강현실) 기술을 활용하여 고객이 가상으로 메이크업을 체험할 수 있도록 하고, 이를 기반으로 개인 맞춤형 제품(예: 파운데이션, 아이섀도우 등)을 추천한다. 고객의 체험 후 피드백과 선호 데이터를 실시간으로 반영하여 추천 알고리즘을 개선한다.

○ 구매행동 전략

가상 체험 후 "이 룩으로 완벽해지세요"와 같은 개인화된 메시지와 함께 즉시 구매할 수 있는 버튼 및 프로모션을 제공한다. 체험한 제품에 대해 리뷰와 SNS 공유를 유도하여 추가 구매로 연결하고, 브랜드 신뢰도를 강화한다.

③ 향수 및 퍼스널 케어 분야

○ 데이터 수집 및 분석

고객의 과거 향수 구매 이력, 선호하는 향기 프로필, 계절 및 기분 변화에 따른 데이터가 수집된다. AI 분석은 고객의 감성 및 라이프 스타일 데이터를 활용하여 개별 고객에게 최적의 향을 추천한다.

○ 개인화 추천 및 체험 제공

AI 기반 향수 추천 시스템은 고객의 선호와 과거 구매 데이터를 바탕으로, 개인 맞춤형 향수 또는 퍼스널 케어 제품을 추천한다. 구독형 서비스 및 샘플링 프로그램을 통해 고객이 다양한 향을 체험할 수 있도록 하여, 자신의 취향을 재확인하게 한다.

○ 구매행동 전략

추천된 제품에 대해 "내 취향에 딱 맞는 향수"라는 메시지와 함께, 시간 한정 할인이나 첫 구매 혜택을 제공하여 구매를 촉진한다. 고객의 체험 후 긍정적 피드백 및 리뷰를 기반으로, 추가 구매와 구독 서비스 전환을 유도한다.

④ 헤어 및 두피 관리 분야

○ 데이터 수집 및 분석

고객의 두피 상태, 모발 특성, 스타일링 습관 등 다양한 데이터를 수집하고 분석한다. AI 기반 두피 분석 및 이미지 인식 기술을 통해, 각 고객의 두피 건강 및 모발 상태를 평가한다.

○ 개인화 추천 및 체험 제공

분석 결과를 바탕으로, 고객에게 맞춤형 샴푸, 컨디셔너, 헤어 트리트먼트 등을 추천한다. 가상 상담 및 전문가와의 채팅 기능을 제공하여, 개인화된 헤어 관리 솔루션을 제안한다.

○ 구매행동 전략

맞춤형 제품 패키지 및 번들 할인 등으로 소비자가 필요한 제품을 한 번에 구매할 수 있도록 유도한다. 정기배송 서비스와 리텐션 프로그램을 통해, 지속적인 구매 행동을 촉진하며 고객 만족도를 높인다.

⑤ 네일 및 뷰티 액세서리 분야

○ 데이터 수집 및 분석

고객의 네일 컬러 선호, 디자인 취향, SNS 트렌드 데이터를 수집하여 분석한다. AI는 소비자가 선호하는 네일 디자인 및 액세서리 스타일을 파악하여, 개인화된 추천을 진행한다.

○ 개인화 추천 및 체험 제공

가상 네일 체험(virtual nail try-on) 기능을 제공하여, 고객이 다양한 네일 컬러와 디자인을 미리 확인할 수 있도록 한다. 고객의 SNS 활동 및 리뷰 데이터를 활용하여, 트렌드에 맞는 제품 및 디자인을 추천한다.

○ 구매행동 전략

개인 맞춤형 네일 제품과 액세서리에 대한 프로모션 및 번들 제안을 통해, 구매 전환을 촉진한다. 소비자 참여 이벤트와 SNS 캠페인을 연계하여, 사용자 리뷰와 추천이 구매로 이어지도록 한다.

이렇듯 뷰티 산업의 각 분야에서 데이터 기반의 AI 분석을 통한 개인화 전략은 고객의 세부적인 특성과 선호도를 반영한 맞춤형 추천으로 구매 행동을 유도하는 핵심 전략이다. 고객 데이터를 실시간으로 분석하여 개인 맞춤형 제품과 서비스를 제공함으로써 소비자 만족도를 높이고, 구매 전환율을 극대화할 수 있다. 각 종목별로 특화된 전략(스킨케어, 색조 화장품, 향수, 헤어 관리, 네일 등)을 통해 소비자가 자신의 요구에 부합하는 제품을 쉽게 선택하도록 유도하며, 브랜드 충성도와 장기적인 고객 관계 형성에 기여한다. 궁극적으로, 이러한 전략은 뷰티 산업의 경쟁력을 강화하고 지속 가능한 성장을 견인하는 중요한 경영 요소가 될 것이다.

제 3 부

혁신적 커뮤니케이션 모델

현대 사회에서 사람과 사람 사이의 소통 방법이 매우 중요한 것으로 혁신적 커뮤니케이션 모델이 필요하다. 이는 경제 활동 등 다양한 활동에서 각각의 형태로 이루어지는 관계를 원만하게 하는 윤활유 역할을 하고 있다. 먼저 정보의 초과 생산 및 분산으로, 현대 사회는 인터넷과 모바일 기술의 발달로 방대한 양의 정보가 생성되고 있으며, 소비자는 이 정보를 신속하게 받아들이고 소화해야 한다. 이에 따라 기존의 일방향적, 전통적인 커뮤니케이션 모델로는 정보의 흐름과 상호작용을 효율적으로 관리하기 어렵게 되었다. 그리하여 실시간 소통과 참여의 중요성이 부각되면서 소비자와 기업, 정부, 사회 구성원 간의 즉각적인 피드백과 상호작용이 중요해졌다. 소셜 미디어, 메신저, 온라인 포럼 등의 플랫폼은 참여와 실시간 소통을 가능하게 하여, 정보의 공유와 협력이 더욱 촉진된다. 세계가 일일권에 접어들면서 글로벌화 및 경계 허물기가 시작되었으며, 지리적, 문화적 경계를 넘어 전 세계의 이해관계자들이 실시간으로 연결됨에 따라, 보다 유연하고 신속한 커뮤니케이션 시스템이 요구되었다. 혁신적 커뮤니케이션 모델은 다양한 언어, 문화, 시간대를 아우르며 글로벌 협력을 지원하게 되는데, 개인화 및 맞춤형 정보 제공으로 고객 및 사용자 개개인의 요구와 특성이 다양해지면서, 정보의 개인화와 맞춤형 제공이 필수적이다. AI와 빅데이터 분석 기술을 통한 정교한 커뮤니케이션은 소비자 만족도와 참여율을 극대화하는 데 기여한다.

사회적 배경으로는 디지털 전환 및 인터넷 보급이 시작되면서 1990년대 이후 인터넷 보급과 모바일 기기 확산은 커뮤니케이션 환경을 완전히 변화시켰다. 사람들이 언제 어디서나 연결되고 정보를 교환할 수 있게 되면서, 커뮤니케이션 방식 자체가 디지털화되었다. 이와 함께 소셜 미디어의 등장과 확산으로 페이스북, 트위터, 인스타그램, 틱톡 등의 플랫폼은 단순한 정보 전달을 넘어 사용자 간의 상호작용, 의견 공유, 커뮤니티 형성을 가능하게 하였다.

이러한 변화는 사회 구성원 간의 소통 방식과 정보 소비 패턴에 깊은 영향을 미쳤다. 이런 사회적 환경은 참여와 공유 문화의 확산되면서, 온라인 커뮤니티와 UGC(User-Generated Content)의 활성화로, 소비자들은 단순한 수용자가 아니라 정보 생산자이자 공유자로 자리 잡았다. 이는 정보의 민주화와 사회적 영향력의 재편을 촉진하였다. 이와 관련하여 경제 활동과의 메커니즘을 살펴보면, 혁신적 커뮤니케이션 모델은 기업이 소비자 데이터를 실시간으로 분석하여 개인 맞춤형 광고와 프로모션을 제공할 수 있게 한다. 이를 통해 소비자 구매 여정에 직접적으로 영향을 미치며, 전환율과 고객 충성도를 높이는 디지털 마케팅 및 타깃팅 영향을 선사하였다. 더불어 플랫폼 경제와 네트워크 효과로 디지털 커뮤니케이션은 플랫폼 비즈니스 모델을 촉진한다. 예를 들어, 소셜 미디어, 전자상거래, 공유경제 플랫폼은 사용자가 많아질수록 그 가치가 상승하는 네트워크 효과를 발생시켜, 경제 규모의 확대와 혁신적 서비스 개발을 이끈다. 실시간 피드백과 빠른 의사결정은 기업과 정부는 혁신적 커뮤니케이션 모델을 통해 소비자 및 시민의 의견을 즉각적으로 수렴할 수 있다. 이를 바탕으로 빠른 정책 결정이나 제품 개선이 이루어지며, 시장 변화에 민첩하게 대응할 수 있게 된다. 또한 전 세계적으로 분산된 경제활동에서 실시간 커뮤니케이션은 효율적인 협력과 공급망 관리를 가능하게 한다. 기업들은 글로벌 파트너와의 소통을 통해 생산 및 유통 과정을 최적화하고, 비용 절감과 경쟁력 향상을 도모하여 글로벌 협력과 공급망을 관리한다.

경제적 주요 영향으로 정보의 신속한 전달과 실시간 상호작용은 시장의 불확실성을 줄이고, 수요와 공급의 균형을 맞추는 데 기여한다. 이는 가격 형성의 투명성을 높이고, 경제 전반의 효율성을 증대시킨다. 디지털 플랫폼, 소셜 미디어, 모바일 앱 등 혁신적 커뮤니케이션 모델은 기존의 산업 구조를 재편하고 새로운 비즈니스 모델을 탄생시켰다. 이로 인해 전통적인 기업뿐만 아니라 스타트업과 디지털 네이티브 기업이 빠르게 성장하고 있다. 디지털 커뮤니케이션의 확산은 새로운 직무와 산업을 창출하며, 기존 산업의 자동화와 디지털화로 인한 고용 구조 변화를 촉진한다. 이는 경제 전반의 경쟁력을 강화하는 동시에, 노동 시장의 유연성을 요구한다. 그러므로 혁신적 커뮤니케이션 모델은 국경을 넘어 정보를 공유하고 협력할 수 있는 기반을 마련하여, 글로벌 경제 통합을 촉진한다. 이는 국제 무역, 투자, 기술 교류 등의 활성화를 통해 경제 성장을 견인한다. 이러한 현대 사회에서 혁신적 커뮤니케이션 모델은 정보의 디지털화, 실시간 소통, 개인화된 정보 제공 등을 통해 경제 활동의 전반적인 효율성을 높이고, 새로운 비즈니스 기회를 창출하는 핵심 요소이다. 사회적 배경과 경제활동 메커니즘, 그리고 경제적 주요 영향 측면에서 볼 때, 이러한 커뮤니케이션 모델은 시장의 효율성을 증대시키고 글로벌 협력을 촉진하며, 지속 가능한 경제 성장을 위한 필수적인 인프라로 자리 잡고 있다.

1.
AI 챗봇과 고객 서비스

AI 챗봇, 인공지능(Artificial Intelligence:AI)은 기술, 특히 자연어 처리(NLP)와 머신러닝 알고리즘을 활용하여 고객과 대화형 인터페이스를 통해 상호작용하는 소프트웨어 프로그램이다. 이는 사용자의 질문에 자동으로 응답하거나, 필요한 정보를 제공하고 문제 해결을 지원하는 역할을 수행한다. 인공지능은 기계가 인간처럼 학습하고, 논리적 판단을 내리며, 복잡한 문제를 해결할 수 있도록 하는 컴퓨터 과학의 한 분야이다. 인간의 지능을 모방하고, 나아가 그 이상의 성능을 발휘하는 기계를 개발하는 것이다. 자연어 처리, 머신러닝, 딥러닝, 컴퓨터 비전, 음성 인식 등이 인공지능 구현에 중요한 역할을 한다. 20세기 중반 앨런 튜링의 "튜링 테스트"와 같이, 기계가 인간과 유사한 사고를 할 수 있는지를 평가하는 개념이 등장하면서 인공지능 연구가 시작되었다.

기호적 AI 시대(1950년대부터 1970년대까지)에는 규칙 기반의 전문가 시스템과 논리적 추론을 중심으로 인공지능 연구가 진행되었다. 머신러닝 및 신경망 도입으로 1980년대 이후, 데이터 기반 학습 방법과 인공 신경망의 도입으로 인공지능은 점차 실용화되기 시작하였다. 딥러닝 혁신은 2000년대 후반부터 빅데이터와 고성능 컴퓨팅의 발전에 힘입어 딥러닝 기술이 급속히 발전하며, 인공지능은 이미지 인식, 음성 인식, 자연어 처리 등 다양한 분야에서 인간 수준 이상의 성능을 보이게 되었다.

이러한 인공지능의 주요 기술 및 응용 분야로는 머신러닝, 딥러닝, 자연어 처리, 컴퓨터 비전으로 발전해 나가고 있다. 먼저 머신러닝은 데이터로부터 패턴을 학습하고, 미래의 행동이나 결과를 예측하는 알고리즘이다. 딥러닝은 인공 신경망을 기반으로 한 머신러닝의 한 분야로, 복잡한 데이터 구조를 스스로 학습하며 고도의 인식 능력을 제공한다. 자연어 처리(NLP)는 기계가 인간의 언어를 이해하고 처리할 수 있도록 하는 기술로, 챗봇, 번역, 감성 분석 등 다양한 응용 분야에 활용된다. 마지막으로 컴퓨터 비전은 이미지나 비디오 데이터를 분석하여 객체 인식, 영상 분석, 자율주행 등 다양한 분야에서 활용된다. 이를 통한 응용 분야로는 전자상거래, 금융, 의료, 제조, 자율주행 자동차, 스마트 시티 등 다양한 산업에서 인공지능 기술이 도입되어 혁신을 이끌고 있다. 이런 인공지능의 경제적 및 사회적 영향으로 생산성 향상, 운영 효율성 증가, 신규 비즈니스 모델 창출 등을 통해 기업의 경쟁력을 강화하고, 매출 증대에 기여한다. 더불어 고용 및 산업 변화: 일부 직무는 자동화되지만, 동시에 새로운 직무와 산업이 창출되어 경제 구조에 큰 변화를 가져오고 있다. 또한 사회적 영향으로 개인화된 서비스 제공, 실시간 데이터 분석, 맞춤형 콘텐츠 추천 등을 통해 소비자 경험을 혁신하며, 사회 전반의 정보 전달 및 의사소통 방식을 변화시키고 있다. 인공지능의 발전과 함께 개인정보 보호, 알고리즘의 투명성, 책임 소재 등의 윤리적·법적 문제도 함께 제기되고 있으며, 이에 대한 사회적 합의와 규제가 필요하다.

AI는 인간의 지능을 모방하고 확장시키기 위한 기술로서, 초기 개념부터 현재의 딥러닝 혁명에 이르기까지 지속적으로 발전해왔으며, 다양한 기술 요소와 응용 분야를 통해 경제 및 사회 전반에 혁신적인 변화를 가져오고 있다. 인공지능은 미래의 산업 구조와 사회적 상호작용을 재편하는 핵심 동력으로 자리매김할 것이다.

고객 서비스는 고객의 문의, 불만, 요구사항 등을 신속하고 효과적으로 처리하여 고객 만족도를 높이는 활동이다. AI 챗봇은 이러한 고객 서비스의 자동화 및 최적화를 도모하며, 24시간 연중무휴 고객 지원을 가능하게 하는 도구이다. 주요 도구로 자연어 처리(NLP, Natural Language Processing)는 기계가 인간의 언어를 이해하고 해석하며, 생성할 수 있도록 하는 AI 기술이다. 이는 AI 챗봇은 NLP를 활용하여 고객의 질문을 이해하고, 문맥에 맞는 응답을 제공한다. 머신러닝(Machine Learning)은 데이터로부터 학습하여 예측 모델을 구축하는 알고리즘 및 기술이다. 챗봇은 머신러닝 기법을 통해 고객 대화 데이터를 분석하고, 점진적으로 대화 품질을 개선한다. 마지막으로 대화 관리(Dialog Management)는 챗봇이 대화의 흐름을 조절하고, 적절한 시점에 올바른 응답을 제공하는 프로세스이다. 이를 통해 고객과의 대화가 자연스럽고, 목적에 부합하도록 진행된다. 이러한 진행은 고객의 니즈에 맞는 의도 인식(Intent Recognition)을 통해 고객의 질문이나 명령에서 핵심 의도를 파악하는 과정이다. AI 챗봇은 이 기능을 통해 고객의 요구를 정확하게 이해하고, 이에 맞는 답변을 제공한다. 또한 엔티티 추출(Entity Extraction)을 통해 대화에서 특정 정보(예: 날짜, 장소, 제품명 등)를 인식하고 분류하는 기술이다. 이는 고객의 문의를 세분화하고, 맞춤형 응답을 생성하는 데 중요한 역할을 한다.

예전에는 사람이 하는 과정을 기술의 발전과 변화에 발맞춰 AI 챗봇이 기능을 수행하고 있으며 이에 따른 이러한 시스템의 운영에 따라 고객 서비스의 중요성 및 필요성이 매우 중요하게 다루어진다. 대면으로만 했던 때와 달리 24시간 연중무휴 서비스 제공함으로써, AI 챗봇은 휴일이나 야간에도 고객 문의에 신속하게 대응할 수 있어, 고객 만족도를 높이는 데 기여한다. 운영 효율성 및 비용 절감의 측면으로 보면 반복적이고 단순한 고객 문의를 자동화함으로써 인력 비용을 절감하고, 직원들이 보다 복잡한 문제에 집중할 수 있도록 지원한다. 직원들의 상주와 관련 없이 즉각적인 응답 및 대기 시간 단축으로 고객이 실시간으로 답변을 받을 수 있어, 대기 시간과 불만을 줄이며 서비스 품질을 향상시킨다. 기존에 수동적 고객 서비스에는 찾아볼 수 없는 데이터 축적 및 인사이트 도출을 가져오는 AI 챗봇은 고객과의 대화 데이터를 축적하여, 이를 분석함으로써 고객의 요구와 트렌드를 파악하고, 전략적 의사결정에 활용할 수 있다. 또한 개인화된 고객 경험 제공으로 고객의 이전 대화 기록과 행동 데이터를 바탕으로 맞춤형 응대를 제공하여, 고객과의 신뢰 관계를 강화하고 충성도를 높일 수 있다.

〈표-17〉 고객 서비스 용어 프로세스

주요 용어	설명
AI 챗봇	인공지능 기술을 활용하여 고객과 대화형 인터페이스를 통해 자동 응답 및 문제 해결을 지원하는 소프트웨어
자연어 처리(NLP)	기계가 인간의 언어를 이해, 분석, 생성할 수 있도록 하는 AI 기술
머신러닝	대량의 데이터를 기반으로 학습하며, 지속적으로 성능을 개선하는 알고리즘 및 기술
대화 관리	대화의 흐름을 조절하고, 고객의 질문에 맞춰 적절한 응답과 추가 질문을 유도하는 프로세스
의도 인식	고객의 문의나 명령에서 핵심적인 요구나 의도를 파악하는 과정
엔티티 추출	대화 내용에서 특정 정보(예: 제품명, 날짜, 위치 등)를 식별하고 추출하는 기술
고객 서비스	고객의 문의와 문제를 신속하고 효과적으로 처리하여, 고객 만족도와 충성도를 높이는 활동

AI 챗봇은 주요 산업에서의 중요한 역할과 영향력을 가져온다. 전자상거래 및 소매업에서 AI 챗봇은 상품 추천, 주문 추적, 반품 처리 등 고객 지원 업무를 자동화하여 구매 전환율을 높이고, 사용자 경험을 향상시킨다. 금융 및 은행업에서 금융 상담, 계좌 정보 확인, 대출 상담 등 복잡한 금융 업무를 빠르고 정확하게 처리하며, 고객 불만 해소와 동시에 보안 강화를 지원한다. 예전에는 상상할 수 없었던 여행 및 숙박업에서는 예약, 일정 변경, 실시간 정보 제공 등 고객의 여행 관련 문의를 신속하게 처리하여, 여행 경험을 개선하고 고객 만족도를 높이는 영향력을 보이고 있다. 인간의 건강에 중요한 역할을 가져오는 헬스 케어에서 건강 상담, 예약 관리, 의료 정보 제공 등 헬스 케어 서비스에서 챗봇은 환자와의 소통 채널로 활용되어, 의료 접근성을 개선하고, 서비스 효율성을 높인다. 마

땅히 통신 및 IT 서비스에서도 서비스 장애 안내, 요금제 문의, 기술 지원 등 고객의 다양한 요구에 실시간 대응함으로써, 고객 이탈률을 줄이고 브랜드 신뢰도를 강화한다. 이 모든 역할은 매출 증대로 이어지면서 AI 챗봇은 고객의 문의에 즉각적인 응답을 제공하고, 관련 제품이나 서비스를 추천하여 구매 전환율을 높인다. 교차 판매 및 상향 판매(Cross-Selling & Upselling)를 가져오면서 고객의 구매 패턴과 선호도를 분석하여, 추가 제품이나 프리미엄 옵션을 추천함으로써 평균 거래액을 증가시킨다. 경쟁력 강화를 시켜 고객 이탈 방지를 가져오면서 신속하고 정확한 서비스 제공을 통해 고객 불만을 최소화하고, 재구매 및 장기고객 관계를 형성하여 지속적인 매출 성장을 유도한다.

개인화된 맞춤형 서비스와 지속적인 고객 지원을 통해 고객 만족도를 높이고, 긍정적인 입소문 및 고객 추천으로 인한 신규 고객 유입을 촉진하여 브랜드 충성도 강화를 가져온다. 고객과의 대화 데이터를 분석하여, 타깃 마케팅 및 프로모션 전략에 반영함으로써, 효율적인 마케팅 캠페인, 데이터 기반 마케팅 전략 실행하여 결과적으로 매출 증대에 기여한다. 이렇듯 AI 챗봇과 고객 서비스는 현대 비즈니스 환경에서 고객과의 상호작용을 자동화하고 최적화하는 핵심 도구이다. 자연어 처리, 머신러닝, 대화 관리 등 첨단 기술을 활용하여 24시간 연중무휴로 고객을 지원하며, 운영 효율성을 높이고 비용을 절감하는 동시에, 맞춤형 서비스 제공을 통해 고객 만족도와 브랜드 충성도를 강화한다. 이러한 혁신적 시스템은 전자상거래, 금융, 헬스 케어 등 다양한 산업 분야에서 중요한 역할을 수행하며, 매출 증대와 장기적인 고객 관계 구축에 결정적인 영향을 미치는 핵심 전략이다.

〈표-18〉 주요 산업별 장점

산업 분야	주요 장점
일반 산업	운영 비용 절감: AI 챗봇과 자동화 시스템 도입으로 인건비 절감
	24/7 서비스 제공: 고객이 언제든지 문의 가능, 응대 속도 향상
	데이터 기반 의사결정: 고객 데이터를 분석하여 맞춤형 서비스 제공
	업무 효율성 향상: 직원이 반복적인 고객 응대에서 벗어나 고부가가치 업무에 집중 가능
뷰티 산업	맞춤형 제품 추천: AI 분석을 통해 피부 상태 및 고객 니즈를 반영한 제품 추천
	가상 메이크업 체험: AR(증강현실) 기술을 활용한 메이크업 시뮬레이션 제공
	개인화 마케팅 강화: 고객의 선호도를 기반으로 맞춤형 광고 및 프로모션 진행
	SNS 및 인플루언서 연계: AI 기반 데이터 분석을 활용한 효과적인 광고 캠페인 집행
전자 상거래	실시간 주문 및 상담 자동화: AI 챗봇을 활용하여 주문 처리 및 고객 응대 자동화
	개인 맞춤형 추천 시스템: 빅데이터 분석을 활용한 맞춤형 상품 추천
	반품 및 클레임 처리 간소화: AI를 활용한 자동 응대 및 절차 간소화
금융 산업	자동 상담 시스템: 금융 상품 추천, 대출 상담 등 AI 챗봇 활용
	리스크 분석 및 사기 탐지: AI 기반 금융 데이터 분석을 통해 보안 강화
	맞춤형 금융 서비스 제공: 고객별 투자 상품 및 금융상품 추천

자동차 산업	AI 기반 고객 지원: 차량 유지보수 및 정비 일정 자동 안내
	음성 인식 서비스: AI 음성 비서 도입으로 운전 중 편리한 고객 지원 가능
	자동화된 차량 맞춤 추천: 고객의 선호도 및 운전 습관에 따른 차량 추천
헬스 케어 산업	AI 기반 원격 진료: AI 챗봇을 활용한 1차 건강 상담 및 예약 서비스 제공
	환자 데이터 분석 및 맞춤형 치료 추천: 빅데이터 기반 개인화된 건강 관리 서비스 제공
	헬스케어 챗봇 운영: 건강 상담 및 약물 복용 일정 관리 자동화
교육 산업	AI 튜터링 시스템: 학생의 학습 데이터를 분석하여 맞춤형 교육 콘텐츠 제공
	챗봇을 통한 질의응답 자동화: 학습 관련 질문을 AI 챗봇이 실시간으로 응답
	맞춤형 학습 로드맵 제공: AI 기반으로 개별 학습자의 강점과 약점을 분석하여 교육 계획 수립

◇ **자동화된 고객 소통의 장점**

　대면 접객과 달리 비대면 접객에서 고객의 행동 변화는 민감하게 작용한다. 오로지 고객과 처음 마주하는 방법이 정서적 전달을 배제한 기계에 의존한 인사라는 한계가 있다. 먼저 산업 전반에서의 자동화된 고객 소통의 장점은 24시간 연중무휴 지원 제공이다. 자동화 시스템은 시간과 장소에 구애받지 않고 고객의 문의에 응대할 수 있어, 전 세계 다양한 시간대의 고객에게 신속한 지원을 제공한다는 것이다. 둘째 비용 효율성 및 운영 비용 절감이다. 반복적이고 단순한 고객 문의를 자동으로 처리하여 인력 비용을 절감하고, 직원들이 보다 복잡한 문제 해결에 집중할 수 있도록 함으로써 운영 효율성을 높인다는 것이다. 셋째, 즉각적인 응답과 대기 시간 단축이다. 고객이 문의할 때 즉각적인 응답을 제공하여 대기 시간을 크게 줄이고, 고객 만족도를 향상시킬 수 있다. 넷째, 정확한 데이터 수집과 인사이트 도출이다. 자동화된 고객 소통 시스템은 고객과의 상호 작용 데이터를 실시간으로 축적하고 분석할 수 있어, 이를 기반으로 마케팅 전략 및 제품 개선에 필요한 인사이트를 도출할 수 있다. 다섯째, 글로벌 커뮤니케이션 강화이다. 다양한 언어와 문화에 맞춘 자동 응대 시스템을 통해 글로벌 시장에서도 일관된 고객 서비스를 제공함으로써, 브랜드 신뢰도를 높이고 시장 경쟁력을 강화할 수 있다. 더불어 주요 산업 전반에서의 자동화된 고객 소통의 장점에 대해 정리해 보면 다음과 같다.

먼저 옴니채널 고객 지원 강화이다. 자동화된 고객 소통 시스템은 웹사이트, 모바일 앱, 이메일, 소셜 미디어, 챗봇 등 다양한 채널에서 일관된 응대가 가능하도록 지원한다. 이를 통해 고객이 어디에서든 편리하게 브랜드와 소통할 수 있으며, 채널 간 전환이 원활하게 이루어진다.

둘째, 고객 피드백 및 설문 조사 자동화이다. 고객 만족도 조사 및 피드백 수집을 자동화하여, 소비자의 의견을 실시간으로 분석할 수 있다. 이를 통해 기업은 고객이 원하는 제품이나 서비스의 개선 방향을 보다 빠르게 파악할 수 있다.

셋째, 인공지능(AI) 기반 감성 분석 적용이다. AI를 활용하여 고객의 메시지에서 감정을 분석하고, 불만이 감지될 경우 신속하게 대응하여 고객 만족도를 높일 수 있다. 긍정적인 감정을 보이는 고객에게는 맞춤형 추천을 제공하여 충성도를 높일 수 있다.

넷째, 주문 및 배송 자동 응대 시스템이다. 고객의 주문 및 배송 상태를 실시간으로 추적하고 자동으로 알림을 제공하여, 고객의 궁금증을 줄이고 신뢰도를 얻는다. 이를 통해 고객은 콜센터에 전화할 필요 없이, 원하는 정보를 쉽게 확인할 수 있다.

다섯째, 내부 업무 효율화 및 직원 생산성 향상이다. 반복적인 문의 응대를 자동화함으로써, 고객 서비스 직원이 보다 중요한 문제 해결과 고객 만족을 높이는 업무에 집중할 수 있다. 업무 부담이 줄어듦에 따라 직원의 만족도와 생산성도 함께 향상된다.

이와 함께 뷰티 산업에서도 점차적으로 자동화된 고객 소통의 시스템을 적용하면서 개인화된 맞춤형 고객 경험 제공하고 있다. 뷰티 산업은 소비자의 피부 타입, 미용 선호도, 구매 이력 등의 세부 데이터를 활용하여 개인 맞춤형 제품 추천과 프로모션을 제공할 수 있으며, 이를 통해 고객 만족도와 구매 전환율을 높일 수 있는 것이다. 다음은 가상 체험 및 디지털 상담 지원이다. AR/VR 기술과 연계된 자동화된 고객 소통은 가상 메이크업 체험, 피부 진단 등 혁신적 서비스를 제공하여, 소비자가 제품을 실제로 체험하기 전 긍정적인 경험을 할 수 있게 지원할 수 있다는 것이다. 이것을 바탕으로 실시간 트렌드 반영 및 피드백 수집이다. 소비자의 문의 및 피드백을 실시간으로 분석하여, 뷰티 트렌드 및 고객 요구 사항을 빠르게 파악하고 제품 개발이나 마케팅 전략에 반영할 수 있다는 것이다. 이런 일련의 과정을 통해 브랜드 커뮤니티 및 SNS 연계 강화이다. 자동화된 고객 소통을 통해 소비자와의 상호작용을 지속적으로 관리함으로써, 소셜 미디어 상에서의 브랜드 커뮤니티 활성화와 긍정적 입소문 형성에 기여하여, 장기적으로 브랜드 충성도를 높일 수 있다. 이러한 브랜드에 대한 고객 충성도는 재구매 및 장기고객 관계 형성한다. 개인 맞춤형 서비스와 신속한 문의 응대를 통해 소비자의 불만을 최소화하고, 만족스러운 고객 경험을 제공하여 재구매율을 높이고 장기적인 고객 관계를 구축할 수 있다. 이와 같이 자동화된 고객 소통 시스템은 산업 전반에서 효율성 증대와 비용 절감을 가져오는 동시에, 뷰티 산업에서는 맞춤형 고객 경험 제공, 혁신적 디지털 체험, 그리고 브랜드 충성도 강화 등 구체적인 비즈니스 성과로 이어지는 핵심 전략으로 보여진다.

더불어 뷰티 산업에서의 자동화된 고객 소통을 좀 더 디테일하게 나누어 보면 다음과 같이 분석해 볼 수 있다. 먼저 맞춤형 피부 분석 및 스킨케어 루틴 제안이다. AI 기반 피부 진단 시스템과 챗봇을 연계하여, 고객의 피부 상태를 분석하고 적절한 제품을 추천할 수 있다. 고객의 과거 구매 이력과 피부 고민 데이터를 결합하여 장기적인 스킨케어 루틴을 설계하고 제안할 수 있다. 둘째, AI 기반 음성 인식 및 가상 뷰티 컨설팅이다. 음성 인식 기술을 활용하여 소비자가 자연스럽게 제품을 검색하고 맞춤형 뷰티 컨설팅을 받을 수 있다. 소비자가 원하는 메이크업 스타일이나 피부 고민을 음성으로 설명하면, AI가 분석 후 최적의 솔루션을 제공하는 것이다. 셋째, 개인 맞춤형 샘플 추천 및 체험 기회 제공이다. 고객의 구매 이력과 관심 제품을 분석하여, 개별 맞춤형 샘플을 추천하고 제공할 수 있다. 샘플 체험 후 소비자의 리뷰를 수집하고, 이를 향후 마케팅 및 제품 개발에 반영할 수 있다. 넷째, AR 및 VR 기술과 연계된 인터랙티브 쇼핑 경험이다. 가상 메이크업 기술을 통해 고객이 제품을 실제로 사용하기 전에 다양한 색상을 시도해 볼 수 있다. 인터랙티브 쇼핑 경험을 통해 오프라인 매장을 방문하지 않고도 제품의 사용감을 미리 확인할 수 있어 구매 전환율이 증가하는 사례가 늘어나고 있다. 다섯째, AI 기반 실시간 프로모션 및 타깃 마케팅 강화이다. AI가 고객의 관심 제품과 검색 패턴을 분석하여, 특정 고객에게 맞춤형 할인 쿠폰 및 이벤트 정보를 제공할 수 있다. 소비자가 특정 브랜드 제품을 자주 검색하거나 장바구니에 담으면, 개인화된 프로모션을 제공하여 구매율을 높일 수 있다.

이러한 다양한 뷰티 산업에서도 AI 챗봇의 자동화된 고객 소통은 단순한 고객 응대를 넘어, 산업 전반에서는 옴니채널 경험 개선, 피드백 자동화, 감성 분석, 주문 및 배송 자동화, 내부 업무 효율화를 통해 기업 운영의 효율성을 높인다. 뷰티 산업에서는 AI 기반의 피부 분석, 음성 인식, 맞춤형 샘플 추천, AR/VR을 통한 가상 체험, 개인화된 프로모션 제공 등을 통해 소비자의 구매 경험을 향상시키고, 브랜드 충성도를 극대화할 수 있다. 결과적으로 자동화된 고객 소통 시스템은 기업의 경쟁력을 높이고,

장기적인 수익 증대를 실현하는 핵심 전략이다.

〈표-19〉 고객 AI 챗봇 자동화 장점

분야	주요 내용
고객 서비스 효율성 증대	24/7 무중단 운영으로 언제든지 고객 문의 처리 AI 챗봇을 활용한 신속한 응답 제공
비용 절감 및 운영 효율화	단순문의 자동화로 고객 지원 인력 부담 감소 업무 자동화로 운영 효율성 향상
개인화된 고객 경험 제공	AI 기반 맞춤형 추천 서비스 제공 고객 이력을 바탕으로 선제적 지원 가능
옴니채널 커뮤니케이션 강화	이메일, 채팅, 소셜 미디어 등 다양한 채널에서 일관된 응대 제공 채널 간 연계를 통해 끊김 없는 고객 경험 제공
데이터 기반 고객 인사이트 확보	AI 분석을 통한 고객 피드백 수집 및 감성 분석 소비자 트렌드 예측 및 맞춤형 마케팅 활용
판매 및 매출 증대 기여	AI 추천 시스템을 통한 교차 판매 및 업셀링 강화 개인화된 프로모션 제공으로 구매 전환율 증가
주문 및 배송 관리 자동화	주문 상태 및 배송 추적 자동화로 고객 편의성 향상 반품 및 교환 절차 간소화
브랜드 신뢰도 및 고객 충성도 강화	AI 기반 일관된 고객 응대로 브랜드 신뢰도 상승 맞춤형 보상 프로그램 운영으로 고객 충성도 유지

◇ **성공 사례 및 운영 전략**

AI 챗봇은 기업이 고객과 소통하는 방식에 혁신을 가져오면서, 다양한 산업에서 고객 서비스의 핵심 요소로 자리 잡고 있다. 특히 디지털 전환이 가속화되면서 AI 챗봇은 고객 경험을 개선하고, 운영 비용을 절감하며, 매출 증대에 기여하는 중요한 도구가 되고 있다. 과거 고객 서비스는 콜센터나 오프라인 매장을 통해 제공되었지만, 디지털 시대에는 AI 챗봇이 이를 대체하는 중요한 역할을 하고 있다. 즉각적인 응답 제공은 고객의 질문에 24시간 실시간 대응하여 대기 시간을 단축하였다. 운영 비용 절감에서 인건비 부담을 줄이고, 반복적인 문의를 자동화하여 업무 효율성을 높이고 있다. 또한 여러 가지 옴니채널(Omnichannel) 환경 구축 즉, 웹사이트, 모바일 앱, 소셜 미디어 등 다양한 플랫폼에서 일관된 고객 서비스를 제공하였다. 개인의 성향에 맞는 개인화된 고객 경험 제공은 AI 기반 데이터 분석을 통해 고객 맞춤형 응답을 생성하여 만족도를 높여 주고 있다.

주요 산업에서 AI 챗봇의 역할 및 영향력을 산업 분야 AI 챗봇의 역할 및 효과에 대해 살펴보면, 전자상거래(E-commerce) 주문 조회, 결제 지원, 추천 시스템과 연계하여 개인화된 쇼핑 경험 제공하고 금융 & 핀테크 계좌 조회, 대출 상담, 금융상품 추천, 챗봇을 통한 간단한 거래 처리를 한다. 헬스 케어 증상에 대한 전반적인 기반 건강 상담, 예약 일정 관리, 복약 안내가 가능하며, 뷰티 & 패션 가상 메이크업 시뮬레이션, 피부 분석, 개인 맞춤형 제품 추천여행 & 호텔 예약 확인, 일정 변경, 관광지 추천, 다국어 지원 등을 하고 있다. 교육 & HR AI 기반 학습 가이드 제공, 온라인 코칭, 면접 시뮬레이션을 선보여 AI 챗봇은 산업별 특성에 맞게 맞춤형 솔루션을 제공하며, 기업의 고객 서비스 품질을 크게 향상시키고 있다.

특히 AI 챗봇이 기업에 미치는 의미와 효과에서는 기업의 브랜드 이미지 강화로 빠르고 정확한 고객 응대는 소비자의 신뢰도를 높이고, 브랜드의 프로페셔널한 이미지를 구축하는 데 도움을 준다. AI 챗봇을 통해 기업은 고객과의 지속적인 상호작용을 유지할 수 있어, 브랜드 충성도를 높일 수 있다. 고객 경험(CX, Customer eXperience) 개선 및 고객 만족도 향상시키고 있다. AI 챗봇은 고객의 선호도와 구매 이력을 분석하여 개인화된 답변과 제품 추천을 제공할 수 있으며, 24시간 응대 가능하며, 다국어 지원 기능을 통해 글로벌 고객 대응이 가능하다. 감성 AI(ChatGPT, 감성 분석 알고리즘 등)를 활용하여 고객의 감정을 파악하고 최적의 답변을 제시하기도 한다. 또한 기업에 가장 중요한 운영 비용 절감 및 효율성 증가를 가져온다. 그중 콜센터 운영비 절감으로 AI 챗봇이 단순 상담을 자동화하면서 인건비와 운영비가 크게 감소함을 보여주었다. 또한 상담사 지원은 AI 챗봇이 고객과 1차 상담을 진행하고, 복잡한 문제만 상담사에게 전달하여 효율적인 고객 서비스 운영 가능하게 하여, 대량의 고객 요청을 동시에 처리할 수 있어 고객 응대 속도가 향상됨을 보여준다. 더불어 기업에서 가장 많이 활용되는 AI 기반의 데이터 분석 및 마케팅 활용으로 AI 챗봇은 고객과의 대화를 통해 소비자의 선호도, 관심 상품, 구매 패턴 등 데이터를 실시간으로 수집할 수 있고, 빅데이터와 AI 분석을 통해 맞춤형 프로모션 및 마케팅 전략을 수립하는 데 활용되며, 개인 맞춤형 제품 추천 및 할인 쿠폰 발송으로 구매 전환율(Conversion Rate)을 향상시킬 수 있어 큰 장점으로 작용한다.

그렇다면 AI 챗봇이 기업의 매출 증대에 기여하는 방식은 매출 증대 요소 설명을 통해 리드(Lead) 전환율 증가 AI 챗봇을 통해 실시간 상담을 제공하고, 즉각적인 구매 유도를 할 수 있다. 소비자의 장바구니 이탈률 감소 챗봇이 구매 직전 이탈하는 고객에게 할인 코드 제공 및 추가 정보 안내를 통해 구매를 유도한다. 교차판매(Cross-Selling) & 업셀링(Upselling) 챗봇이 고객의 관심 상품을 분석해 연관 제품을 추천하여 객단가(AOV, Average Order Value)를 증가시킨다. 그리고 고객 유지율 향상 챗봇을 통해 지속적인 고객 지원을 제공하여 재구매율과 고객 충성도를 높이며, 24시간 글로벌 시장 대응 시차에 관계없이 24시간 운영 가능하여 글로벌 고객을 효과적으로 유치할 수 있고, AI 챗봇을 활용하면 기업은 운영 효율성을 극대화하는 동시에 매출 증가와 고객 만족도 향상을 동시에 달성할 수 있다.

그러므로 AI 챗봇은 단순한 자동 응답 시스템이 아니라, 기업의 비즈니스 모델을 혁신하고 고객 경험을 극대화하는 핵심 요소로 자리 잡고 있다. 특히 데이터 기반 맞춤형 서비스 제공, 고객 응대 자동화, 마케팅 전략 강화, 매출 증대 등의 측면에서 AI 챗봇의 역할은 더욱 중요해지고 있다. 디지털 환경이 더욱 발전할수록 AI 챗봇의 활용 범위는 확장될 것이며, 기업들은 AI 챗봇을 도입하여 경쟁력을 강화하고 고객 만족도를 극대화해야 할 것이다.

◇ 국내 기업 사례

① 삼성 SDS

코로나19로 인해 오프라인 중심의 B2B 영업 방식에 한계를 느끼고, 디지털 전환을 통해 고객 관리의 효율성을 높이고자 했다. 세일즈포스의 솔루션을 활용하여 독자적인 고객 관리 시스템인 'mySales'를 구축하였다. 이를 통해 초기 리드 단계부터 사업 수주를 위한 협업이 가능해졌다. 이로 인해 수주 성공률 향상과 영업 자원의 효율적 활용을 달성하였다. 이는 디지털 전환 필요성 증대로 인해 글로벌 시장과 국내 경쟁 환경이 빠르게 변화하면서, 기존의 오프라인 중심 영업 방식과 분산된 고객 관리 체계는 한계에 이르렀다. 따라서, 고객 데이터를 체계적으로 관리하고, 신속하고 일관된 고객 소통을 구현하기 위한 디지털 전환의 필요성이 커졌다. 고객 경험 개선 및 효율성 강화 요구되면서 고객의 기대치가 높아지고, 개인화된 서비스에 대한 요구가 증대됨에 따라, 실시간 고객 응대와 맞춤형 상담을 제공할 수 있는 시스템 도입이 필수적이게 되었다. 특히, 코로나19 팬데믹과 같은 비대면 환경에서는 신속한 대응과 데이터 기반 의사결정이 더욱 중요해졌으며, 글로벌 경쟁력 확보를 위한 전략적 선택이었다. 정보통신기술(ICT) 발전과 함께 전 세계적으로 CRM 및 자동화 솔루션이 기업 경쟁력의 핵심 요소로 부상함에 따라, 삼성 SDS 역시 글로벌 시장에서의 입지를 강화하기 위해 최신 IT 기술을 적극적으로 도입할 필요성이 대두되었다. 운영 시스템의 운영 전략으로는 선진 CRM 솔루션 도입이었고, 세일즈포스(Salesforce)와 같은 세계적인 CRM 솔루션을 기반으로, 고객 데이터 통합 관리와 분석 시스템을 구축하였다. 이를 통해 초기 리드 생성부터 고객 상담, 판매 후 관리까지 전 과정을 디지털화하고, 고객 정보를 실시간으로 업데이트 및 분석할 수 있는 체계를 마련하였다. 이러한 자동화된 고객 소통 시스템 구축으로 전통적인 콜센터와 오프라인 고객 서비스의 한계를 극복하기 위해, AI 챗봇과 자동화된 고객 응대 시스템을 도입하였다. 이 시스템은 24시간 고객 문의에 즉각적으로 대응하고, 반복적인 업무를 자동화함으로써 고객 대기 시간을 단축하고 서비스 품질을 향상시키는 데 기여하였다. 이를 통해 데이터 기반 의사결정 프로세스 강화를 가져오면서, 통합된 고객 데이터베이스를 활용하여, 고객의 구매 이력, 상담 기록, 행동 패턴 등을 분석하고 이를 기반으로 맞춤형 마케팅 전략을 수립하였다. 또한, 실시간 모니터링과 피드백 루프를 통해 서비스 개선 및 영업 전략을 지속적으로 최적화하는 체계를 구축하였다. 더불어 옴니채널 고객 지원 체계 구축하여 웹, 모바일, 소셜 미디어 등 다양한 채널을 통합 관리하여, 고객이 어느 채널에서 접속하더라도 일관된 서비스를 제공할 수 있도록 하였으며, 고객 접점을 확장하고, 브랜드 경험을 통일성 있게 유지하였다.

　이러한 시스템의 구축으로 많은 성과를 가져왔다. 먼저 고객 만족도 및 충성도 향상으로 실시간 응대와 개인화된 상담 서비스 제공으로 고객 불만 및 대기 시간이 크게 줄어들었으며, 이는 고객 만족도 상승과 재구매율 증가로 이어졌다. 또한, 고객 데이터 분석을 통한 맞춤형 프로모션 제공이 긍정적인 고객 경험을 유도하여 브랜드 충성도를 높이는 데 기여하였다. 다음으로 영업 프로세스 효율화 및 비용 절감이며, 자동화 시스템 도입으로 반복적인 문의 응대를 줄이고, 상담사가 복잡한 문제에 집중할 수 있게 되어 전반적인 영업 프로세스의 효율성이 크게 개선되었고 이로 인해 인건비와 운영 비용이 절감되었으며, ROI(투자 대비 수익)가 향상되었다. 이러한 시스템 구축은 매출 증대 및 시장 경쟁력 강화되어 지면서, 고객 데이터를 기반으로 한 정밀 타깃팅 및 개인화 마케팅 전략은 신규 고객 유치와 기존 고객의 재구매를 촉진하여 매출 증대에 기여하였다. 또한, 디지털 전환을 통한 서비스 혁신이 삼성 SDS의 글로벌 경쟁력 강화를 견인하는 중요한 요소로 작용하였고, 데이터 기반 전략 수립 및 서비스 개선되면서 실시간 고객 상호작용 데이터의 축적과 분석을 통해, 마케팅, 영업, 고객 서비스 등 다양한 부문에서 빠른 의사결정과 전략적 대응이 가능해졌다. 이를 통해 기업은 지속적인 서비스 개선과 신제품 개발에 필요한 인사이트를 확보하였다.

삼성 SDS는 디지털 전환 시대에 고객 관리와 서비스 제공의 새로운 패러다임을 구축하기 위해, 선진 CRM 솔루션과 자동화된 고객 소통 시스템을 성공적으로 도입하였다. 이러한 전략은 고객 만족도 향상, 운영 효율성 증대, 비용 절감, 그리고 매출 증대를 동시에 실현하며, 삼성 SDS의 글로벌 경쟁력 강화에 결정적인 역할을 하고 있다. 결과적으로, 삼성 SDS의 사례는 최신 IT 기술을 활용한 고객 관리 혁신이 기업 성장과 지속 가능한 경쟁력 확보에 필수적임을 보여주는 모범적인 사례이다.

② 현대건설기계

　오프라인 채널에 집중된 고객 접점으로 인해 고객 니즈와 데이터를 효과적으로 파악하지 못하는 문제가 있었다. 이러한 문제점을 해결하기 위해 세일즈포스의 솔루션을 도입하여 VOC 수집 에코시스템을 구축하고, 체계적인 영업 파이프라인 관리망을 마련하였다. 고객 데이터 분석을 통한 타깃 마케팅 강화로 브랜드 아이덴티티를 강화하고, 고객 경험을 고도화하였다. 현대건설기계는 전통적으로 오프라인 중심의 고객 접점과 제한된 데이터 관리 체계로 인해 고객 요구 파악과 맞춤형 서비스 제공에 한계를 경험하였다. 이러한 문제를 극복하고 경쟁력을 강화하기 위해, 현대건설기계는 디지털 전환 전략의 일환으로 CRM 및 자동화된 고객 소통 시스템을 도입하였다. 고객 접점의 한계 인식하기 시작하면서 시스템의 도입을 하였다. 오랜 기간 전통적인 오프라인 채널을 통해 고객과 소통해 왔으나, 고객의 니즈와 불만을 체계적으로 수집하고 분석하는 데 어려움이 있었다. 특히, 건설기계와 관련된 서비스는 고객의 사용 환경과 피드백이 매우 다양하기 때문에, 이를 실시간으로 파악하지 못하면 고객 만족도가 저하되고, 경쟁력 확보에 어려움이 발생할 수밖에 없었다. 디지털 전환 및 데이터 활용의 필요성이 강조되면서, 글로벌 ICT 기술 발전과 디지털 전환의 가속화에 따라, 고객 데이터를 실시간으로 관리하고 분석할 수 있는 시스템의 도입이 기업 경쟁력의 핵심 요소로 대두되었다. 또한 이러한 시대적 요구에 부응하여, 고객 관리와 서비스 개선을 위한 디지털 솔루션의 도입을 결정하게 되었으며, 시장 경쟁이 치열해짐에 따라, 단순히 제품 판매에만 집중하는 것이 아니라, 고객 경험과 사후 관리를 통한 장기적인 관계 구축이 중요해졌다. 이에 따라, 고객의 불만(VOC, Voice of Customer)을 체계적으로 수집하고, 이를 기반으로 고객 맞춤형 서비스를 제공할 필요가 있었다. 통합 CRM 시스템 도입되면서, 세일즈포스와 같은 선진 CRM 솔루션을 도입하여, 고객의 모든 데이터를 한 곳에 통합 관리할 수 있는 시스템을 구축하였다. 이를 통해 고객의 구매 이력, 서비스 요청, 피드백 등 다양한 데이터를 실시간으로 업데이트하고, 체계적으로 분석할 수 있게 되었다. 이어 VOC 수집 에코시스템 구축되면서 고객의 불만과 요구사항을 정확히 파악하기 위해, 다양한 고객 접점(콜센터, 웹사이트, 모바일 앱 등)에서 VOC를 자동으로 수집하고 분류하는 에코시스템을 마련하였다. 이 시스템은 고객의 의견을 신속하게 처리하여, 개선 사항을 즉각적으로 반영할 수 있도록 지원하였다. 영업 파이프라인 관리 최적화의 필요성이 대두되면서, 통합 CRM 시스템과 연계하여, 초기 리드(잠재 고객)부터 실제 계약에 이르는 영업 과정을 체계적으로 관리하는 파이프라인을 구축하였고, 이를 통해, 고객과의 상호작용 기록을 기반으로 맞춤형 영업 전략을 수립하고, 고객 이탈을 최소화하는 동시에 영업 효율성을 크게 향상시켰다. 이를 옴니채널 고객 소통 체계 구축하여, 오프라인과 온라인, 모바일 등 다양한 채널을 통합 관리하여 고객이 어느 채널을 이용하더라도 일관된 서비스와 정보를 제공할 수 있도록 하였다. 이를 통해, 고객 접점에서의 경험을 통일성 있게 유지하고, 브랜드 이미지 강화에 기여하였다.

이러한 시스템의 구축으로 고객 만족도 및 충성도 향상을 가져왔으며, 통합된 고객 데이터 관리와 실시간 VOC 수집 시스템을 통해 고객의 불만을 신속하게 해결하고, 맞춤형 서비스를 제공함으로써 고객 만족도와 충성도가 크게 향상되었다. 이는 고객 피드백에 기반한 지속적인 개선은 재구매율 증가와 긍정적 입소문으로 이어졌다. 또한 영업 효율성 및 비용 절감을 가져왔고, 자동화된 고객 응대와 영업 파이프라인 관리 시스템은 반복적인 업무 부담을 줄이고, 상담사가 복잡한 문제에 집중할 수 있도록 지원하였다. 이로 인해, 인건비와 운영 비용이 절감되었으며, 전반적인 영업 효율성이 크게 향상되면서, 매출 증대 및 시장 경쟁력 강화인데, 체계적인 CRM 시스템과 데이터 기반 의사결정을 통해, 맞춤형 마케팅 및 고객 관리 전략이 효과적으로 실행되었으며, 이는 신규 고객 유치와 기존 고객의 재구매를 촉진하여 매출 증대에 기여하였다. 또한, 고객 경험 개선과 디지털 전환 전략은 현대건설기계의 시장 경쟁력을 강화하는 중요한 요인이 되었다. 그리하여 고객의 데이터 기반 의사결정 체계를 확립하였고, 실시간 고객 데이터 분석과 피드백 루프를 통해, 경영진은 빠르고 정확한 의사결정을 내릴 수 있게 되었으며, 이는 신제품 개발 및 서비스 개선에 필요한 전략적 인사이트로 활용되었다.

이는 기존의 오프라인 중심 고객 관리 체계의 한계를 극복하고, 디지털 전환을 통해 통합 CRM 시스템과 자동화된 고객 소통 에코시스템을 도입함으로써, 고객 만족도 및 충성도 향상, 영업 효율성 증대, 매출 증대와 같은 긍정적 성과를 달성하였다. 이러한 사례는 디지털 기술을 활용한 고객 관리 혁신이 기업 경쟁력 강화와 지속 가능한 성장에 필수적임을 보여주는 모범적인 사례이다.

③ A 증권사

임직원들이 사내에 분산된 문서와 매뉴얼에서 필요한 정보를 찾는 데 많은 시간을 소모하고 있었다. 스켈터랩스의 LLM 서비스인 BELLA를 도입하여 사내 정보 검색을 자동화하고, 효율적인 정보 접근을 가능하게 하였다. 디지털 전환 및 CRM 기반 고객 관리 혁신으로 업무 처리 속도 향상과 불필요한 반복 작업 감소로 업무 효율성을 높였다.

전통적인 금융 서비스 제공 방식에서 벗어나, 디지털 기술을 활용한 혁신적인 고객 관리 및 마케팅 전략을 도입하였다. 최근 금융 시장의 변화와 디지털 금융 서비스의 확산으로 인해 고객의 요구와 기대 수준이 높아지면서, A 증권사는 데이터 기반의 맞춤형 금융 서비스를 제공하기 위해 CRM(Customer Relationship Management) 시스템을 적극적으로 활용하였다.

CRM 시스템 도입 배경으로 먼저, 금융 시장 변화와 디지털 트렌드라고 볼 수 있다. 금융 산업은 디지털 트랜스포메이션이 필수적인 시대에 진입하였으며, 모바일 트레이딩 시스템(MTS)과 로보어드바이저 같은 기술이 핵심 경쟁력이 되었고, 전통적인 지점 방문 중심의 고객 응대 방식이 온라인 및 모바일 중심으로 이동하면서, 고객과의 접점을 효율적으로 관리할 수 있는 체계가 필요해졌다. 사회적 환경 변화로 인해 비대면 거래 증가로 인해 기존의 오프라인 영업 방식의 한계가 드러나면서, 맞춤형 고객 관리가 더욱 중요해졌고, 고객 데이터 활용 필요성 증가로 기존의 증권사는 고객별 투자 성향, 거래 이력, 관심 종목 등의 데이터를 수집하고 있었으나, 이를 체계적으로 분석하여 활용하는 수준이 낮았다. A 증권사는 고객 행동 데이터를 실시간으로 분석하여 맞춤형 금융 상품을 제안하고, 이를 통해 고객 만족도를 높이고자 하였고, 경쟁 심화와 차별화 전략 필요했으며 국내외 증권사들이 디지털 금융 플랫폼을 강화하는 가운데, A 증권사도 경쟁력을 유지하기 위해 AI 및 빅데이터를 활용한 고객 맞춤형 서비스를 제공할 필요가 있었다. 이런 데이터 제공으로 고객의 투자 성향을 분석하고, 개인 맞춤형 투자 전략을 제시함으로써 차별화된 경쟁력을 확보하고자 하였다.

운영 전략으로는 고객의 투자 패턴을 실시간으로 분석하는 AI 기반 CRM(Customer Relationship Management) 시스템을 도입하여, 개인 맞춤형 금융 상품 추천이 가능하도록 하였고, 머신러닝을 활용하여 고객의 투자 스타일을 분석하고, 이에 맞는 최적의 투자 포트폴리오를 제공하였다. 고객의 거래 이력, 관심 종목, 금융 자산 등을 분석하여 맞춤형 금융상품을 제안하는 퍼스널라이제이션(Personalization) 마케팅을 실시하였다. 특정 고객층(예: 고액 자산가, 젊은 투자자, 은퇴 준비 고객 등)에 맞춘 차별화된 마케팅 캠페인을 전략적으로 진행하였다. 고객이 모바일 앱, 웹사이트, 전화 상담, 챗봇 등을 통해 언제든지 상담을 받을 수 있도록 다양한 채널을 연계한 고객 지원 시스템을 구축하였다.

더불어 실시간 투자 정보 알림 서비스를 제공하여, 고객이 관심 있는 종목의 변동 사항을 즉각적으로 확인할 수 있도록 옴니채널 고객 소통 시스템 구축하였다. 그리고 AI 기반 로보어드바이저 서비스를 도입하여, 고객의 투자 성향을 분석한 후 최적의 투자 전략을 자동으로 제안하였고, 빅데이터를 활용하여 시장 변동성을 예측하고, 고객에게 최적의 매매 타이밍을 안내하는 시스템을 구축하였다. 또한 사용자의 편의성을 극대화하기 위해 모바일 앱과 웹사이트의 UI/UX를 지속적으로 개선하여, 투자 정보를 직관적으로 확인할 수 있도록 하였다. 이러한 AI 챗봇을 활용하여 초보 투자자들도 쉽게 금융 상품을 이해하고 투자할 수 있도록 지원하였다.

또한 주요성과로 맞춤형 금융 상품 추천 서비스 도입 이후, 고객의 만족도가 크게 증가하였으며, 신규 고객 유치와 기존 고객의 이탈률 감소 효과를 보였고, 고객의 투자 성향을 반영한 맞춤형 투자 포트폴리오 제공으로 인해, 고객 신뢰도가 상승하였다. AI 기반 고객 응대 시스템을 활용하여 상담원 업무 부담이 감소하였으며, 이에 따라 운영 비용 절감 효과가 나타났고, 로보어드바이저 도입을 통해 고객 맞춤형 투자 전략을 자동화함으로써, 영업 인력의 효율적인 활용이 가능해졌다. 개인화된 금융 서비스 제공으로 인해 고객의 투자 거래량이 증가하였으며, 이에 따라 수수료 수익과 금융상품 판매 매출이 상승하였으며, 타깃 마케팅을 통해 특정 고객층을 집중적으로 공략함으로써, 신규 고객 유입과 기존 고객의 거래 활성화를 유도하였다. 더불어 브랜드 신뢰도 및 시장 경쟁력 강화를 가져오는 AI 기반 맞춤형 금융 서비스 도입으로 고객들에게 혁신적인 금융 솔루션을 제공하였으며, 이를 통해 브랜드 이미지가 더욱 강화되었으며, 디지털 금융 시장에서 차별화된 경쟁력을 확보하여, 국내외 금융 시장에서의 입지를 공고히 하였다.

결과적으로 디지털 금융 환경에서 경쟁력을 확보하기 위해 CRM 시스템과 AI 기술을 적극적으로 활용하였으며, 이를 통해 고객 맞춤형 투자 서비스를 제공하고 매출 증대 및 고객 만족도 향상이라는 긍정적인 성과를 거두었다. 또한 디지털 트랜스포메이션을 통한 금융 서비스 혁신은 A 증권사뿐만 아니라 금융 업계 전반에서 필수적인 요소가 되었으며, 앞으로

도 AI 기반의 투자 컨설팅, 빅데이터 분석, 고객 맞춤형 서비스가 지속적으로 발전할 것으로 예상된다.

④ B 금융기관

고객 문의에 대한 신속한 대응과 24/7 서비스 제공의 필요성이 대두되었으며, 스켈터랩스의 AICC 서비스인 AIQ⁺를 활용하여 AI 기반 고객 응대 시스템을 구축하였다. 그리하여 고객 만족도 향상과 상담 업무의 효율성을 증대시켰다. 전통적인 금융 서비스에서 벗어나 AI, 빅데이터, 클라우드 기술을 기반으로 한 디지털 금융 혁신을 추진하고 있다. 특히, 고객 데이터 분석을 활용한 맞춤형 금융 서비스와 고객 경험 최적화를 목표로 하며, 이를 통해 시장 내 경쟁력을 강화하고자 하였다.

비대면 금융 서비스의 급속한 확산으로 인해 디지털 플랫폼을 통한 고객 유치가 필수적인 요소가 되었다. 모바일 금융 서비스(MTS, 인터넷 뱅킹)의 발전으로 고객들이 지점을 방문하지 않고도 금융 업무를 처리할 수 있게 되었으며, 이에 따른 고객 경험 최적화가 필요해졌다. AI 및 빅데이터 분석 기술을 활용하여 고객의 금융 패턴을 이해하고, 맞춤형 서비스를 제공하는 것이 경쟁력 강화의 핵심 요인이 되었다.

기존의 일률적인 금융상품 제공 방식에서 벗어나, 개인별 맞춤형 금융 서비스 제공이 중요한 트렌드로 자리 잡았고, 소비자들은 자신의 금융 활동과 투자 성향에 최적화된 맞춤형 상품 추천을 기대하며, 이를 충족하지 못하는 금융기관은 도태될 가능성이 높아졌다. 글로벌 및 국내 금융기관들은 AI, 클라우드, 로보어드바이저 등 혁신 기술을 활용한 고객 중심의 금융 서비스를 도입하며 경쟁력을 높이고 있어, 금융 시장이 점점 더 개방됨에 따라, 디지털 혁신이 뒤처지는 금융사는 경쟁에서 도태될 위험이 커지고 있다.

이 시스템의 운영 전략으로 AI 기반 고객 맞춤형 금융 서비스, 빅데이터를 활용한 개인화 마케팅, 로보어드바이저를 활용한 투자 컨설팅, 클라우드 기반 디지털 금융 인프라 구축, 블록체인 기술을 활용한 금융 보안 강화, 옴니채널 고객 경험 개선으로 볼 수 있다.

고객의 금융 데이터(소비 패턴, 투자 성향, 신용 정보 등)를 분석하여 맞춤형 금융 상품을 자동 추천하는 AI 시스템을 도입하였고, AI 기반 상담 챗봇을 활용하여 고객의 금융 문의를 24시간 실시간으로 응대하고, 개별 맞춤형 솔루션을 제공하였다. 둘째로 고객의 금융 거래 기록을 기반으로 선호하는 금융상품과 관심 분야를 분석하고, 이를 바탕으로 맞춤형 마케팅 전략을 운영하였으며, 타깃 고객층을 세분화하여, 연령별·소득별·소비 유형별 차별화된 금융상품을 제공하였다. 셋째, AI 기반 로보어드바이저를 도입하여, 고객의 투자 성향을 분석한 후 최적의 투자 포트폴리오를 추천하였고, 실시간으로 시장 변동성을 분석하여, 고객들에게 적절한 투자 시점 및 매매 전략을 제공하였다. 넷째, 클라우드 기반 금융 데이터 저장 및 분석 시스템을 구축하여, 대량의 금융 데이터를 빠르게 처리하고 활용할 수 있도록 하였으며, 이를 통해 고객이 금융 서비스를 더욱 안전하고 편리하게 이용할 수 있도록 보안성과 접근성을 동시에 강화하였다. 다섯째, 블록체인 기술을 활용하여 금융 거래의 보안성을 높이고, 신용 데이터의 위·변조를 방지하였고, 금융 서비스 내 스마트 계약 기능을 도입하여, 보다 신뢰할 수 있는 계약 체결과 금융 거래를 지원하였다. 여섯째, 고객이 모바일 앱, 인터넷 뱅킹, AI 챗봇, 전화 상담 등을 통해 언제 어디서나 금융 업무를 원활하게 처리할 수 있도록 통합 금융 서비스를 운영하였다. 사용자 중심의 UX/UI 개선을 통해 금융 플랫폼의 접근성을 높이고, 고객의 편의성을 극대화하였다.

　이러한 전략으로 인해 맞춤형 금융 서비스 도입으로 고객의 금융 거래 경험이 향상되었으며, 고객 만족도가 크게 증가하였고, AI 기반 챗봇 및 로보어드바이저를 활용한 금융 상담 서비스 제공으로 고객의 금융 정보 접근성이 높아졌으며, AI 챗봇 및 자동화된 금융 상담 시스템 도입을 통해 고객 응대 업무 부담이 감소하고, 운영 비용 절감 효과가 나타났다. 또한 디지털 금융 플랫폼 운영을 통해 전통적인 지점 운영 비용을 절감하고, 비대면 금융 서비스의 활성화로 맞춤형 금융상품 추천을 통해 고객의 금융 거래량 증가와 함께 금융상품 판매 매출이 상승하면서, 빅데이터 기반 마케팅 전략을 통해 신규 고객 유입이 증가하고, 기존 고객의 재방문율이 높아졌다. 더불어 AI 및 빅데이터를 활용한 금융 서비스 혁신으로 경쟁력을 확보하고, 브랜드 신뢰도가 상승되면서, 금융 보안 강화를 통해 고객 데이터 보호 신뢰도를 높이고, 장기적인 고객 충성도를 확보하였다.

　B 금융기관은 AI, 빅데이터, 클라우드 기술을 기반으로 디지털 금융 혁신을 추진하고 있으며, 이를 통해 맞춤형 금융 서비스 제공과 고객 경험 향

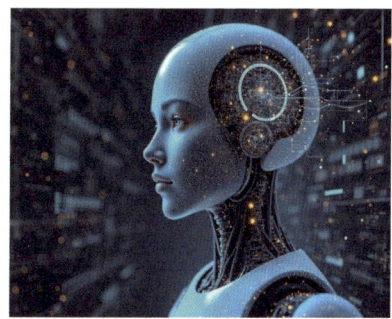

상을 이루어냈다. 디지털 금융 트랜스포메이션을 통해 금융업계의 변화에 적극적으로 대응하고 있으며, 앞으로도 AI 기반 투자 컨설팅, 빅데이터 분석, 고객 맞춤형 금융 서비스가 지속적으로 발전할 것으로 예상된다.

⑤ C 전자회사

다양한 국가의 고객들에게 일관된 서비스를 제공하기 위해 다국어 지원의 필요가 대두되었고, AI 기반 자동 번역 및 다국어 지원 시스템을 도입하여 글로벌 고객 지원을 강화하였다. 이로 인해 해외 시장에서의 고객 만족도 향상과 서비스 일관성 확보를 달성하였다. C 전자회사는 글로벌 전자기기 시장에서 선도적인 입지를 차지하고 있으며, AI, IoT, 5G, 클라우드 컴퓨팅 등의 첨단 기술을 도입하여 디지털 혁신을 가속화하고 있다. 특히, 스마트 가전, 반도체, 모바일 기기, B2B 솔루션 분야에서 강력한 경쟁력을 유지하며 글로벌 시장에서 지속적인 성장을 이루고 있다.

C 전자회사는 스마트폰, TV, 가전제품 시장의 성숙화로 인해 차별화된 혁신 기술의 도입이 필수적이고, AI, IoT(사물인터넷), 5G, 클라우드 컴퓨팅, 로봇 기술 등의 발전이 기존 제품의 경쟁력을 결정하는 핵심 요소로 자리 잡았다. 글로벌 반도체 및 전자부품 공급망이 불안정해지면서 생산 효율성과 공급망 최적화가 중요한 전략적 과제가 되었다. 소비자들은 단순한 기능 제공을 넘어 개인화된 서비스, 스마트홈 연동 기능, 지속 가능한 친환경 제품을 요구되면서, B2B 시장에서도 산업용 IoT 솔루션, 클라우드 기반 관리 시스템, AI 데이터 분석을 통한 최적화 솔루션의 수요가 증가하고 있다. 이러한 고성능 반도체 및 차세대 디스플레이 기술을 통한 차별화된 사용자 경험 제공이 필수적이다. 그리하여 글로벌 IT 기업과의

경쟁이 심화되면서 연구개발(R&D) 투자와 차별화된 혁신이 기업 생존의 필수 요소가 되었고, ESG(Environmental, Social, Governance) 경영 기조에 따라 친환경 제품 개발, 지속 가능한 제조 공정, 탄소 배출 절감 전략이 기업 운영의 핵심 요소가 되었다.

이러한 AI 기반 음성 인식 기능을 탑재한 스마트 가전(냉장고, 세탁기, 에어컨 등)을 출시하여 사용자 편의성을 극대화하였고, IoT를 활용한 가전제품 간의 연동을 통해 스마트홈 시스템을 구축하고, 에너지 효율성을 높였다. 클라우드 기반 가전제품 모니터링 및 유지보수 시스템을 도입하여 사전 예방 정비(Predictive Maintenance) 서비스를 제공하였다. 고성능, 저전력 반도체 개발을 통해 모바일 기기 및 AI 연산 처리 성능의 강화로, OLED 및 Micro-LED 디스플레이 기술을 발전시켜, 차세대 스마트폰, TV, 웨어러블 기기의 경쟁력을 강화하였다. AI 및 머신러닝을 활용한 반도체 설계 최적화를 통해 제품 성능을 향상하고, 원가 절감을 실현하였다. B2B 솔루션 및 클라우드 사업 확대로 AI 및 빅데이터 분석을 활용한 스마트 팩토리 솔루션을 제공하여 제조업체의 생산 효율성을 극대화하였고, 클라우드 기반의 엔터프라이즈 IT 솔루션을 개발하여 기업 고객의 데이터 관리 및 보안성을 강화하였다. 이런 스마트 빌딩 및 스마트 시티 사업에 진출하여, IoT 및 AI 기반의 에너지 절감 솔루션을 제공하였다. 또한 탄소 중립 목표를 설정하고, 친환경 소재를 활용한 제품 개발을 확대하였고, 전력 효율성이 높은 가전제품 및 전자기기를 개발하여 에너지 절약 효과를 극대화하였으며, 순환 경제(Circular Economy)를 기반으로 전자제품 재활용 프로그램을 운영하고, 제품 수명 주기 관리 시스템을 구축하였다. AI 및 데이터 분석을 활용한 공급망 관리(SCM) 시스템을 도입하여 원자재 수급 안정성을 확보하였으며, 스마트 팩토리 기술을 적용하여 자동화된 생산 공정을 운영하고, 생산 효율성과 품질 관리를 강화를 가져왔다. 그 결과, 국제 무역 및 지역별 소비자 수요 변화를 분석하여 글로벌 시장 맞춤형 생산 전략을 수립하였다.

시스템 도입의 주요 성과로, 스마트 가전, 반도체, 디스플레이 분야에서 글로벌 시장 점유율 1위를 유지하며, 경쟁력을 강화하였고, AI 및 IoT 기술을 접목한 스마트홈 솔루션을 통해 글로벌 소비자들의 높은 만족도를 이끌어 냈다. AI 기반 맞춤형 사용자 경험 제공으로 고객 충성도가 증가하고, 프리미엄 제품 시장에서 강력한 경쟁력을 확보하여, 클라우드 기반 IT 서비스 및 B2B 솔루션 사업이 성장하면서 새로운 매출원이 창출되었다. 탄소 배출량 감소, 재생 에너지 사용 확대 등의 친환경 경영 전략을 통해 글로벌 ESG 평가에서 높은 평가를 통해, 친환경 소재 적용 제품 출시와 전자 폐기물 관리 시스템 구축으로 지속 가능한 경영 체계를 구축하였다. R&D 투자 확대 및 차별화된 기술 도입으로 제품 경쟁력을 높이고, 연간 매출 성장을 지속적으로 유지하는 가운데, 글로벌 브랜드 가치 평가에서 꾸준히 상위권을 유지하며, 소비자 신뢰도를 더욱 강화하였다.

C 전자회사는 AI, IoT, 클라우드, 반도체, 친환경 기술을 기반으로 디지털 혁신을 지속하며 글로벌 시장에서 강력한 경쟁력을 유지하고 있다. 추후에는 스마트 가전 및 스마트홈 기술의 고도화, 차세대 반도체 및 디스플레이 혁신, 친환경 제품 개발, B2B 솔루션 및 클라우드 사업 확대를 통해 지속 가능한 성장과 시장 지배력을 더욱 강화할 것으로 예상된다.

〈표-20〉 AI 활용 국내 성공 사례

기업명	도입 배경	운영 전략	주요 성과
삼성 SDS	B2B 영업 방식의 디지털 전환 필요	세일즈포스 기반의 고객관리 시스템 'mySales' 구축	수주 성공률 향상, 영업 효율 증대
현대건설기계	VOC(Voice of Customer) 수집 및 영업 파이프라인 관리 필요	AI 기반 고객 응대 및 마케팅 자동화	타깃 마케팅 강화, 고객 경험 고도화
A 증권사	사내 정보 검색 자동화 필요	LLM 서비스 'BELLA' 도입	업무 처리 속도 향상, 불필요한 반복 작업 감소
B 금융기관	24/7 고객 응대 및 신속한 답변 제공 필요	AI 기반 고객 응대 솔루션(AICC) 도입	고객 만족도 향상, 상담 업무 효율 증가
C 전자회사	글로벌 고객 대응 및 다국어 지원 필요	AI 번역 및 다국어 고객 지원 시스템 도입	해외 고객 서비스 일관성 확보, 글로벌 시장 확장

◇ 국외 기업 사례

① 아마존(Amazon)

방대한 제품군과 고객 기반을 효과적으로 관리하고, 개인화된 고객 경험을 제공하기 위해 AI 기술의 도입이 필요하였으며, 아마존은 수백만 개의 제품과 전 세계의 방대한 고객 데이터를 보유하고 있으므로, 이를 효과적으로 관리하고 고객에게 맞춤형 쇼핑 경험을 제공할 필요가 있었다. 이에 개인화 및 신속한 고객 응대의 요구가 증가하게 되고, 고객들은 보다 개인화된 추천과 신속한 문제 해결을 요구하게 되었으며, 전통적인 고객 서비스 방식으로는 이를 만족시키기 어려워졌다. 그리하여 디지털 전환 및 기술 발전의 기회이다. 빅데이터, 머신러닝, 자연어 처리 등의 기술 발전은 고객 데이터를 분석하고 자동화된 서비스를 제공할 수 있는 기반을 마련하였으며, 아마존은 이를 통해 경쟁 우위를 확보하고자 하였다.

이와 함께 마케팅 전략으로 AI 기반 추천 시스템 도입되었다. 고객의 구매 이력, 검색 패턴, 평점 등의 데이터를 분석하여 개인 맞춤형 상품을 추천하는 알고리즘(예: 아이템 기반 협업 필터링)을 도입하였다. 이를 통해 고객이 관심 있는 상품을 쉽게 발견하고, 구매 전환율을 높이는 효과를 거두었다. 더불어 자동화된 고객 서비스 및 챗봇 구현으로 24시간 실시간 응대가 가능한 AI 챗봇과 고객 지원 시스템을 도입하여, 고객 문의 처리와 문제 해결 시간을 대폭 단축하였다. 이러한 시스템은 반복적이고 단순한 문의를 자동화함으로써, 운영 비용을 절감하고 서비스 품질을 향상시켰다. 이를 기반으로 데이터 기반 의사결정 체계 구축하였다. 아마존은 고객 상호작용 데이터를 실시간으로 수집 및 분석하여, 마케팅 전략과 재고 관리, 물류 최적화 등 다양한 운영 분야에서 데이터 기반의 의사결정을 내리도록 하였다.

 이러한 시스템 구축으로 인해 기업의 마케팅의 성공 사례를 가져와 엄청난 성과를 보이면서 고객 만족도 및 충성도 향상되었다. 개인 맞춤형 상품 추천과 신속한 고객 서비스 제공으로 고객 경험이 크게 개선되었으며, 이는 고객 충성도 및 재구매율 증대로 이어졌다. 기업에 대한 시스템 구축은 소비자의 매출 증대 효과를 보였다. 더불어 고객의 추천 시스템이 전체 매출의 상당 부분(일부 분석에 따르면 35% 이상)을 차지하며, 고객이 관심 상품을 손쉽게 찾고 구매하게 만드는 주요 요인으로 작용하였다. 운영 효율성 및 비용 절감이다. 자동화된 고객 서비스는 인건비와 운영 비용을 크게 절감하였으며, 동시에 대량의 고객 문의를 효과적으로 처리할 수 있게 되어 전체 서비스 운영의 효율성을 높였고, AI 및 자동화 기술을 통한 지속적인 혁신은 아마존이 전 세계 온라인 쇼핑 시장에서 선도적인 위치를 유지하는 데 크게 기여하였으며, 글로벌 경쟁력이 강화되었다. 이로 인해 아마존의 AI 도입 전략은 거대한 고객 데이터와 제품군을 효과적으로 관리하고, 고객 맞춤형 서비스를 제공함으로써 매출 증대와 운영 효율성 향상, 그리고 글로벌 경쟁력 강화를 실현한 모범적인 사례이다.

② 넷플릭스(Netflix)

디지털 스트리밍 시장의 선두주자로 자리매김하기 위해 AI 및 빅데이터 기술을 적극 도입하여 개인화된 콘텐츠 추천과 사용자 경험 최적화에 주력한 기업이다. 사용자들에게 개인화된 콘텐츠 추천을 제공하여 시청 시간을 늘리고, 구독자 유지율을 높이기 위해 AI 기술을 도입하였다. 기술 도입 배경으로는 변화하는 미디어 소비 패턴이며, 기존 케이블 TV 및 전통 미디어의 한계를 극복하고, 소비자가 원하는 시간에 원하는 콘텐츠를 시청하고자 하는 수요가 증가함에 따라, 스트리밍 서비스의 필요성이 부각 되었다. 또한 글로벌 인터넷 보급과 기술 발전으로, 고속 인터넷과 모바일 기기의 보급으로 디지털 콘텐츠 소비가 급증하였으며, 대규모 데이터를 실시간으로 분석할 수 있는 기술 발전이 넷플릭스의 AI 기반 서비스 도입에 결정적인 역할을 하였다. 실소비자 소비 패턴의 변화 맞춘 개인화된 경험 제공의 필요성이었으며, 소비자들이 각자의 취향에 맞는 콘텐츠를 선호함에 따라, 개인화된 추천 시스템이 경쟁력의 핵심 요소로 부상하였으며, 이를 위해 AI와 빅데이터 기술 도입이 필수가 되었다.

그리하여 AI 기반 개인화 추천 시스템 구축의 전략이 필요하였다. 시청자의 과거 시청 기록, 평가, 검색 데이터를 분석하여 각 사용자에게 맞춤형 콘텐츠를 추천하는 알고리즘을 도입하였다. 이를 통해 사용자는 자신이 선호하는 장르와 스타일의 콘텐츠를 쉽게 발견할 수 있으며, 시청 경험이 대폭 향상되었으며, 데이터 기반 콘텐츠 제작 및 구매가 이루어졌다. 방대한 시청 데이터를 활용하여 어떤 콘텐츠가 인기를 끌지 예측하고, 그에 따라 자체 제작 콘텐츠 투자 및 외부 콘텐츠 구매 결정을 내리게 되고, 이 데이터 기반 의사결정은 콘텐츠 성공률을 높이고, 구독자 유입에 긍정적인 영향을 미치고 있다. 이와 함께 국내 시장에서 머물던 시스템이 세계화되면서 글로벌 시장에 대한 대응 전략이 되었다. 각 지역의 문화적 특성과 시청 패턴을 분석하여, 현지화된 콘텐츠 추천 및 사용자 인터페이스를 제공함으로써 전 세계 고객들의 만족도를 극대화하고 있다.

실시간으로 세계의 시민들과 최적의 스트리밍 경험 제공은. AI를 활용하여 네트워크 트래픽과 사용자 기기 성능을 분석, 콘텐츠 전송 속도와 화질을 최적화함으로써 끊김 없는 스트리밍 서비스를 제공하고 있다.

이러한 실시간 AI 시스템의 성과로는 구독자 증가 및 고객 유지 효과이다. 개인화 추천 시스템 덕분에 사용자는 보다 만족스러운 시청 경험을 얻고 있으며, 이는 높은 고객 충성도와 낮은 이탈률로 이어져 전 세계 구독자 수가 꾸준히 증가하고 있다. 다음으로 매출 증대 효과로 구독 기반 수익 모델과 함께, 개인화된 추천으로 인해 고객이 더 많은 콘텐츠를 소비하게 되어 서비스 이용률이 높아지고, 이는 결과적으로 매출 증대에 기여하고 있다. 이러한 발전을 거듭하면서 세계적인 아티스트와의 협업을 통해 콘텐츠 성공률 및 경쟁력 강화로 이어지면서 데이터 기반 콘텐츠 제작 전략을 통해 넷플릭스는 자사 오리지널 콘텐츠의 성공 확률을 높였으며, 이는 글로벌 엔터테인먼트 시장에서의 선도적 위치를 확보하는 데 결정적인 역할을 하였다. 안방 시장의 점령은 한국에서 보던 드라마나 영화를 미국에서도 동시에 보는 글로벌 시장에서의 브랜드 이미지 향상되었다는 점이다. 최적화된 사용자 경험과 지속적인 기술 혁신을 통해 넷플릭스는 전 세계 소비자들에게 높은 브랜드 신뢰도를 구축하였으며, 이는 글로벌 미디어 산업 전반에 긍정적인 영향을 미치고 있다. 글로벌화된 콘텐츠 사용료는 황금 오리알을 낳게 되었다. 결국에는 넷플릭스는 AI와 빅데이터를 기반으로 한 개인화 추천 시스템과 데이터 중심의 콘텐츠 제작 전략을 통해 변화하는 미디어 소비 환경에 성공적으로 대응하였으며, 이를 통해 전 세계적으로 구독자 증대, 매출 향상, 그리고 브랜드 경쟁력 강화를 실현한 모범적인 사례이다.

③ 스포티파이(Spotify)

스포티파이(Spotify)는 전 세계적으로 인기 있는 음악 스트리밍 서비스로, 사용자들에게 개인화된 음악 추천을 제공하여 사용자 만족도를 높이기 위해 AI 기술을 도입하였다. 이는 AI와 빅데이터를 활용하여 사용자 맞춤형 음악 추천 및 개인화된 청취 경험을 제공하는 데 중점을 두고 있다. 도입 배경으로 미디어의 혁신적인 발달과 함께 현재 MZ세대의 디지털 음악 소비의 급증으로 기존의 음악을 즐기는 경로의 변화를 가져왔다. 인터넷과 모바일 기술의 발전으로 음악 소비 방식이 CD나 다운로드에서 스트리밍으로 전환되면서, 방대한 양의 음악 데이터를 효과적으로 관리하고 사용자에게 개인화된 경험을 제공할 필요성이 대두되었다. 그러한 가운데 개인화된 경험에 대한 소비자 요구 증가하였다. 사용자는 자신의 취향에 맞는 음악을 쉽게 발견하고, 다양한 플레이리스트를 통해 새로운 음악을 체험하고자 하며, 이에 따라 맞춤형 추천 시스템의 도입이 필수가 되었다. 더불어 데이터와 AI 기술의 발전, 즉 머신러닝 및 딥러닝 기술이 발전함에 따라, 대량의 청취 데이터를 분석하고 개별 사용자의 음악 선호도를 파악할 수 있는 기술적 기반이 마련되었으며, 이를 통해 고도화된 추천 시스템을 구축할 수 있게 되었다. AI를 활용하여 사용자의 청취 이력과 선호도를 분석하고, 맞춤형 플레이리스트와 음악 추천 기능은 AI 기반 개인화 추천 알고리즘 도입을 가져왔다. 스포티파이는 사용자의 청취 이력, 선호 장르, 플레이리스트, 평가 등 다양한 데이터를 분석하여 개인 맞춤형 음악 추천을 제공하는 알고리즘을 도입하였다. 대표적으로 'Discover Weekly'와 'Daily Mix'와 같은 맞춤형 플레이리스트는 사용자 경험을 크게 향상시켰다.

그리하여 실시간 데이터 분석과 피드백 시스템이 이루어지면서 소비자 행동 데이터를 실시간으로 수집·분석하여 추천 알고리즘을 지속적으로 개선하고, 사용자 취향의 변화에 빠르게 대응할 수 있도록 하였다. 더불어 소셜 기능 및 커뮤니티 연계 강화하여 소비자가 서로 음악을 공유하고 추천할 수 있는 소셜 기능을 도입하여, 네트워크 효과를 극대화하고 사용자 참여를 유도하였다. 이는 콘텐츠 큐레이션 및 다각화를 가져왔으며, AI를 통해 다양한 음악 장르와 아티스트를 큐레이션하며, 사용자가 새로운 음악을 발견할 수 있도록 지원하고, 이를 통해 고객 만족도와 서비스 지속성을 높였다. 사용자 만족도와 서비스 이용 시간을 증가시켜 시장 점유율을 높였고, 사용자 만족도 및 충성도 향상을 가져왔다. 개인화된 추천 시스템 덕분에 사용자는 자신에게 맞는 음악을 손쉽게 발견할 수 있어 만족도가 크게 향상되었으며, 이는 높은 사용자 충성도로 이어지면서, 구독자 증가 및 시장 점유율 확대를 가져왔다. 개인 맞춤형 추천과 지속적인 서비스 개선을 통해 전 세계 구독자 수가 크게 증가하였으며, 이는 스포티파이가 글로벌 음악 스트리밍 시장에서 선도적 위치를 확고히 하는 데 기여하였고, 광고 수익 및 구독료 기반의 매출이 꾸준히 증가를 가져왔고, 데이터 기반 혁신 모델 구축으로 AI와 빅데이터를 활용한 개인화 서비스가 얼마나 효과적으로 운영될 수 있는지를 보여주며, 이는 다른 산업 분야에도 긍정적인 파급 효과를 미치고 있다. 그리하여 스포티파이는 AI 기반의 개인화 추천 시스템과 실시간 데이터 분석을 통해 사용자 맞춤형 청취 경험을 제공함으로써, 고객 만족도와 충성도를 극대화하고, 구독자 증가 및 매출 증대로 이어진 모범적인 사례이다.

④ 에어비앤비(Airbnb)

전통 숙박업계의 한계를 인식하여 전 세계 다양한 숙소와 사용자들을 효과적으로 매칭하고, 개인화된 검색 결과를 제공하기 위해 AI 기술을 도입하였다. 기존 호텔 및 숙박업체들이 고정된 가격과 한정된 서비스 제공으로 인해 다양한 소비자 요구를 충족시키기 어려워진 상황에서, 개인의 여가 및 여행 경험에 대한 새로운 수요가 증가하였다. 이에 디지털 기술 및 인터넷 보급 확대하여 고속 인터넷, 모바일 기기의 보급, 그리고 빅데이터와 AI 기술의 발전은 소비자가 전 세계 어디서나 손쉽게 숙박 정보를 찾고, 예약할 수 있는 환경을 조성하였다. 사람들 사이에 공유 경제 모델의 등장하면서, 소유보다는 공유를 중시하는 가치관이 확산되면서, 개인이 소유한 여분의 공간을 활용하여 수익을 창출할 수 있는 플랫폼에 대한 수요가 증가하였다. 이러한 인식의 변화로 인해 숙박업의 인식이나 활용에 대해 프리한 형태를 이루면서 많은 사람들이 경제적인 활용을 할 수 있도록 플랫폼 기반 커뮤니티 구축하였다.

에어비앤비는 호스트와 게스트 간의 신뢰 형성을 위해 리뷰 시스템, 사용자 인증, 커뮤니티 가이드라인 등을 도입하여, 사용자들이 안전하고 신뢰할 수 있는 거래를 할 수 있도록 지원하였다. AI 및 데이터 분석을 통한 맞춤형 추천이 장점으로 부각되면서, 사용자들의 검색 이력, 예약 패턴, 선호 지역 등의 데이터를 분석하여 개인 맞춤형 숙소 추천과 지역 기반의 현지 체험 활동을 제안하는 알고리즘을 운영하였다. 1일 권으로 세계가 변화되면서 해외 여행이 급속도로 확장되었으며 여행이 생활화되어 글로벌 현지화 전략은 매우 많은 사람들에게 환영받기 시작하였다. 각 지역의 문화와 특성을 반영한 현지화된 서비스와 다국어 지원, 지역별 맞춤 콘텐츠 제공을 통해 전 세계 다양한 고객층의 니즈를 충족시켰다. 모바일 앱 및 사용자 인터페이스(UI) 혁신으로 사용하기 쉬운 모바일 앱과 직관적인 UI를 통해 예약 과정을 간소화하고, 사용자 경험을 극대화하는 데 주력하였다.

숙박업에서 글로벌 시장 점유율 확대는 전 세계 220개 이상의 국가와 지역에서 서비스를 제공하며, 기존 숙박업체와 차별화된 모델로 큰 성공을 거두었다. 맞춤형 추천과 현지 체험, 커뮤니티 기반 신뢰 시스템을 통해 게스트와 호스트 모두의 만족도를 높였으며, 이는 높은 재예약률과 긍정적인 입소문으로 이어졌다. 이런 매출 증대 및 성장률의 향상은 디지털 플랫폼을 통한 비용 효율적인 운영과 글로벌 확장 전략으로 빠른 매출 성장을 이루었으며, 에어비앤비의 가치 평가가 급상승하는 등 재무적 성과도 크게 개선되었다. 더불어 산업 혁신 및 공유 경제 모델 확산으로 전통 숙박업계에 큰 변화를 촉발하였으며, 전 세계적으로 공유 경제 모델의 확산과 다양한 분야의 디지털 전환에 기여하였다. 이는 디지털 기술과 공유 경제 모델을 효과적으로 결합하여 전통적인 숙박업의 한계를 극복하고, 고객에게 혁신적인 경험을 제공함으로써 글로벌 시장에서 성공을 거둔 모범적인 사례이다.

⑤ 우버(Uber)

　고객의 호출 요청에 대해 신속하게 대응하여, 승객과 운전자의 매칭 시간을 최소화할 필요성이 있었다. 실시간으로 운행 데이터를 분석하여 최적의 매칭을 제공하는 것이 핵심 과제로 대두되었다. 수요와 공급을 효과적으로 관리하기 위해 AI 기술을 도입하였다. 운영 비용 및 인적 자원 최적화하기 위해, 반복적인 문의와 예약 관리, 경로 최적화 등의 업무를 자동화함으로써, 인건비와 운영 비용을 절감하고, 고객 지원 효율성을 높일 필요가 있었다. 이런 것들을 방지하기 위해 AI를 활용하여 실시간 수요 예측, 경로 최적화, 요금 설정 등을 자동화하였다. 방대한 운행 및 고객 데이터를 실시간으로 분석하여, 수요 예측, 동적 요금 책정, 경로 최적화 등에 데이터 기반 의사결정 활용할 수 있는 기술적 기반이 마련되었다. 이런 운영의 효율화는 AI 기반 실시간 매칭 및 경로 최적화를 가져왔다. AI 알고리즘을 활용하여 승객의 호출 위치와 운전자의 위치, 도로 상황, 교통 흐름 등을 종합적으로 분석하고, 최적의 매칭과 경로를 실시간으로 제공하여, 고객의 대기 시간을 줄이고, 운행 효율성을 극대화하였다. 또한 AI 챗봇과 자동화된 고객 서비스 시스템을 통해, 고객의 문의와 문제를 24시간 신속하게 처리한다. 기본적인 질문이나 예약 변경, 요금 문의 등 반복적인 업무를 자동화하여 고객 만족도를 높였다. 주행거리에 입각한 실시간 데이터 분석을 통해 수요와 공급의 변동을 파악하고, 이를 기반으로 요금을 동적으로 조정함으로써, 효율적인 자원 배분과 매출 증대를 도모하였다. 이런 전반적인 요인을 통해 피드백 루프를 통한 서비스 개선으로 이어지면서 고객과 운전자 모두의 피드백 데이터를 지속적으로 수집·분석하여, AI 모델을 업데이트하고, 서비스 품질을 지속적으로 향상시키는 체계를 구축하였다.

이러한 전략 구축을 통해 고객 만족도 향상을 가져왔으며, 실시간 응대와 신속한 매칭을 통해 승객의 대기 시간을 크게 단축시켰으며, 이는 전반적인 고객 만족도로 이어졌다. 다단계의 지출을 줄여서 운영 비용 절감 즉, 자동화된 고객 응대 및 매칭 시스템 도입으로, 인건비 및 운영 비용을 절감하고, 보다 효율적인 서비스 운영이 가능해졌다. 그리고 기업에서 가장 많은 부분을 차지하는 매출 증대 및 시장 경쟁력 강화를 가져왔고, 데이터 기반 동적 요금 책정과 효율적인 매칭 시스템은 우버의 매출 증대와 시장 점유율 확대에 기여하였으며, 글로벌 차량 공유 시장에서 우버의 선도적 위치를 공고히 하는 데 중요한 역할을 하였다. 더불어 서비스 혁신 및 확장성 확보하면서, AI와 자동화 기술을 통해 우버는 지속적인 서비스 개선과 새로운 기능 도입이 가능해졌으며, 이는 플랫폼의 확장성과 글로벌 경쟁력 강화로 이어졌다. 그러나 한국 시장에서 우버는 택시업에 관한 엄격한 법규와 규제가 존재하며, 우버의 라이드 헤일링 서비스가 기존 택시 산업과 충돌하는 부분이 많다. 정부와 지자체의 규제 강화와 함께, 우버는 합법적 운영을 위한 법적, 제도적 장벽을 극복하는 데 어려움을 겪고 있다. 그리고 기존 택시업계와의 마찰로 인해 우버의 진출은 전통 택시 기사들과 업계의 강한 반발을 불러일으켰으며, 이는 노동조합 및 택시협회와의 갈등으로 이어졌다. 이러한 갈등은 사회적 논란과 함께, 우버 서비스의 안정적인 운영에 부정적인 영향을 미치고 있다. 시장 환경 및 소비자 신뢰도의 문제이다. 한국 소비자들은 기존의 택시 및 대중교통 시스템에 익숙하며, 우버와 같은 새로운 서비스에 대한 신뢰도 구축이 상대적으로 어려운 편이다. 또한, 안전성과 보안에 관한 우려가 지속적으로 제기되어, 서비스 이용에 대한 소비자 저항감이 존재한다. 한국은 도시 규모와 교통 체계가 밀집되어 있어, 우버와 같은 라이드 헤일링 서비스의 운영 및 확장이 지역적 특성에 맞춰 이루어져야 하는 과제가 있다. 지역별 맞춤형 서비스 제공 및 현지화 전략이 충분히 마련되지 않을 경우, 운영 효율성 측면에서 한계가 발생할 수 있다. 우버는 한국 시장에서 규제 및 법적 장애, 기존 업계와의 갈등, 소비자 신뢰도 구축의 어려움, 그리고 지역적 특성에 따른 운영상의 도전 등 여러 마찰과 단점을 극복해야 하는 과제를 안고 있다. 그럼에도 불구하고 AI와 자동화 기술을 효과적으로 활용하여 고객 경험을 향상시키고, 운영 효율성을 극대화하며, 매출 증대와 글로벌 시장 경쟁력 강화에 기여하는 모범적인 사례이다.

〈표-21〉 AI 활용 국외 성공 사례

기업명	도입 배경	운영 전략	주요 성과
아마존 (Amazon)	고객 맞춤형 쇼핑 경험 제공	AI 기반 상품 추천 시스템 및 챗봇 도입	고객 만족도 및 매출 증가
넷플릭스 (Netflix)	개인화된 콘텐츠 추천 필요	AI 알고리즘 기반 맞춤형 콘텐츠 추천	사용자 참여율 및 구독 유지율 상승

스포티파이 (Spotify)	맞춤형 음악 추천 서비스 필요	AI 기반 청취 이력 분석 및 추천	사용자 만족도 및 서비스 이용 시간 증가
에어비앤비 (Airbnb)	사용자 맞춤형 숙소 추천 필요	AI 기반 검색 패턴 분석 및 최적화	예약 전환율 증가, 플랫폼 성장
우버 (Uber)	수요 예측 및 경로 최적화 필요	AI 기반 실시간 매칭 및 요금 설정 자동화	운행 효율성 증대, 고객 대기 시간 단축

2.
AR/VR 기술 활용

최근 증강현실(AR)과 가상현실(VR) 기술은 다양한 산업에서 혁신을 이끌며 소비자 경험을 변화시키고 있다. 특히 뷰티, 소매, 의료, 교육, 게임, 부동산 등 다양한 분야에서 활용되며, 브랜드와 소비자 간의 소통 방식에도 큰 영향을 미치고 있다.

기술의 발전으로 소비자들은 제품을 단순히 구매하는 것을 넘어 체험하고, 비교하고, 맞춤형 서비스를 받을 수 있는 환경을 원하고 있다. AR/VR 기술은 이러한 니즈를 충족시키면서 새로운 소비자 경험을 제공하는 핵심 요소로 자리 잡고 있다. 온라인 쇼핑 및 비대면 소비의 증가로 디지털 전환이 가속화되면서 오프라인에서 직접 경험하지 않고도 제품을 체험할 수 있는 기술이 필요해졌다. 특히 뷰티, 패션, 가구, 자동차 산업에서는 AR을 활용하여 소비자가 가상의 환경에서 제품을 시각적으로 테스트해 볼 수 있도록 지원한다. 개인 맞춤형 서비스에 대한 소비자의 기대가 증가 됨에 따라, 단순한 대량 생산 제품이 아닌 개인 맞춤형 제품과 서비스를 원하는 소비자가 늘어나고 있다. 이는 AR/VR 기술은 소비자의 얼굴, 체형, 피부 톤 등을 분석하여 최적의 제품을 추천해주거나 맞춤형 경험을 제공할 수 있다. 이러한 최적의 추천은 브랜드와의 상호작용 강화 요구하게 되었고, 기존 광고나 설명만으로는 제품의 특성과 차별점을 충분히 전달하기 어려워지면서, 소비자는 브랜드와의 직접적인 상호작용을 원하며, 몰입형(immersive) 경험을 통해 제품을 보다 깊이 이해하고 싶어 하게 되었다. 다양한 정보로 인한 고도화된 사용자 경험으로 소비자는 평면적인 이미지나 동영상보다 인터랙티브한 경험을 통해 제품과 서비스를 이해하는 것을 선호하여, AR/VR을 활용하면 소비자가 직접 체험하는 것과 같은 수준의 몰입감을 제공할 수 있다.

이러한 AR/VR 기술의 메커니즘은 AR과 VR 기술은 각각 다른 방식으로 작동하지만, 공통적으로 소비자가 가상의 환경에서 실제 제품을 경험할 수 있도록 돕는다. AR(증강현실, Augmented Reality) 메커니즘은 실제 환경에 디지털 정보를 덧씌워 소비자가 현실과 가상의 요소를 동시에 경험하게 하고, 스마트폰, 태블릿, AR 글래스를 통해 구현을 가능하게 하여, 소비자의 얼굴, 공간, 환경을 인식하여 실시간으로 3D 그래픽을 오버레이하여, 사용자가 실제 공간에서 제품을 미리 배치해보거나 착용해볼 수 있도록 지원하고 있다. 예를 들어 뷰티 산업에서 가상 메이크업 체험(예: 로레알의 AR 뷰티앱, Sephora Virtual Artist)이나 패션 산업에서 가상

피팅룸(예: ZARA, 나이키의 AR 슈즈 체험)을 경험하게 한다거나, 가구 산업에서 가상 배치 체험(예: 이케아 플레이스 앱)을 하게 하고, 자동차 산업에서 차량 색상, 내부 옵션 시뮬레이션(예: BMW의 AR 쇼룸)을 경험함으로써, 고객이 실제 경험을 대신하게 된다.

　이러한 VR(가상현실, Virtual Reality) 메커니즘은 완전히 가상의 환경을 구축하여 소비자가 제품을 직접 체험하는 것처럼 몰입할 수 있도록 한다. VR 헤드셋(예: 메타 퀘스트, HTC Vive, 소니 PSVR)을 활용하여 구현하여 3D 환경을 구축하여 소비자가 가상 공간에서 자유롭게 탐색 가능하게 하며, 실제 현실과 유사한 감각을 제공하여 체험의 몰입도를 극대화한다. VR 활용 예로는 가상 매장에서 직접 둘러보며 쇼핑(예: 이베이 VR 쇼핑몰), 가상 투어로 주택 및 건물 내부 체험(예: Zillow 3D Home), 가상 여행 체험 제공(예: 구글 어스 VR, 마리오트 VR 여행), 가상 테스트 드라이브(예: 아우디 VR 쇼룸) 등 쇼핑, 부동산, 여행, 자동차 등 다양하게 활용하고 있음을 알 수 있다. 현대 시장의 변화에 따라 소비자 경험과 매출 증대 효과 측면에서 시장에서의 영향력은 매우 높은 지점을 차지하고 있다. AR/VR 기술이 시장에 미치는 영향은 단순한 소비자 경험 향상에 국한되

지 않으며, 기업의 매출 성장과 브랜드 충성도를 강화하는 중요한 역할을 한다. 소비자의 구매 결정 시간 단축, 반품률 감소 및 고객 만족도 증가, 브랜드 경험 차별화 및 경쟁력 강화, 온라인 쇼핑 활성화 및 매출 증대, 고객 맞춤형 서비스 제공이 가능하게 되었다.

AR/VR을 활용한 체험이 가능해지면서 소비자는 제품의 특징을 더 빠르게 파악하고, 구매 결정을 내리는 시간이 단축되었다. 예를 들어 뷰티 브랜드 로레알은 AR 기반 가상 메이크업 체험 기능 도입 후 온라인 매출이 3배가 증가한 것을 보여주었다. 제품을 미리 체험하고 구매할 수 있기 때문에, 실제 제품이 기대와 다른 경우가 줄어드는 현상을 보여주었다. 이는 이케아의 AR 앱을 사용한 고객들은 제품 반품률이 감소하고 만족도가 증가하였다. 단순한 제품 광고를 넘어 소비자가 직접 브랜드를 체험할 수 있도록 하여 브랜드 인지도를 높였다. 그 예로 루이비통, 디올 등 럭셔리 브랜드는 AR 기술을 활용하여 온라인과 오프라인 매장에서 프리미엄 경험을 제공하고 있다. AR/VR을 활용한 가상 쇼핑이 발전하면서 온라인에서도 오프라인 매장과 같은 경험을 제공할 수 있어 매출 증가에 기여하였다. 스포츠 브랜드인 나이키의 AR 슈즈 피팅 시스템은 온라인 구매 전환율을 11% 증가시켰다. AI 기반 AR/VR 기술이 고객 데이터를 분석하여 맞춤형 추천을 제공하고, 브랜드 충성도를 높였으며, 아마존, 스포티파이, 넷플릭스 등의 경우, 개인 맞춤형 AR/VR 콘텐츠를 통해 고객 경험을 극대화하고 있다.

AR과 VR 기술은 단순한 마케팅 도구가 아니라, 소비자가 제품을 탐색하고 경험하는 방식을 근본적으로 변화시키고 있다. 특히 뷰티, 패션, 자동차, 가구, 부동산 등 고객 경험이 중요한 산업에서는 AR/VR 기술이 기업의 매출 성장과 브랜드 차별화에 필수적인 요소가 되고 있다. 이와 같이 미래에는 AI와 결합된 초개인화(ultra-personalization)된 AR/VR 경험, 클라우드 기반 가상 쇼핑몰, 더 정교한 가상 테스트 서비스 등이 등장하면서 소비자들의 구매 여정이 더욱 혁신적으로 변화할 것이다.

◇ **가상 체험과 구매 결정**

증강현실(AR)과 가상현실(VR) 기술은 소비자의 구매 결정을 촉진하는 중요한 역할을 하며, 가상 체험이 구매 행동으로 이어지는 과정에는 여러 심리적, 기술적 요인이 작용한다. 가상 체험(Virtual Experience)은 디지털 기술의 발전에 따라 소비자의 구매 의사결정 과정에 혁신적 변화를 가져오는 핵심 요소로 자리 잡았다. 증강현실(AR)과 가상현실(VR) 기술은 소비자가 제품을 실제로 사용해보는 것과 유사한 경험을 제공함으로써 제품에 대한 신뢰와 이해를 높이고 구매 확신을 강화한다. 가상 체험이 단순한 시각적 정보 제공을 넘어 감각적 몰입과 실시간 상호작용을 가능하게 한다는 점에서, 전통적 구매 방식과는 본질적인 차이가 있다. 가상 체험의 구매 결정 과정에서의 역할은 구매 전 불확실성 해소, 입적 경험과 정서적 유대 강화, 개인화된 맞춤형 체험 제공으로 나누어 볼 수 있다. 가상 체험은 소비자가 구매 전에 제품을 직접 체험할 수 없다는 온라인 쇼핑의 단점을 보완한다. 소비자는 제품의 사용감, 효과, 외형을 실제처럼 경험할 수 있어 구매 전 불확실성과 의사결정의 어려움을 줄일 수 있다. 색조 화장품, 가구, 의류와 같은 시각적 요소가 중요한 제품에서는 특히 효과적이다. 이는 소비자에게 객관적인 정보를 제공하고, 제품에 대한 신뢰를 형성하여 구매 결정을 촉진한다. 가상 체험은 단순한 정보 제공이 아닌 감정적 몰입과 정서적 연결을 제공한다. VR 기술은 소비자에게 몰입형 체험을 제공하여 브랜드와의 정서적 유대를 강화하며, 가상 환경에서의 상호작용은 브랜드 스토리와 제품 컨셉을 소비자가 직접 경험할 기회를 제공하며, 이를 통해 소비자는 제품의 가치를 더욱 깊이 이해하게 되며, 이는 브랜드 충성도를 높이고 충동 구매나 감정적 구매로 이어질 수 있다. 가상 체험은 AI 기술과 결합해 소비자에게 개인화된 체험을 제공할 수 있다. AI 피부 분석 및 맞춤형 화장품 추천은 소비자가 자신의 피부 상태에 맞는 제품을 가상으로 테스트할 수 있게 하며, 소비자는 단순히 제품을 보는 것이 아니라, 자신에게 맞는 최적의 제품을 추천받고 직접 체험할 수 있다. 이는 소비자에게 특별한 경험을 제공하며, 구매 전환율을 높이는 강력한 도구가 된다.

기업의 시각에서도 소비자에게 가상 체험이 반드시 필요하며, 이를 통해 기업은 소비자 신뢰 형성과 반품률 감소, 디지털 커머스 경쟁력 강화 등을 가져온다. 가상 체험은 소비자에게 정확하고 실감 나는 제품 정보를 제공하여, 구매 확신을 높이며, 제품 선택의 정확성이 향상됨에 따라 반품률이 감소하고 고객 만족도와 신뢰도가 높아진다. 이는 기업의 운영 효율성을 증대시키고 불필요한 비용을 절감할 수 있는 중요한 전략이다. 또한 디지털 커머스 경쟁력 강화를 이루어, 온라인 시장이 확대됨에 따라, 소비자 경험 차별화는 기업의 생존과 경쟁 우위를 결정짓는 요소가 되었다. 이러한 가상 체험은 기업이 차별화된 디지털 경험을 제공할 수 있는 기회를 만들어 주며, 디지털 중심의 소비자에게 몰입적 체험을 제공하는 기업은 시장 내에서 유리한 위치를 확보할 수 있다. 이런 기업과 소비자 입장에서 가상 체험은 소비자와 기업 모두에게 실질적인 이익을 제공하는데, 즉, 소비자는 몰입적 체험과 맞춤형 솔루션을 통해 더 나은 구매 결정을 내릴 수 있고, 기업은 더 높은 전환율, 브랜드 충성도 강화, 차별화된 고객 경험 제공으로 시장 경쟁력을 강화할 수 있다. 따라서 가상 체험은 현대 구매 과정에서 필수적이며, 기술 발전과 함께 더욱 중요한 요소로 자리 잡을 것이다.

결과적으로 가상 체험은 소비자의 구매 여정에서 신뢰와 몰입을 통해 구매 의사결정을 더욱 빠르고 정확하게 돕는 핵심 기술이다. 소비자 경험의 개인화, 정서적 연결, 몰입적 경험 제공은 기존의 판매 방식을 혁신적으로 변화시키며, 기업은 가상 체험 기술을 전략적으로 활용해 차별화된 경험을 제공하고, 디지털 경쟁력을 확보할 수 있다. 미래에는 가상 체험이 모든 소비자 접점에서 필수적 요소가 될 것이며, 이를 선제적으로 도입하는 기업만이 지속 가능한 성장과 시장 리더십을 확보할 수 있을 것이다.

가상 체험과 구매 결정의 메커니즘에 대해 살펴보면, 가상 체험(Virtual Experience)은 소비자가 제품을 실제로 사용해보지 않고도 가상의 환경

에서 제품을 직접 경험할 수 있도록 돕는 기술적 과정을 의미한다. 이는 제품 정보 제공을 넘어 소비자의 감각적 몰입을 유도하고, 구매 욕구를 증대시키는 중요한 역할을 한다.

소비자의 가상 체험을 통한 구매 결정 과정으로 가상 체험이 소비자의 구매 행동을 결정하는 과정은 다음과 같이 단계별로 진행된다. 문제 인식(Problem Recognition) → 정보 탐색(Information Search) → 대안 평가(Evaluation of Alternatives) → 구매 결정(Purchase Decision) → 구매 후 평가(Post-Purchase Evaluation)의 과정을 거친다. 즉, 소비자는 특정한 필요(needs)나 욕구(wants)를 인식하게 되며 예로 "새로운 화장품이 필요해", "거실에 어울리는 소파를 사고 싶어" 하며 소비자의 욕구를 인식한다. 다음으로 소비자는 제품 정보(가격, 디자인, 성능)를 찾아, 기존에는 온라인 리뷰, 광고 등을 참고했으나, 이제는 AR/VR 체험을 통해 직접 경험할 수 있고, 비근한 예로 Sephora의 AR 가상 메이크업 체험을 통해 원하는 립스틱 컬러를 직접 확인하여 문제의식에 대한 정보 탐색이 이루어진다. 이를 통해 소비자는 가상 체험을 통해 다양한 옵션을 비교하게 되며, 다양한 비교를 통해, 예를 들어 이케아 AR 앱에서 여러 가구를 집 안에 배치해보고 최적의 선택을 한다. 그런 일련의 과정을 거치고 소비자는 자신의 조건에 맞는 가상 체험 후 제품을 구매할지 결정을 하게 되고, 가상으로 착용해 본 운동화가 마음에 들면 즉시 온라인 결제 진행을 한다. 구매 결정을 한 소비자는 제품을 실제로 사용하며 만족도를 평가하게 되는데, AR/VR 체험을 거친 소비자는 기대와 실제 제품의 차이가 적어 반품률이 낮아짐을 알 수 있었다.

그렇다면 증강현실(AR)과 가상현실(VR) 기술은 소비자 경험을 혁신적으로 변화시키며, 구매 결정 과정에 다양한 영향을 미친다. 감각적 몰입(Sensory Immersion)은 소비자가 가상 환경에서 실제와 유사한 경험을 통해 제품이나 서비스를 체험하는 것을 의미한다. 이러한 몰입은 소비자의 주의를 집중시키고, 제품에 대한 긍정적인 감정을 유발하여 구매 의도를 높인다. 그 예로 자동차 가상 시승: BMW와 메르세데스-벤츠는 VR 기술을 활용하여 소비자에게 가상 시승 경험을 제공한다. 이를 통해 소비자는 실제 운전하는 느낌을 받아 차량에 대한 이해와 호감이 증가한다.

둘째, 상호작용성(Interactivity)은 소비자가 가상 환경에서 제품을 다양한 각도에서 살펴보고, 기능을 테스트하며, 개인의 취향에 맞게 조정할 수 있는 능력을 의미한다. 이러한 상호작용은 소비자에게 제품에 대한 깊은 이해를 제공하고, 참여감을 높여 구매 결정을 촉진한다. 예시: 나이키의 Nike Fit: 나이키는 AR 기술을 활용하여 소비자가 스마트폰 카메라로 발 크기를 측정하고, 이에 맞는 신발을 추천받을 수 있는 기능을 제공한다. 이를 통해 소비자는 자신에게 최적화된 제품을 선택할 수 있다.

셋째, 개인 맞춤형 추천(Hyper-Personalization)은 AI와 빅데이터를 활용하여 소비자의 취향, 구매 이력, 행동 패턴 등을 분석하고, 이에 기반한 맞춤형 제품이나 서비스를 제공하는 것을 의미한다. 이러한 접근은 소비자 만족도를 높이고, 충성도를 강화하여 반복 구매를 유도한다. 로레알(로레알의 AR 뷰티 앱)은 AR 기술과 AI를 결합하여 소비자의 피부 톤을 분석하고, 이에 맞는 최적의 화장품 색상과 제품을 추천하는 앱을 제공한다. 이를 통해 소비자는 자신에게 가장 적합한 제품을 쉽게 찾을 수 있다.

넷째, 신뢰성 증대(Trust Building)는 가상 체험을 통해 소비자가 제품의 특성과 품질을 직접 확인하고, 이에 대한 신뢰를 형성하는 과정을 의미한다. 이러한 신뢰는 구매 결정에 중요한 역할을 하며, 반품률 감소와 긍정적인 브랜드 이미지 형성에 기여한다. 예를 들어 부동산 가상 투어: VR 기술을 활용한 부동산 가상 투어는 소비자가 직접 방문하지 않고도 주택이나 상업 공간의 내부를 상세히 살펴볼 수 있게 한다. 이를 통해 소비자는 공간의 크기, 구조, 분위기 등을 정확히 파악하여 신뢰를 형성하고, 구매 또는 임대 결정을 내릴 수 있다.

다섯째, 즉각적인 구매 유도(Instant Purchase Decision-Making)는 가상 체험 후 소비자가 제품을 바로 구매할 수 있는 시스템을 의미한다. 이러한 시스템은 소비자의 충동 구매를 촉진하고, 구매 과정을 단순화하여 편의성을 높인다. 다른 예로 이케아의 AR 앱은 이케아는 AR 기술을 활용하여 소비자가 가구를 자신의 집에 가상으로 배치해보고, 만족할 경우 앱을 통해 바로 구매할 수 있는 기능을 제공한다. 이를 통해 소비자는 제품 선택과 구매 과정을 원활하게 진행할 수 있다.

이러한 요인들은 AR/VR 기술이 소비자의 구매 결정에 미치는 구체적인 영향력을 보여준다. 기업은 이러한 요소들을 효과적으로 활용하여 소

비자 경험을 향상시키고, 매출 증대를 도모할 수 있다. 구매로 이어지게 하는 강력한 영향력은 바로 실질적 구매 유도 요인으로 작용한다는 것이다. 가상 체험은 소비자의 구매 결정 과정에서 중요한 역할을 하며, 정보 탐색과 대안 평가에서 강력한 영향력을 발휘하며. AR/VR 기술이 제공하는 감각적 몰입, 상호작용성, 개인 맞춤형 경험은 소비자의 신뢰를 높이고, 구매로 이어지게 한다. SNS 공유, 실재감, 즉각적인 구매 유도 기능을 결합하면 기업의 매출 증가로 직결되고 있어서, 앞으로 AI, 빅데이터와 결합한 초개인화(ultra-personalization)된 가상 쇼핑 환경이 더욱 활성화될 것으로 전망된다. 또한 미래의 쇼핑 환경은 소비자가 매장을 방문하지 않아도 마치 직접 체험하는 것처럼 몰입할 수 있는 경험을 제공하는 방향으로 진화할 것이다.

따라서 기업은 AR/VR을 활용한 가상 체험 시스템을 도입함으로써 소비자와의 새로운 접점을 형성하고, 경쟁력을 극대화할 수 있을 것이다. 그렇다면 소비자가 증강현실(AR)과 가상현실(VR) 기술을 활용한 가상 체험을 통해 실제 구매로 이어지게 하는 주요 요인에 대해 먼저 지각된 가치(Perceived Value)는 소비자가 가상 체험을 통해 얻는 지각된 가치는 구매 의도에 직접적인 영향을 미친다. 지각된 가치는 주로 기능적 가치와 정서적 가치로 나눌 수 있다. 기능적 가치는 가상 체험이 제공하는 유용성과 편의성을 의미한다. 예를 들어, AR 기술을 통해 제품의 다양한 정보를 쉽게 얻을 수 있는 경우, 소비자는 제품의 효용성을 높게 평가하게 된다. 정서적 가치는 가상 체험이 제공하는 즐거움과 만족감을 의미한다. VR 환경에서의 몰입감 있는 체험은 소비자에게 긍정적인 감정을 유발하여 구매 의도를 강화한다. 연구에 따르면, VR·AR 쇼핑 체험의 기능적 가치가 정서적 가치보다 소비자의 태도에 더 큰 영향을 미치는 것으로 나타났다. 기술 수용의 적합성(Technology Acceptance Fit)의 측면에서, 소비자가 가상 체험을 통해 느끼는 기술 수용의 적합성은 구매 의도에 중요한 역할을 한다. 이는 개인의 가치와 신기술에 대한 적합성이 추천 의사에 긍정적인 영향을 미치며, 이는 다시 구매 의사에 영향을 준다. 특히, 지각된 가치(perceived value)는 소비자가 제품이나 서비스에서 얻는 혜택과 그에 따른 비용을 주관적으로 평가한 결과로 정의된다. 즉, 소비자가 지불한 대가에 비해 얼마나 만족스러운 혜택을 얻었는지를 나타내는 개념이다. 초기 연구에서는 지각된 가치를 소비자가 상품이나 서비스로부터 지각하는 총체적인 합으로 개념화하였으며, 이러한 총체적인 가치는 금전적인 가치로 인식되었다. 이후 Dodds, Monroe, Grewal은 총체적인 가치에 대한 인식을 획득 및 거래가치의 가중치로 설명하였다. 이렇듯, 가치는 소비자가 지불한 가격에 대한 희생 대비 상품을 통해 얻을 수 있는 품질이나 효용 간의 교환관계로 여길 수 있다. 지각된 가치는 일반적으로 기능적 가치, 정서적 가치, 사회적 가치, 이타적 가치 등으로 구성된다. 기능적 가치는 제품이나 서비스의 실용성과 효용성을 의미하며, 정서적 가치는 사용 시 느끼는 즐거움이나 만족감을 나타낸다. 사회적 가치는 제품이나 서비스를 사용함으로써 사회적 지위나 평판에 미치는 영향을 포함하며, 이타적 가치는 타인이나 사회에 대한 기여도를 의미한다. 이러한 지각된 가치는 소비자의 구매 의도, 만족도, 충성도 등에 직접적인 영향을 미치며, 마케팅 전략 수립에 중요한 요소로 고려된다. 따라서 기업은 소비자들이 지각하는 가치를 높이기 위한 다양한 노력을 기울여야 한다. 다음으로 몰입 경험(Flow Experience)으로 가상 체험 중 소비자가 느끼는 몰입 경험은 구매 의도에 강력한 영향을 미친다. 몰입은 소비자가 가상 환경에 완전히 빠져들어 시간의 흐름을 잊는 상태를 의미하며, 이는 제품에 대한 긍정적인 태도를 형성하고 구매 결정을 촉진한다. AR/VR의 경험이 사회적 영향(Social Influence)을 미치게 되는데, 이는 주변 사람들의 의견이나 사회적 규범과 같은 사회적 영향은 소비자의 구매 의도에 영향을 미친다. 가상 체험을 통해 얻은 긍정적인 경험이 주변 사람들에게 공유되면, 이는 추가적인 구매를 유도하는 데 기여할 수 있다. 이러한 요인들은 가상 체험이 소비자의 구매 결정에 미치는 주요 영향력을 나타낸다. 기업은 이러한 요소들을 고려하여 가상 체험을 설계함으로써 소비자의 구매 의도를 효과적으로 증대시킬 수 있다.

〈표-22〉 가상 체험과 구매 결정

주요 요인	의미	영향력
지각된 가치 (Perceived Value)	소비자가 제품에서 얻는 기능적, 정서적, 사회적, 이타적 가치를 주관적으로 평가한 결과임	소비자가 가상 체험을 통해 제품의 유용성과 품질을 높게 평가할수록 구매 의도가 증가함
몰입 경험 (Flow Experience)	소비자가 가상 체험에 몰두하여 시간의 흐름을 잊고 완전히 몰입하는 경험임	제품에 대한 호감과 신뢰가 상승하며, 실제 제품을 사용하는 것 같은 감각적 경험이 구매 결정을 촉진함
기술 수용의 적합성 (Technology Acceptance Fit)	소비자가 새로운 기술을 수용하고 자신의 가치와 적합하다고 느끼는 정도임	기술이 소비자 요구와 일치할 때 구매 의사가 강해지고, 긍정적인 경험을 제공한 브랜드에 대한 충성도가 높아짐
상호작용성 (Interactivity)	소비자가 제품을 360도 회전하거나 다양한 방식으로 상호작용하며 사용해 볼 수 있는 기능임	적극적인 참여와 탐색을 통해 제품에 대한 이해도가 높아지고, 구매 의사결정이 빨라짐

신뢰성 증대 (Trust Building)	가상 체험이 제품의 품질과 특성을 정확하게 전달하여 소비자에게 신뢰를 형성하게 만드는 과정임	소비자의 구매에 대한 불안을 줄이고, 반품률이 낮아지며, 브랜드에 대한 신뢰도가 높아짐
사회적 영향 (Social Influence)	주변 사람들의 의견이나 추천, 사회적 규범이 소비자 행동에 미치는 영향임	소비자가 가상 체험 후 긍정적인 경험을 공유하면, 이를 통해 추가적인 구매가 유도되고 네트워크 효과가 발생함

◇ **고객 경험을 촉진하는 방법**

　고객 경험(Customer Experience)은 고객이 기업과 상호작용하는 모든 과정에서 느끼는 인지적, 감정적 경험을 의미한다. 이는 제품 구매 이전의 탐색 단계부터 구매 후의 서비스 및 관계 유지에 이르는 전체적인 여정에서 발생한다. 현대 소비자는 단순히 제품의 기능이나 가격만을 고려하지 않으며, 기업과의 상호작용에서 얼마나 긍정적인 경험을 했는지가 궁극적인 구매 결정과 브랜드 충성도에 큰 영향을 미친다. 따라서 고객 경험을 촉진하기 위한 전략은 소비자의 기대를 충족하고, 궁극적으로 브랜드와의 깊은 관계를 형성하는 데 중점을 둔다. 고객 경험(CX, Customer eXperience)은 단순한 제품 구매를 넘어 소비자가 브랜드와 상호작용하는 모든 과정에서 형성되는 감정적, 기능적 경험을 의미한다.

　현대 시장에서는 제품과 가격만으로 차별화를 이루기 어려우며, 경쟁력 있는 고객 경험을 제공하는 것이 기업 성장의 핵심 요인이 되고 있다. 고객 경험을 촉진하는 방법은 단순한 서비스 개선이 아닌 소비자 심리, 디지털 혁신, 감성적 유대, 데이터 기반 개인화 등 다양한 전략적 접근을 필요로 한다. 그렇다면 고객 경험 촉진은 왜 중요하게 작용할 것인가를 살펴보면, 고객의 기대 변화와 맞춤형 경험 요구, 차별화된 경쟁력 확보와 시장 생존 전략, 디지털 전환과 새로운 소비 트렌드 대응에 필요하기 때문이다. 현대 소비자는 개인화된 맞춤형 서비스를 기대하며, 자신만을 위한 브랜드 경험을 원한다. 단순한 제품 제공을 넘어, 구매 과정부터 사후 서비스까지의 일관된 경험이 구매 결정에 결정적인 역할을 한다. 기업이 소비자 맞춤형 경험을 제공하면, 브랜드 충성도와 재구매율이 증가한다. 고객 경험이 뛰어난 기업은 가격 경쟁을 넘어 차별화된 가치를 제공할 수 있다. 단순히 '좋은 제품'이 아니라, 소비자가 브랜드와 교감하는 과정에서 특별한 가치를 느낄 수 있도록 만드는 것이 핵심이다. 고객 경험이 뛰어난 브랜드는 소비자의 지속적인 선택을 받으며, 장기적인 성장을 이룰 수 있다. 온라인과 오프라인의 경계가 사라지고, 고객은 다양한 디지털 채널을 통해 브랜드와 상호작용한다. AI, AR/VR, 챗봇, 데이터 분석 등을 활용한 고객 경험 혁신이 새로운 소비자 기대치를 충족하는 필수 전략이 되었다. 고객 경험 촉진은 단순한 개선이 아니라, 브랜드의 생존과 직결된 핵심 과제이다.

고객 경험 촉진의 전략적 접근으로 개인화된 맞춤형 서비스 제공, 디지털 기술을 활용한 고객 경험 혁신, 실시간 소통과 고객 피드백 반영, 감성적 유대 형성과 브랜드 스토리텔링, 지속 가능한 경험 제공 등으로 볼 수 있다. AI 기반 추천 시스템, 데이터 분석을 활용해 고객 개개인의 취향과 행동 패턴을 파악하여 맞춤형 서비스를 제공한다. 고객이 원하는 제품과 정보를 적시에, 개인 맞춤형 방식으로 제공함으로써 만족도를 높인다. 예시: 넷플릭스의 개인화된 콘텐츠 추천 시스템은 소비자의 시청 이력을 분석해 최적의 콘텐츠를 제안하여 사용자 만족도를 극대화했다. 다음으로 AR/VR을 통한 가상 체험, AI 챗봇, 스마트 미러 등을 활용하여 소비자가 제품을 더욱 직관적으로 경험할 수 있도록 한다. 온·오프라인의 경계를 허물고 옴니채널(Omnichannel) 전략을 통해 일관된 브랜드 경험을 제공한다. 예를 들어 Sephora의 Virtual Artist는 소비자가 AR을 이용해 다양한 메이크업 스타일을 시도할 수 있도록 하여 구매 결정을 쉽게 만들었다. 이를 통한 실시간 채팅, 소셜 미디어 소통, 챗봇 기반 고객 응대 등을 통해 즉각적인 피드백을 제공하고 문제를 해결한다. 고객의 의견을 반영하여 서비스를 개선함으로써, 브랜드 신뢰도와 만족도를 높인다. 예시: 아마존은 AI 기반 실시간 고객 지원 시스템을 통해 소비자의 문의를 신속히 해결하여 높은 충성도를 유지하고 있다. 소비자가 브랜드와 정서적으로 연결될 수 있도록 감성적인 브랜드 스토리를 전달한다. 브랜드 가치와 철학을 공감할 수 있도록 하여, 소비자와의 장기적인 관계를 구축한다. 파타고니아(Patagonia)는 친환경 가치를 강조한 브랜드 스토리로 소비자의 신뢰를 얻고, 지속적인 충성도를 유도했다. 더불어 윤리적 소비 트렌드에 맞춰, 친환경 제품, 지속 가능한 생산 방식, 윤리적 마케팅 전략을 통해 소

비자의 신뢰를 확보한다. 소비자가 브랜드를 '단순한 제품 판매 기업'이 아닌, '사회적 책임을 다하는 기업'으로 인식하게 한다. 예를 들자면 The Body Shop은 윤리적 원료 사용과 친환경 패키징을 강조하며 지속 가능한 고객 경험을 제공하고 있다.

고객 경험 촉진이 가져오는 효과로는 브랜드 충성도 강화로 개인화된 경험과 지속적 소통을 통해 소비자는 브랜드와 정서적 유대감을 형성한다. 이는 구매 전환율 증가는 가상 체험, AI 기반 맞춤 추천 등으로 구매 결정을 쉽게 유도할 수 있고, 차별화된 시장 경쟁력 확보는 단순한 제품 판매가 아니라 브랜드 경험을 제공하는 기업이 경쟁 우위를 차지하며, 소비자 신뢰 구축은 지속 가능한 경험과 투명한 브랜드 스토리텔링을 통해 장기적인 신뢰를 형성할 수 있다. 이러한 고객 경험 촉진은 단순한 서비스 개선이 아니라, 브랜드와 소비자 간의 신뢰를 형성하고 차별화된 가치를 제공하는 핵심 전략이며, 맞춤형 서비스, 디지털 혁신, 감성적 유대, 지속 가능성을 바탕으로 고객 경험을 강화해야 한다. 고객 경험이 뛰어난 브랜드는 단순히 제품을 판매하는 것이 아니라, 소비자의 라이프 스타일과 가치를 공유하는 브랜드로 자리 잡을 수 있으며, 미래 시장에서는 고객 경험이 가장 중요한 경쟁 요소가 될 것이며, 이를 효과적으로 촉진하는 기업이 지속 가능한 성장을 이루게 될 것이다.

따라서 기업은 지속적인 고객 경험 개선을 통해 소비자 만족을 극대화하고, 브랜드의 장기적인 가치를 구축해야 한다. 고객 경험을 촉진하는 것은 단순히 서비스 개선 이상의 의미를 가진다. 디지털 전환과 시장 경쟁 심화, 소비자 기대치의 변화로 인해 고객 경험은 기업의 성장과 생존에 필수적인 요소가 되었다. 소비자 입장에서 개인화된 맞춤 서비스 요구 증가는 소비자는 자신만을 위한 맞춤형 제품과 서비스를 기대한다. 디지털 채널 중심의 소비 확산으로 오프라인에서 디지털 채널로 전환된 소비 트렌드에 따라 일관된 디지털 경험이 필요하다. 감성적 유대 형성 욕구로 소비자는 단순히 제품을 소유하는 것보다 정서적 경험과 브랜드 스토리에 관심을 갖는다. 기업 입장에서 경쟁력 확보와 고객 유지로 경험이 좋은 고객은 반복 구매율이 높아지고, 브랜드 충성도가 증가하며, 구전 효과와 비용 절감으로 긍정적인 경험은 자연스러운 구전 효과(Word of Mouth)를 발생시켜 마케팅 비용을 절감한다. 또한 데이터 기반 비즈니스 전략 강화로 고객 경험 과정에서 발생하는 데이터를 분석해 더 나은 마케팅 전략을 수립할 수 있다.

〈표-23〉 CX의 소비자와 기업 포지션

소비자 입장	기업 입장
개인화된 서비스와 높은 기대 수준: 소비자는 더 개인화되고 즉각적인 맞춤형 서비스를 원함	**고객 이탈 방지와 경쟁력 확보**: 고객의 기대를 충족하지 못하면 고객 이탈로 이어지고, 경쟁사에 우위를 내줄 위험이 있음
제품보다 경험 중심의 소비 패턴: 단순히 제품을 소유하는 것보다, 서비스 과정에서의 경험이 중요	**브랜드 충성도와 반복 구매 유도**: 긍정적인 경험은 브랜드 충성도를 높이고, 재구매를 유도하는 핵심 요소로 작용
디지털 전환의 가속화: 디지털 채널을 통한 즉각적이고 일관된 경험을 기대	**마케팅 비용 절감 및 구전 효과**: 고객의 만족도가 높으면 자연스러운 구전 효과가 발생하여 추가적인 마케팅 비용 절감 가능

고객 경험 촉진의 주요 전략으로 옴니채널(Omnichannel) 경험 제공이 있는데, 이를 촉진하기 위해서는 디지털 기술의 도입, 맞춤형 서비스 제

공, 일관된 커뮤니케이션, 데이터 기반 의사결정 등이 필요하다. 소비자가 온라인과 오프라인을 넘나들며 일관된 브랜드 경험을 할 수 있도록 하는 고객 중심의 접근 방식이다. 현대 소비자는 다양한 디지털 기기와 채널을 활용해 정보를 탐색하고 구매를 결정하기 때문에, 기업은 이러한 흐름에 맞춰 모든 접점에서 일관된 브랜드 경험을 제공해야 한다. 옴니채널 전략은 소비자의 쇼핑 편의성을 높이고, 브랜드와의 관계를 더욱 깊이 형성하며, 구매 전환율을 높이는 핵심 요소로 작용한다. 모든 접점에서 일관된 경험을 제공하여 소비자가 웹, 모바일, 오프라인 매장에서 동일한 서비스를 누릴 수 있도록 한다. 실시간 데이터 연동을 통해 어느 채널을 사용하든 고객의 상태와 요청이 기록되고 반영된다. 예를 들어 한 기업이 오프라인 매장에서 본 제품을 모바일 앱에서 다시 추천하고, 온라인 결제가 가능하도록 연결되어 있어 구매 향상에 영향을 미친다.

옴니채널 경험 제공은 소비자의 구매 여정 변화에 대응하는 필수 전략으로 과거에는 소비자가 한 가지 채널(예: 오프라인 매장)에서 정보 탐색과 구매를 진행했지만, 현대 소비자는 여러 채널(온라인, 모바일, SNS, 오프라인 매장)을 동시에 활용하여 구매 결정을 내린다. 한 연구에 따르면, 옴니채널 쇼핑을 경험한 소비자는 단일 채널을 이용하는 소비자보다 구매율이 30% 이상 높다. 기업이 옴니채널 전략을 제공하지 않으면, 소비자는 브랜드를 신뢰하지 않거나 구매를 포기할 가능성이 커진다. 소비자는 오프라인 매장에서 본 제품을 온라인에서 비교하고, 모바일에서 할인 쿠폰을 확인한 뒤, 최종 구매를 진행하는 패턴을 보인다. 이 과정에서 브랜드 메시지가 일관되지 않거나, 특정 채널에서 경험이 부족하면 소비자의 신뢰가 약화 된다. 옴니채널 경험이 제공되면, 소비자는 어느 채널에서든 동일한 정보와 서비스를 제공받을 수 있어 브랜드 신뢰도가 상승한다. 이는 기업은 모든 채널에서 동일한 제품 정보, 가격, 서비스 경험을 제공함으로써 소비자가 브랜드에 대한 신뢰를 갖도록 해야 한다. 일관된 브랜드 경험이 고객 신뢰와 만족도를 높인다. 소비자는 편리한 쇼핑 환경을 원하며, 구매 과정에서 불편함을 느끼면 쉽게 이탈한다. 예를 들어, 오프라인 매장에서 원하는 제품이 품절 되었을 때, 옴니채널 경험이 제공된다면 직원이 모바일 앱을 통해 온라인 재고를 확인하고, 즉시 주문할 수 있도록 도와줄 수 있다. 옴니채널 경험이 없다면 소비자는 구매를 포기하거나, 다른 브랜드의 제품을 찾게 된다. 그러므로 옴니채널 전략은 소비자 편의를 극대화하여 구매를 포기하지 않도록 유도하는 역할을 한다. 소비자가 여러 채널을 자유롭게 이용할 수 있으면 브랜드와의 관계가 강화되며, 자연스럽게 재구매율이 증가한다. 또한, 소비자가 온라인에서 쇼핑 후 오프라인 매장에서 제품을 픽업하거나, 오프라인에서 체험 후 온라인에서 구매하는 O2O(Online to Offline) 쇼핑 패턴이 증가하고 있다. 실제 연구에 따르면, 옴니채널 경험을 제공하는 브랜드의 고객 재구매율은 그렇지 않은 브랜드보다 23% 높다. 옴니채널 전략을 통해 브랜드와 소비자의 관계

가 지속적으로 유지되며, 장기적인 고객 충성도가 형성된다.

옴니채널 경험이 소비자에게 미치는 영향으로는 쇼핑 경험의 향상과 구매 결정의 용이성, 브랜드와의 관계 강화 및 신뢰 구축, 구매 전환율 증가와 반품률 감소로 볼 수 있다. 소비자는 다양한 채널을 활용하여 정보를 수집하고, 제품을 비교하며, 할인 혜택을 확인할 수 있고, 기업이 옴니채널 경험을 제공하면, 소비자는 필요할 때 언제든지 원하는 정보에 접근할 수 있다. 또한, 오프라인 매장에서 제품을 직접 체험한 후, 모바일에서 더 나은 가격이나 추가 혜택을 확인한 뒤 구매할 수도 있다. 결국에 소비자는 구매 과정에서 더 많은 정보와 선택권을 가지며, 최적의 결정을 내릴 수 있게 된다. 소비자는 온라인과 오프라인에서 동일한 브랜드 경험을 할 때, 해당 브랜드에 대한 신뢰를 높이게 되고, 브랜드가 모든 접점에서 소비자의 요구에 대응하고, 일관된 메시지를 제공한다면, 소비자는 브랜드를 신뢰하고 재구매할 가능성이 커진다. 반대로, 온라인과 오프라인에서 제공하는 정보가 다르거나, 경험이 일관되지 않으면 소비자는 브랜드를 신뢰하지 않게 된다. 그래서 옴니채널 전략은 브랜드와 소비자 간의 신뢰를 구축하는 핵심 요소가 된다. 소비자는 가상 체험(AR/VR), 모바일 제품 비교, 매장 내 실시간 재고 확인 등의 옴니채널 기능을 활용하면 구매 확신을 높일 수 있으나, 잘못된 정보나 불충분한 경험으로 인한 반품률을 줄일 수 있으며, 보다 원활한 구매 과정을 경험할 수 있다. 이는 옴니채널 경험은 소비자가 만족스러운 쇼핑을 할 수 있도록 도와주며, 브랜드의 운영 효율성을 높인다.

옴니채널 전략은 소비자의 구매 여정이 다변화됨에 따라 필수적인 고객 경험 촉진 전략이 되었다. 일관된 브랜드 경험을 제공하여 소비자의 신뢰를 확보하고, 쇼핑 편의성을 극대화하여 구매 전환율을 높이며, 소비자 충성도를 향상시켜 장기적인 고객 관계를 구축할 수 있다. 미래의 쇼핑 환경에서는 단일 채널 전략이 아닌, 모든 채널에서 연결된 경험을 제공하는 브랜드만이 살아남을 것이며, 옴니채널 경험을 강화하는 것이 기업의 지속 성장과 고객 만족을 위한 핵심 전략이 될 것이다.

개인화된 맞춤형 서비스(Personalized Service)는 소비자의 개별적인 취향, 필요, 행동 패턴을 반영하여 최적의 제품과 서비스를 제공하는 전략이다. 현대 소비자는 획일적인 제품과 서비스를 원하지 않으며, 자신의 취향과 라이프 스타일을 고려한 맞춤형 경험을 기대한다. AI, 빅데이터, 머신러닝과 같은 첨단 기술의 발전으로 개인화 서비스는 소비자 만족도를 높이고, 브랜드 충성도를 강화하며, 구매 전환율을 증가시키는 핵심 요소로 자리 잡았다. AI와 빅데이터를 활용해 고객의 행동 패턴과 선호도를 분석하고, 맞춤형 상품 추천 및 서비스를 제공한다. 개인 맞춤형 서비스를 통해 이러한 자신이 특별한 대우를 받고 있다는 느낌을 받게 된다. 예를 들어 넷플릭스의 개인화 콘텐츠 추천 시스템은 시청 이력을 기반으로 선호 콘텐츠를 정확히 추천하여 사용자 만족도를 높인다. 특히 개인화된 맞춤형 서비스의 중요성이 대두되고 있는데 과거에는 모든 소비자에게 동일한 제품과 서비스를 제공하는 대량 생산 중심의 접근 방식이 일반적이었으나 현대 소비자는 자신의 취향과 개별적인 니즈를 반영한 맞춤형 경험을 선호한다. 연구에 따르면, 소비자의 80% 이상이 맞춤형 서비스를 제공하는 브랜드를 선호하며, 개인화된 추천을 받은 소비자의 구매 전환율이 20% 이상 증가한다고 보고되고 있으며, 이는 소비자 기대치가 변화함에 따라, 개인화 서비스는 필수가 되었으며, 기업이 경쟁력을 유지하기 위해 반드시 도입해야 하는 요소가 되었다. 디지털 시대에는 소비자가 접근할 수 있는 정보가 과도하게 많아져(Information Overload) 원하는 제품을 찾는 것이 어려워졌다. 개인화된 맞춤형 서비스는 소비자의 관심사와 필요에 맞는 정보를 선별하여 제공함으로써, 소비자의 선택 피로(Choice Fatigue)를 줄이고, 구매 결정을 쉽게 만들 수 있다. 이러한 AI 기반 추천 시스템이 소비자의 관심사에 맞는 제품을 자동으로 필터링하여 최적의 선택을 돕는다. 동일한 제품을 판매하는 기업이 많아진 환경에서, 개인화 서비스는 브랜드 차별화를 위한 필수 요소가 되었다. 예를 들어, 화장품 브랜드 A와 B가 동일한 품질의 제품을 제공한다고 가정했을 때, A 브랜드가 AI 피부 분석을 통해 개인 맞춤형 제품을 추천해준다면 소비자는 A 브랜드를 선택할 가능성이 높아진다. 맞춤형 서비스를 제공하는 브랜드는 더 높은 충성도를 확보하고, 재구매율을 증가시킬 수 있다. 이러한 과정을 통해 개인화 서비스는 단순한 기능이 아니라, 브랜드의 핵심 경쟁력을 결정하는 요소가 된다.

개인화된 맞춤형 서비스가 소비자에게 미치는 영향으로 맞춤형 서비스를 경험한 소비자는 자신이 존중받고 특별한 대우를 받고 있다고 느끼며, 브랜드에 대한 만족도가 증가한다. 연구에 따르면, 개인화된 경험을 제공받은 고객의 44%가 브랜드 충성도가 상승한다고 답했다. 예를 들어, AI 기반 추천 시스템이 소비자의 피부 상태에 따라 최적의 화장품을 추천한다면, 소비자는 자신에게 꼭 맞는 제품을 찾을 확률이 높아지고 브랜드 신뢰도가 상승할 것이다. 그렇게 함으로써 소비자는 자신과 상호작용하는 브랜드를 더욱 선호하게 되며, 장기적인 고객 관계가 형성된다. 개인화된 추천 시스템이 소비자의 구매 의사를 자극하여 구매 전환율

(Conversion Rate)을 증가시킨다. 맞춤형 제품 추천을 받은 소비자는 자신의 필요에 맞는 제품을 더 쉽게 찾을 수 있어 구매 가능성이 2배 이상 증가하며, 적절한 제품을 구매할 확률이 높아지므로 반품률이 감소하게 된다. 예를 들어, 온라인 의류 쇼핑몰에서 소비자의 체형과 선호도를 분석해 맞춤형 추천을 제공하면, 사이즈 불일치나 디자인 불만족으로 인한 반품률이 낮아진다. 이러한 환경적 변화는 기업은 불필요한 물류비용을 줄일 수 있으며, 소비자는 더 만족스러운 구매 경험을 하게 된다. 개인화된 경험은 브랜드와 소비자 간의 감성적 연결을 강화되고, 단순한 제품 판매가 아니라, 소비자의 라이프 스타일과 가치를 이해하는 브랜드로 인식되면서, 소비자는 브랜드에 대한 심리적 애착(Psychological Attachment)을 형성한다. 예를 들어, 넷플릭스(Netflix)와 스포티파이(Spotify)는 개인의 취향에 맞춘 콘텐츠 추천 시스템을 제공하여, 사용자가 브랜드와 더 오랜 시간 연결될 수 있도록 유도한다. 이런 감성적 유대가 강할수록 소비자는 브랜드를 더욱 신뢰하고 장기적으로 이용하게 된다. 개인화 서비스는 소비자의 쇼핑 과정을 단순화하고, 보다 직관적이고 효율적인 구매 경험을 제공한다. 예를 들어, AI 기반 화장품 브랜드가 소비자의 피부 상

태를 분석하고, 즉각적으로 최적의 제품을 추천한다면, 소비자는 매장에서 다양한 제품을 테스트할 필요 없이 더 빠르고 편리하게 최상의 제품을 선택할 수 있고, 개인 맞춤형 구독 서비스(Subscription Service)도 소비자의 편리함을 극대화하는 전략이다. 이를 통해 소비자는 시간을 절약하면서도 더 높은 만족도를 경험할 수 있다.

이렇듯 소비자는 더 이상 획일적인 서비스가 아닌 맞춤형 경험을 요구한다. 개인화 서비스는 소비자의 기대치를 충족시키고 브랜드 충성도를 강화하는 필수 전략이다. 맞춤형 서비스는 브랜드 경쟁력을 결정짓는 핵심 요소가 되며, 차별화된 맞춤형 경험을 제공하는 브랜드가 더 많은 고객을 유치하고, 장기적인 성장을 이끌 수 있다. 또한 소비자에게 실질적인 편익을 제공하며, 구매 전환율을 증가시켜, 정보 과부하를 줄이고, 최적의 선택을 돕는 개인화 서비스는 소비자와 브랜드 모두에게 긍정적인 영향을 미친다. 따라서, 기업은 개인화된 맞춤형 서비스를 지속적으로 발전시키고, 최신 AI·빅데이터 기술을 적극 활용하여 소비자 경험을 개선하는 전략을 필수적으로 도입해야 한다. 이를 통해 소비자의 만족도를 높이고, 지속적인 브랜드 성장을 위한 경쟁력을 확보할 수 있을 것이다.

다음으로 실시간 소통 및 피드백 반영으로 고객의 문의나 불만에 실시간으로 대응하고, 빠르게 피드백을 반영해 개선하는 것이 중요하다. AI 챗봇과 24시간 상담 서비스를 통해 고객의 문의를 신속히 해결할 수 있다. 예를 들어 아마존의 고객 서비스 시스템은 실시간 대응과 문제 해결로 높은 고객 충성도를 유지하고 있다. 또한 감성적 경험 강화로 브랜드 스토리텔링을 통해 고객과의 정서적 유대감을 형성하고, 감정적인 경험을 제공한다. 브랜드 메시지가 고객의 라이프 스타일, 가치관, 정체성과 연결될 때 더 큰 감정적 유대가 형성된다. 예를 들어 패션 브랜드 파타고니아(Patagonia)는 친환경 메시지로 소비자와 정서적 연결을 형성한다. 마지막으로 디지털 혁신 기술 도입으로 AR/VR, AI 기술을 적극 활용해 소비자에게 새로운 경험을 제공한다. 특히 가상 체험(AR/VR)은 소비자가 제품을 구매하기 전에 직접 체험해 볼 수 있는 기회를 제공하여 구매 확신을 높인다. 예를 들어 이케아의 AR 앱(IKEA Place)은 가구를 가상으로 배치해 보는 기능을 제공하여 구매 결정에 도움을 준다.

이러한 고객 경험 촉진의 기대효과로 고객 경험을 촉진하면 소비자와 기업 모두에게 긍정적인 효과를 가져다주며, 소비자 관점에서의 기대효과로 더 편리하고 효율적인 서비스 제공으로 디지털화된 맞춤형 서비스로 시간과 비용을 절약할 수 있고, 감정적 유대와 만족감 증대로 개인화된 서비스와 브랜드의 스토리로 인해 정서적 유대가 형성된다. 더 나은 의사결정 지원으로 AR/VR 가상 체험을 통해 제품의 특성과 품질을 사전에 파악할 수 있다. 더불어 기업 관점에서의 기대효과로는 브랜드 충성도 및 반복 구매 증가로 고객의 긍정적 경험은 브랜드에 대한 충성도를 높이고 반복 구매로 이어진다. 신규 고객 유입 및 구전 효과: 긍정적인 경험은 구전 효과로 이어져 자연스럽게 신규 고객을 유치할 수 있다. 이러한 데이터 기반 전략 강화는 고객 경험 과정에서 발생하는 데이터를 통해 마케팅과 제품 개선을 지속할 수 있다. 운영 효율성 증대 및 비용 절감을 이루면서 AI 및 자동화 시스템 도입으로 운영 비용을 절감하고, 업무 효율성을 높일 수 있다. 종합하면 고객 경험 촉진은 기업의 지속 가능한 성장과 경쟁력 확보를 위한 필수 요소이며, 오늘날 소비자는 단순한 제품 구매가 아닌 브랜드와의 정서적 유대와 맞춤형 경험을 기대하며, 이러한 기대를 충족시키는 기업만이 시장에서 성공할 수 있다.

<표-24> 고객 경험 촉진의 주요 전략

소비자 경험	기업 전략
옴니채널(Omnichannel) 경험 제공: 모든 채널에서 일관된 경험을 제공하여, 소비자가 어디서나 동일 서비스를 누릴 수 있도록 함	옴니채널 통합 시스템 구축: 고객이 웹, 모바일 앱, 매장에서 동일한 경험을 할 수 있도록 데이터 통합 및 관리 시스템을 구축함
개인화된 맞춤형 서비스 제공: 소비자의 데이터(구매 이력, 선호도, 행동 패턴)를 기반으로 맞춤형 상품과 서비스를 제공받음	AI 및 빅데이터 활용: 고객 데이터를 분석해 맞춤형 서비스를 자동으로 제공하고, 소비자 니즈에 신속하게 대응함
실시간 소통 및 피드백 반영: 실시간 상담 서비스, 피드백 제공 및 개선 요청이 빠르게 처리됨	고객 VOC 분석 및 신속한 피드백 반영: 고객의 의견을 수집·분석해 빠르게 문제를 해결하고 서비스 개선에 활용함
감성적 경험 강화: 제품 사용 과정에서 긍정적인 감정(즐거움, 만족감)을 유발할 수 있는 경험이 제공됨	브랜드 스토리텔링 및 감성 마케팅: 브랜드와 소비자의 정서적 연결을 강화하기 위해 감성적 메시지와 브랜드 스토리를 활용함
AR/VR 기술 도입: 가상 체험을 통해 제품을 실제로 사용해 보는 것 같은 경험을 얻음	디지털 혁신 투자: VR/AR 등 신기술을 통해 소비자에게 새로운 경험을 제공하고, 경쟁력을 확보함

3.
소통의 새로운 패러다임

소비자와 기업은 서로에게 유익함을 나누는 존재이다. 인간 대 인간에게는 서로의 감성을 이해하는 소통이 필요하며 MZ세대가 구매의 구축을 이루면서 새로운 패러다임으로 그 필요성을 가지고 있다. 이 새로운 패러다임은 단방향에서 다방향, 정보 제공 중심에서 상호작용 중심으로 전환되는 커뮤니케이션 방식을 의미한다. 디지털 기술과 글로벌화, 개인화된 소비자 요구의 변화로 인해 현대적 소통은 다음과 같은 핵심 개념에 기반한다. 상호작용성(Interactivity), 개인화와 맞춤화(Personalization), 디지털 및 기술 기반 소통(Digital & Technology-Based Communication), 감정적 연결과 공감(Emotional Engagement & Empathy) 등으로 나누어 볼 수 있다. 과거의 일방적 소통(기업→소비자)과 달리, 양방향 및 다방향 소통이 가능해졌다. 고객은 단순히 정보를 수동적으로 소비하는 것이 아니라 적극적인 참여자로 변모하며, 기업과 실시간으로 소통할 수 있다. 이에 데이터 분석과 AI 기술의 발전으로 소비자 맞춤형 메시지 전달이 가능해져, 개인의 관심사, 행동 패턴, 선호도에 맞는 맞춤형 커뮤니케이션이 소통의 중심이 되었다. 그래픽적인 요인으로 소셜 미디어, AI 챗봇, AR/VR 체험, 클라우드 기술 등 디지털 도구가 소통의 주요 채널로 자리 잡고 있어, 소비자는 다양한 디지털 채널에서 브랜드와 상호작용하며, 디지털 기술은 소통의 효율성과 범위를 확대했다. 새로운 소통 패러다임은 정서적 연결을 중시하며, 단순 정보 전달을 넘어 소비자와의 공감을 강화하여, 브랜드 스토리텔링과 감성적 메시지를 통해 소비자의 감정을 자극하고, 강력한 유대감을 형성한다.

그러나 디지털 시대와 글로벌 경제 환경의 변화로 인해 기존의 일방적인 소통 방식은 한계에 직면했고, 다양한 이해관계자와의 복합적인 소통이 필수적이며, 소통의 새로운 패러다임이 요구되는 이유는 다음과 같다.

① 소비자 행동 변화와 개인화 서비스 요구

현대 소비자는 수동적인 정보 수용자에서 능동적인 참여자로 변화했고, 개인의 취향과 경험이 중요해짐에 따라, 맞춤형 소통 방식이 필수적이며, 소비자는 기업과의 일방적인 소통보다 대화형 상호작용을 기대한다.

예를 들어 소비자들은 소셜 미디어에서 브랜드와 실시간 대화를 원하며, AI 기반 맞춤형 서비스와 챗봇 소통을 통해 더욱 효율적인 경험을 요구한다.

② 디지털 혁신과 기술 발전

디지털 전환은 소통 방식을 근본적으로 변화시켰고, 이메일, 소셜 미디어, 메시징 앱, 영상통화, AR/VR과 같은 다양한 기술이 소통 채널을 다각화했다. 이에 기업은 고객의 디지털 행동 데이터를 기반으로 실시간 소통과 즉각적인 피드백 제공이 가능해졌다. 예를 들어 VR을 통한 가상 회의, AR을 활용한 제품 시연, 챗봇 기반의 24시간 실시간 응대 서비스가 대표적인 사례이다.

③ 글로벌화와 상호문화적 소통의 중요성

글로벌 시장에서는 다양한 언어와 문화적 배경을 가진 고객들과 소통해야 하는데, 다문화적 감수성과 맞춤형 메시지는 글로벌 기업의 경쟁력을 좌우하는 핵심 요소가 되었다. 예를 들어 글로벌 브랜드는 다국어 지원과 현지 문화에 맞춘 소통 전략을 통해 세계 각지의 소비자와 효과적으로 연결하고 있다.

④ 감정적 유대와 관계 형성의 중요성

브랜드와 소비자 사이의 정서적 연결은 구매 결정과 브랜드 충성도를 높이는 핵심 요소이며, 기업은 공감 기반의 소통을 통해 고객의 삶과 가치를 이해하고, 더 깊은 신뢰를 형성할 수 있다. 예를 들어 브랜드 스토리텔링과 감성적 광고는 소비자의 감정을 자극하여 브랜드와의 관계를 더욱 강하게 만든다.

⑤ 위기관리와 신뢰 형성의 필요성

디지털 시대의 빠른 정보 확산은 위기 상황에서도 실시간 대응을 요구하고 있으며, 신속하고 투명한 소통은 브랜드 신뢰 형성과 위기 극복의 중요한 요소가 된다. 예를 들어 기업의 공식 SNS 채널이나 실시간 고객 응대를 통해 신뢰를 유지하고, 부정적 상황을 빠르게 전환할 수 있다.

소통의 새로운 패러다임은 디지털 기술, 맞춤형 서비스, 감정적 유대 형성과 같은 다양한 요소를 통해 소비자와 기업 사이의 관계를 더욱 강화할 것이다. 소비자 입장에서는 더 빠르고 개인화된 소통 경험을 통해 만족도와 편의성이 높아지고, 브랜드에 대한 신뢰를 형성할 수 있다. 기업 입장에서는 고객 충성도 강화, 신규 고객 유치, 브랜드 이미지 재고 등의 긍정적 효과를 얻을 수 있다. 소통의 새로운 패러다임은 단순한 변화가 아닌 기업의 생존과 지속 가능한 성장을 위한 필수 요소이며, 소비자 중심의 소통 전략이 기업의 미래 경쟁력을 결정할 것이다.

따라서 기업은 옴니채널 전략, 디지털 혁신, 개인화 서비스, 실시간 소통과 같은 방법을 통해 소비자와 더욱 강한 연결을 형성하고, 지속적인 성장을 도모해야 한다. 고객 경험 촉진은 기업의 지속 가능한 성장과 경쟁력 확보를 위한 필수 요소이다. 오늘날 소비자는 단순한 제품 구매가 아닌 브랜드와의 정서적 유대와 맞춤형 경험을 기대하며, 이러한 기대를 충족시키는 기업만이 시장에서 성공할 수 있다.

〈표-25〉 고객 경험 촉진의 기대효과

소비자 입장	기업 입장
제품과 서비스에 대한 신뢰 향상: 소비자는 일관되고 긍정적인 경험을 통해 브랜드에 대한 신뢰를 형성	**브랜드 충성도 강화**: 고객의 만족도와 충성도가 높아져 반복 구매율이 증가하고, 이탈률 감소
맞춤형 서비스로 시간과 비용 절약: 개인화된 추천과 맞춤형 서비스로 소비자는 더욱 편리하고 효율적인 소비가 가능	**매출 증대 및 신규 고객 유입**: 고객 만족도가 높아질수록 긍정적 구전 효과로 인해 신규 고객 유입 가능
감성적 유대 형성: 단순한 거래가 아닌 감성적 유대를 통해 소비자는 브랜드와의 지속적인 관계를 유지	**데이터 기반 의사결정 강화**: 고객 데이터를 분석하여 더욱 정교한 마케팅 전략과 서비스 개선 가능
디지털 채널을 통한 편리함 극대화: 디지털 경험의 강화로 언제 어디서나 편리하게 서비스 접근	**운영 효율성 향상**: AI 기반 자동화 및 디지털 통합 관리 시스템을 도입 운영 비용을 절감하고, 효율성 상승
새로운 경험과 즐거움 제공: 기존 쇼핑보다 더욱 혁신적이고 즐거운 소비를 경험	**경쟁 우위 확보**: 타사와 차별화된 경험을 제공하여 시장 내 경쟁 우위를 선점 가능

◇ **듣기와 반응의 중요성**

듣기(Listening)와 반응(Response)은 소통의 핵심 요소로, 효과적인 소통과 신뢰 형성, 관계 유지에 필수적이다. 특히 디지털 시대에는 실시간 소통과 즉각적인 피드백이 소비자의 기대 수준을 충족하는 데 중요하며, 소비자 요구와 피드백을 경청하고 적절하게 반응하는 것이 기업의 경쟁력을 좌우한다. 듣기와 반응은 커뮤니케이션 이론과 소비자 행동 이론에서 중요한 역할을 한다. 듣기는 단순한 청취를 넘어 상대방의 의도를 파악하고, 이를 바탕으로 적절히 반응하는 과정으로 정의된다. 이 두 요소는 상호작용적 커뮤니케이션의 핵심이며, 현대 마케팅과 조직 커뮤니케이션에서 필수적인 요소로 인식되고 있다.

먼저, 듣기는 고전적 커뮤니케이션 이론과 현대적 상호작용 커뮤니케이션 이론에서 다각도로 연구되었다. 크게 인지적 과정(Cognitive Process), 상호작용적 커뮤니케이션(Interactive Communication), 그리고 관계 형성의 기초(Relational Foundation)로 구분할 수 있다. 커뮤니케이션 과정에서의 듣기를 살펴보면 Shannon & Weaver(1949)의 커뮤니케이션 모델에 따르면, 듣기는 메시지 전달 과정의 핵심 요소이다. 메시지의 부호화(Encoding)와 해독(Decoding) 과정에서 적극적 듣기(Active Listening)가 중요한 역할을 한다. 듣기는 단순한 청각적 활동이 아닌 인지적 과정이며, 듣기 능력이 뛰어난 조직과 개인은 정확한 정보 수집과 문제 해결이 가능하다. 상호작용적 커뮤니케이션 이론(Interactive Communication Theory)에서 Carl Rogers(1957)는 듣기를 공감적 이해(empathetic understanding)의 과정으로 보고, 상대방의 감정과 의도를 이해하는 것이 성공적인 소통의 기초라고 설명했다. 이는 쌍방향 커뮤니케이션의 핵심 요소로, 상호작용 과정에서 의미를 명확히 이해하고 피드백을 생성하는 역할을 한다. 또한 관계 중심 커뮤니케이션(Relational Communication)에서 Knapp & Vangelisti(2005)의 관계 발전 모델에 따르면, 듣기는 관계의 형성과 유지 과정에서 중요한 역할을 한다. 이는 경청을 통해 신뢰와 정서적 유대가 강화되며, 이는 관계의 발전과 유지에 긍정적인 영향을 미치고 있음을 반영하고 있다.

다음으로 반응은 커뮤니케이션 과정에서 듣기 다음에 발생하는 행동 또는 언어적 표현으로, 상대방의 메시지를 해석하고 적절한 답변을 제공하는 과정이다. 반응의 이론적 배경은 크게 피드백 이론(Feedback Theory), 소비자 반응 이론(Consumer Response Theory), 그리고 조직 커뮤니케이션 이론에서 설명할 수 있다. 첫째, 피드백 이론(Feedback Theory)에서 말하는 피드백(Feedback)은 커뮤니케이션 과정에서 수신자의 반응이 송신자에게 다시 전달되는 과정을 의미한다. Ashby(1956)는 피드백을 자기 조절(Self-Regulation)의 개념으로 설명하며, 피드백을 통해 커뮤니케이션 과정의 개선이 이루어진다고 주장했다. 이러한 긍정적 피드백은 행동을 강화하고, 부정적 피드백은 행동을 수정하도록 유도한다. 둘째, 소비자 반응 이론(Consumer Response Theory)에서 Ray(1973)의 AIDA 모델(Attention, Interest, Desire, Action)에서는 소비자의 반응이 마케팅 메시지를 통해 단계적으로 발전한다고 하였다. 최근에는 AISAS 모델(Attention, Interest, Search, Action, Share)로 발전하여, 소비자의 반응 과정에 검색(Search)과 공유(Share)의 중요성이 강조된다. 소비자 반응 과정에서 기업의 적절한 반응은 구매 결정과 고객 충성도에 직접적인 영향을 미친다. 셋째, 조직 커뮤니케이션 이론(Organizational Communication Theory)으로 조직 내 소통에서 반응은 문제 해결, 협상, 의사결정에 중요한 역할을 한다.

Weick(1995)의 의미 부여 이론(Sensemaking Theory)에 따르면, 조직은 반응 과정을 통해 변화하는 환경에 적응하고, 지속 가능한 성장을 도모할 수 있다.

이러한 듣기와 반응의 연계성과 현대적 적용에 대해 살펴보면, 듣기와 반응은 현대 마케팅, 고객 서비스, 조직 커뮤니케이션에서 실질적인 성과를 도출하기 위해 반드시 연계되어야 한다. 이에 따른 중요한 역할로는 먼저, 고객 경험(CX)과 브랜드 충성도 강화시키며, 고객 피드백을 경청하고, 즉각적으로 반응하는 기업은 고객의 신뢰를 얻고, 브랜드 충성도를 높일 수 있다. 예를 들어 아마존(Amazon)은 실시간 고객 응대와 반응을 통해 고객 만족도를 극대화를 보여주는 좋은 예라고 할 수 있다. 이와 함께 위기 관리와 신뢰 형성 측면에서 보면, 위기 상황에서 정확한 듣기와 신속한 반응은 브랜드 신뢰를 유지하는 데 핵심적이다. 그 예로 스타벅스는 고객 피드백 플랫폼을 통해 불만을 실시간으로 처리하고 서비스 개선에 활용했다. 더불어 디지털 소통과 데이터 기반 의사결정 디지털 시대에는 소셜 미디어, 챗봇, 온라인 리뷰에서 수집한 데이터를 통해 고객의 목소리를 듣고, 적절한 반응을 제공하는 것이 중요하다.

듣기와 반응은 성공적인 소통과 관계 형성의 필수적인 요소이다. 듣기는 정보 수집과 공감 형성의 역할을 하며, 반응은 적절한 행동과 소통의 완성을 이룬다. 오늘날 기업과 조직은 데이터 기반 경청과 AI를 활용한 맞춤형 반응 전략을 통해 소비자와의 신뢰 관계를 강화하고, 지속 가능한 성장을 이룰 수 있다. 소비자의 목소리를 듣고, 적절히 반응하는 것은 기업과 소비자 간 신뢰를 형성하고 관계를 강화하는 핵심 전략이다. 듣기는 숨겨진 기회를 발견하고, 고객 요구를 명확히 파악할 수 있게 한다. 반응은 고객에게 신뢰와 정서적 유대를 제공하며, 긍정적 소통이 지속 가능하도록 만든다. 더불어 현대 비즈니스 환경에서는 소셜 미디어, AI 기술, 데이터 기반 피드백 분석을 적극 활용해 듣기와 반응의 체계적인 전략을 수립하는 것이 필수적이다. 이를 통해 브랜드 충성도 증가, 매출 확대, 고객 만족 극대화라는 실질적 성과를 기대할 수 있다.

〈표-26〉 성공 사례

사례	듣기와 반응의 방식	효과 및 결과
스타벅스 (Starbucks)	고객 피드백 플랫폼 "My Starbucks Idea"를 통해 고객의 아이디어를 적극 수용	고객이 제안한 신메뉴 출시 및 서비스 개선으로 고객 참여와 브랜드 충성도 증가
델 (Dell)	소셜 미디어에서 고객 불만을 실시간 모니터링하고 빠르게 응대	고객의 불만을 신속히 해결하고, 브랜드 신뢰도 향상 및 고객 이탈 감소
넷플릭스 (Netflix)	사용자 리뷰와 시청 데이터를 분석해 개인 맞춤형 콘텐츠 추천	맞춤형 콘텐츠 제공으로 사용자 만족도 향상 및 서비스 재구독률 증가
아마존 (Amazon)	실시간 고객 응대 시스템(AI Chatbot) 및 24시간 고객 지원 운영	고객의 문의와 불만을 즉시 해결하여, 고객 경험을 강화하고 반품률 감소
이케아 (IKEA)	고객 피드백을 제품 설계 및 매장 운영 개선에 반영	고객 의견을 반영한 DIY 조립 개선 및 사용 편의성 향상으로 브랜드 호감도 상승
에어비앤비 (Airbnb)	게스트와 호스트의 피드백을 양방향으로 제공하여 서비스 품질 관리	양측의 투명한 소통을 통해 서비스 개선과 안전성 강화, 고객 만족도 증가
패타고니아 (Patagonia)	친환경 제품에 대한 소비자 의견을 적극 반영	지속 가능한 제품 개발로 브랜드 이미지 재고 및 고객 충성도 강화
나이키 (Nike)	AR 피드백 시스템으로 고객의 발 크기 측정 후 맞춤형 신발 추천 서비스 제공	잘못된 사이즈 선택을 줄이고, 구매 전환율 향상 및 반품률 감소
현대자동차 (Hyundai)	고객 만족도 조사 결과를 서비스 품질 개선에 반영	서비스 센터의 대기 시간 단축과 유지보수 품질 개선으로 고객 만족도 상승

◇ 인공지능의 역할 확대

인공지능(AI, Artificial Intelligence)은 인간의 인지적 기능을 모방하거나 대체할 수 있는 시스템과 알고리즘을 개발하는 학문이다. 오늘날 AI는 단순한 연구 주제를 넘어 의료, 제조, 금융, 교육, 뷰티, 엔터테인먼트 등 다양한 산업에서 핵심적인 역할을 하고 있다. 인공지능의 발전 과정은 개념적 기원에서 시작하여 현대의 실용적 AI 기술로 진화해왔다. 이 과정에서 AI는 초기 탐색기, 신경망 모델의 발전, 기계 학습 및 딥러닝의 발전이라는 중요한 전환점을 거쳤다. 개념적 기원(1940~1950년대)으로 앨런 튜링(Alan Turing)은 인공지능의 개념적 기초를 세운 인물로, 튜링 테스트(Turing Test)를 통해 기계가 인간처럼 지능적인 행동을 할 수 있는지 판별하는 기준을 제시하였다. 존 매카시(John McCarthy): 1956년 다트머스 회의(Dartmouth Conference)에서 "Artificial Intelligence"라는 용어를 처음 사용하며 AI 연구의 출발점이 되었다. 다음으로 규칙 기반 시스템(Rule-Based System:1960~1980년대)이 AI 연구의 중심이 되었으며, 특정 문제를 해결하기 위해 명시적인 규칙을 적용하는 방식으로 작동하였다. 이는 전문가 시스템(Expert System)은 특정 분야의 지식을 컴퓨터에 내재화하여 전문가의 의사결정을 돕는 시스템으로 발전하였다. 예를 들면 의료 진단 시스템(MYCIN) 등을 볼 수 있다. 셋째, 인공 신경망(Artificial Neural Network: 1990~2000년대)의 연구가 활성화되며, 단순한 규칙 기반 AI의 한계를 극복하기 위한 방법이 모색되었다. 기계 학습(Machine Learning)이 등장하면서 AI는 데이터를 기반으로 스스로 학습하고 패턴을 발견할 수 있는 능력을 갖추게 되었다. 2010년대 이후로 학습에 대한 기대와 더불어 딥러닝과 AI 대중화의 시기를 가지게 됨으로써, 딥러닝(Deep Learning) 기술의 발전과 GPU(그래픽 처리 장치)의 발전은 AI의 성능을 비약적으로 향상시켰다. 컴퓨터 비전, 음성 인식, 자연어 처리(NLP), 자율주행, 챗봇 등의 기술이 실생활에서 상용화되었다. 인공지능의 이론적 배경은 수학, 논리학, 통계학, 인지 과학 등의 다양한 분야에서 기원하며, 현대 AI의 발전에 기여한 주요 이론을 살펴볼 수 있다.

첫째, 튜링 기계 이론(Turing Machine Theory)으로 앨런 튜링이 제시한 튜링 기계(Turing Machine)는 컴퓨터와 알고리즘의 작동 원리를 설명하는 개념이다. 계산 가능성(Computability)의 개념을 도입하여 기계가 인간의 사고 과정 일부를 모방할 수 있는지 탐구하였다. 둘째, 신경망 이론(Neural Network Theory)은 워렌 맥컬럭(Warren McCulloch)과 월터 피츠(Walter Pitts)는 인공 신경망(Artificial Neural Network) 이론을 개발하며, 인간의 뇌 구조를 모방한 컴퓨팅 모델을 제시하였다. 퍼셉트론(Perceptron)은 인공 신경망의 기초로, 데이터의 입력을 학습하여 패턴을 인식하는 방식을 설명하였다. 셋째, 기계 학습 이론(Machine Learning Theory)으로 기계 학습(Machine Learning)은 데이터를 기반으로 예측 모델을 학습하고 성능을 개선하는 이론이다. 지도 학습(Supervised Learning), 비지도 학습(Unsupervised Learning), 강화 학습(Reinforcement Learning)으로 구분되며, 딥러닝(Deep Learning)은 이 학습 이론을 더욱 발전시킨 모델이다. 넷째, 통계적 추론 및 베이즈 이론(Bayesian Inference)으로 통계적 추론과 베이즈 정리(Bayes' Theorem)는 AI가 불확실한 상황에서 최적의 결정을 내리기 위한 방법을 제공한다. 음성 인식, 질병 진단, 금융 예측 등 다양한 분야에서 활용된다.

이러한 인공지능의 메커니즘(Mechanism)은 데이터 수집, 알고리즘 학습, 패턴 인식, 예측 및 의사결정 과정으로 설명할 수 있다. 데이터 수집 및 전처리(Data Collection & Preprocessing)하여 AI 시스템의 정확도와 성능은 양질의 데이터에 달려 있다. 데이터 수집 후 정제, 변환, 라벨링 과정을 거쳐 학습에 적합한 데이터 셋으로 전처리한다. 모델 학습(Model Training)으로 기계 학습 알고리즘은 수집된 데이터를 바탕으로 학습하며, 특정 패턴을 인식하고 이를 기반으로 예측한다. 지도 학습, 비지도 학습, 강화 학습 방식으로 학습이 이루어진다. 먼저 지도 학습은 정답이 있는 데이터를 학습하여 미래의 결과를 예측하고, 비지도 학습은 군집화와 차원 축소 같은 작업에 사용된다. 또한 강화 학습은 보상과 벌칙을 통해 최적의 행동 방식을 학습하고, 예측 및 의사결정(Prediction & Decision-Making)에 도움을 주기 위해 학습이 완료된 AI 모델은 미지의 데이터를 입력받아 예측을 수행하거나 의사결정을 내린다. 이러한 기술은 자율주행 자동차의 경로 탐색, 금융 시장의 주가 예측, 의료 진단 등 다양한 분야에서 활용된다. 마지막으로 피드백 루프(Feedback Loop)로 AI 시스템은 예측 결과를 피드백으로 받아 지속적으로 학습하고 성능을 개선하여, 반

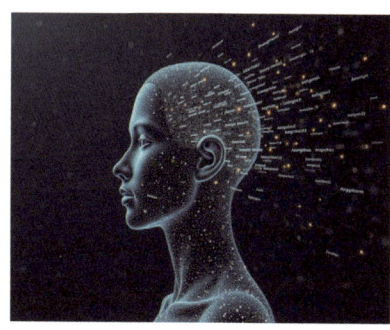
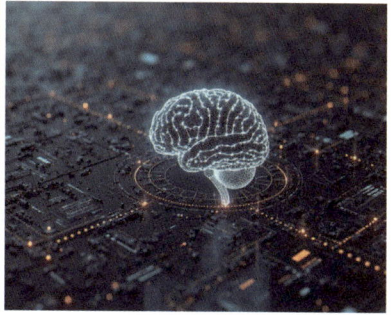

복적인 피드백 루프를 통해 더욱 정교한 모델로 발전한다.

　AI는 데이터 처리와 분석을 자동화하고, 인간의 의사결정을 보조하거나 대체하는 데 중요한 역할을 한다. 의료 분야에서 AI는 정밀 의료와 질병 예측에 기여하며, 의료 혁신을 이끌고, 제조업에서는 스마트 팩토리를 구현하고 생산 공정을 최적화한다. 또한 금융 서비스에서는 부정 거래 탐지, 투자 예측, 맞춤형 금융 서비스 제공을 가능하게 하고, 소비자 서비스 분야에서는 AI 챗봇, 개인화 추천 시스템, 가상 쇼핑 도우미 등 소비자 경험을 개선한다. 앞으로 AI는 인간과의 협력(Cooperative AI), 초개인화(Hyper-Personalization), 자율 시스템(Self-Adaptive Systems)으로 진화할 것이며, 더 높은 수준의 의사결정과 창의적 작업에까지 영향을 미칠 것이다. 따라서 AI는 인류의 삶의 질을 향상시키고 산업 전반에 혁신을 가져오는 필수적 요소로 자리 잡을 것이다.

　다음으로 현대 인공지능(AI)의 역할과 확대 과정, 미래 전망을 해보면, 인공지능은 21세기 들어 딥러닝 기술과 데이터 처리 능력의 발전으로 다양한 산업에 걸쳐 핵심적인 역할을 수행하고 있다. AI의 역할은 과거 규칙 기반 시스템에서 자율적 의사결정과 창의적 작업까지 확장되었으며, 미래에는 더 정교하고 인간과 협력하는 형태로 진화할 전망이다. 이를 현재의 AI 역할, 확대 과정, 미래 전망으로 나누어 단계별로 설명하겠다. 현대에서 인공지능의 역할은 AI는 다양한 분야에서 인간의 업무를 지원하거나 대체하며, 효율성과 정확성을 극대화하고 있다. 현재 AI의 역할로 데이터 분석 및 예측(Data Analysis & Prediction), 자동화 및 자율 시스템(Automation & Autonomous Systems), 인간과의 상호작용(Human Interaction), 창의적 작업 지원(Creative AI) 등이 있다. 금융에서 주가 예측, 부정 거래 탐지, 의료에서 질병 진단, 유전자 데이터 분석, 신약 개발, 마케팅에서 소비자 행동 분석, 맞춤형 광고 등을 할 수 있는 데이터 분석 및 예측의 역할이라고 볼 수 있다. 제조업에서의 스마트 팩토리에서 생산 자동화, 물류에서 창고 관리 최적화 및 자율 배송 로봇, 자율주행 자동차에서 보여지는 경로 탐색, 충돌 방지 시스템 등은 자동화 및 자율 시스템이 그 역할을 다하고 있다. 인간과의 상호작용의 역할로는 AI 챗봇의 고객 응대 자동화 및 24시간 서비스 제공, 자연어 처리(NLP)의 음성 비서(Alexa, Siri), 자동 번역 시스템, 가상 비서의 일정 관리, 음성 명령 처리 등이 있다. 창의적 작업 지원의 역할을 살펴보면, 미디어 및 예술 부분에서 AI로 생성된 음악, 그림, 글쓰기, 디자인 및 엔터테인먼트에서 게임 캐릭터 생성, 가상 모델링 등이 있다.

이러한 인공지능 역할의 단계별 확대 과정은 단계별 발전에 따라 AI는 초기 규칙 기반 시스템에서 자율적 학습과 협력적 의사결정으로 발전하고 있다. 1단계로 규칙 기반 시스템(Rule-Based System)인데 이는 특정 문제에 대한 명시적 규칙을 적용하여 문제를 해결, 전문가 시스템(Expert System)이 대표적이며, 주로 특정 분야의 의사결정을 지원, 한계:

규칙이 많아질수록 복잡해지고, 예외 상황에 대한 대처가 어려움이 있는 단점이 있다. 2단계, 기계 학습과 패턴 인식(Machine Learning & Pattern Recognition) 데이터 기반 학습으로 패턴을 인식하고 예측 모델을 생성하여 지도 학습, 비지도 학습, 강화 학습을 통해 성능이 개선되고, 그 적용 사례로 음성 인식, 이미지 분류, 신용 리스크 분석을 볼 수 있다. 3단계는 딥러닝 및 자율 시스템(Deep Learning & Autonomous Systems)인데 딥러닝 기술은 대량의 데이터를 처리하고 복잡한 문제를 해결할 수 있는 능력을 제공, 자율주행 자동차, 로보틱스, 의료 영상 분석 등에서 널리 활용하고 있으며, 그 특징은 예측 정확도가 높고, 사람이 학습하기 어려운 복잡한 패턴도 인식 가능하다는 장점을 가지고 있다. 4단계는 협력적 인공지능(Collaborative AI), AI가 인간과 협력하여 의사결정 및 문제 해결을 지원하고, 이를 활용한 의료집단에서는 의사의 진단을 돕고 치료 계획을 제시, 금융: 자산 관리 컨설팅, 투자 전략 제안하여 충분한 서브 역할을 한다. 마지막 5단계는 초개인화 및 자율 학습 시스템(Hyper-Personalization & Self-Learning Systems)으로, AI가 개별 소비자에게 맞춤형 서비스와 솔루션을 실시간 제공, 자율 학습(Self-Learning): 지속적인 학습과 성능 개선을 통해 변화에 적응, 적용 사례로는 맞춤형 건강 관리, 실시간 금융 포트폴리오 조정, 스마트 시티로 발전 가능함을 보여준다.

이를 통해 인공지능의 미래 전망을 단계별 발전 과정으로 살펴보면 AI는 앞으로 더 정교하고 자율적인 의사결정, 인간과의 정서적 교감, 창의적 작업 영역까지 확장될 전망이다. 1단계로 초개인화 및 정서적 교감(Hyper-Personalization & Emotional AI)으로, AI가 인간의 감정을 인식하고 공감하며, 정서적 교감을 형성할 수 있는 기술이 발전할 것이다. 감정 기반 마케팅, 정서적 고객 응대가 주요 역할을 할 것이다. 2단계는 자율 학습 및 실시간 최적화(Self-Learning & Real-Time Optimization)로, AI는 실시간 데이터를 기반으로 즉각적인 의사결정과 시스템 최적화를 수행할 수 있을 것이다. 스마트 시티, 에너지 관리, 기후 변화 예측 등의 분야에서 혁신이 이루어질 것이다. 3단계는 인간-기계 협력 지능(Human-AI Collaboration Intelligence)으로, 인간과 AI가 공동 작업을 통해 창의적이고 복합적인 문제를 해결할 것이다. 건축, 예술, 엔터테인먼트 분야에서 인간의 창의성과 AI의 계산 능력이 결합 될 것이다. 4단계로 인공지능 생태계 구축(AI Ecosystem Development)으로, AI는 서로 다른 디바이스와 시스템이 상호작용하는 생태계의 중심이 될 것이다. 스마트홈, 스마트 팩토리, 스마트 헬스 케어가 통합된 하나의 AI 생태계가 구축될 것이다. 마지막 5단계에서 자율적 창의적 지능(Autonomous Creative Intelligence)의 AI는 인간의 창의적 작업(음악, 미술, 스토리텔링 등)에 독립적으로 기여할 수 있는 단계에 도달할 것이다. AI 작가, AI 디자이너, AI 건축가 등 새로운 형태의 창작 도구가 등장할 것이다.

이렇듯 인공지능의 역할은 단순 업무 자동화에서 자율적 학습과 인간과의 협력, 창의적 문제 해결로 발전하고 있다. 현재는 데이터 기반 의사결정과 자율 시스템 구현이 주요 흐름이며, 미래에는 인간과 AI의 협력적 지능과 초개인화 서비스, 정서적 교감이 중심이 될 것이다. 따라서 기업과 사회는 AI 기술의 발전에 따른 기회와 리스크를 균형 있게 대비하고, 윤리적 AI 가이드 라인을 마련하여 지속 가능한 성장을 도모해야 한다.

제 4 부

사례 연구 및 청사진

AI 기술이 뷰티 산업에서 적용된 주요 사례와 발전 방향에서 사례 연구와 청사진(Blue Print)은 실제 적용된 사례를 통해 성공적인 AI 도입 전략을 분석하고, 미래의 발전 가능성과 방향을 구체적으로 제시하는 방법이다. 다양한 기업과 기술이 AI를 활용해 맞춤형 뷰티 솔루션, 고객 서비스 개선, 데이터 분석을 통한 시장 예측을 성공적으로 수행하고 있으며, 이를 바탕으로 공통점, 장점, 단점을 분석할 수 있다.

◇ **주요 사례 연구: AI 도입과 성공적 활용 사례 및 미래예측**

① L'Oréal의 ModiFace

　AI 피부 분석과 가상 메이크업 기술을 제공하는 ModiFace는 소비자에게 실시간 피부 진단과 맞춤형 메이크업 체험을 지원하고, 소비자 경험 향상: AR 기술을 통해 소비자는 스마트폰으로 자신에게 가장 어울리는 메이크업 스타일과 제품을 체험할 수 있다. 이를 통해 L'Oréal은 ModiFace 기술을 더욱 발전시켜 개별 맞춤형 화장품 제조 서비스까지 확장할 계획이다.

② Sephora의 Virtual Artist

Sephora는 AI와 AR 기반의 가상 메이크업 체험 앱을 통해 사용자가 다양한 색조 화장품을 시도해 볼 수 있도록 하고, 데이터 기반 개인화 추천으로 사용자의 피부 톤, 얼굴형을 분석해 맞춤형 제품 추천 서비스를 제공하여, 소비자 데이터 분석을 바탕으로 초개인화 뷰티 서비스로 발전할 예정이다.

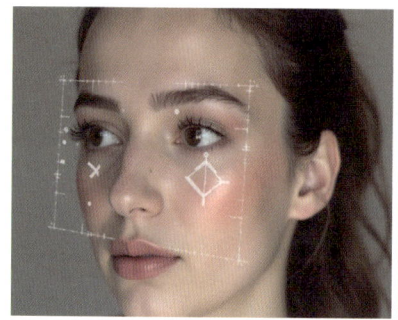 

③ Shiseido의 Optune

Optune은 AI와 IoT 기술을 결합한 맞춤형 스킨케어 시스템을 실시간 피부 상태 모니터링과 환경 데이터를 기반으로 사용자에게 맞춤형 스킨케어 제품을 자동으로 배합하여 제공한다. 이를 바탕으로 Shiseido는 AI 피부 상태 예측 기술을 개발해 미래의 피부 변화까지 예측할 계획이다.

④ Perfect Corp의 YouCam Makeup

가상 메이크업 앱으로 전 세계적으로 큰 성공을 거두며 수백만 명의 사용자를 확보하고 있으며, 소셜 미디어 연동으로 사용자는 가상 메이크업

이미지를 공유하고, 이를 통해 제품 구매로 이어진다. 이러한 AI 기반의 정교한 피부 진단 서비스와 라이브 스트리밍 기반 실시간 뷰티 컨설팅 기능으로 확장 중이다.

⑤ Estée Lauder의 AI 기반 고객 상담

Estée Lauder는 AI 챗봇과 음성 비서를 활용해 개인화된 스킨케어 루틴 추천과 제품 사용법 안내를 제공하고 있으며, 24시간 실시간 상담 서비스로 소비자의 편의성을 높였다. 이러한 AI 챗봇의 감정 인식 기능을 추가해 정서적 교감을 강화할 예정이다.

◇ **사례들의 공통점**

개인화 서비스에 초점으로 모든 사례는 소비자 데이터를 활용한 맞춤형 서비스 제공을 핵심 전략으로 삼고 있다. 특히 AI 기술을 활용해 소비자의 개인적 요구와 선호도를 실시간으로 분석하고 이에 맞는 제품을 추천한다. 이러한 서비스를 통해 소비자 경험을 향상시켜 AR/VR 기술과 AI 피부 분석이 소비자의 구매 전 체험을 향상시키고, 소비자가 제품 선택에 더 큰 확신을 가지게 한다. 즉 AI 기반 고객 응대 서비스는 소비자와의 실시간 소통을 가능하게 하여 고객 만족도를 높여, 데이터 기반 의사결정으로 모든 사례에서 보였듯이 빅데이터 분석과 머신러닝을 활용해 시장 예측, 트렌드 파악, 소비자 행동 분석을 진행한다.

〈표-27〉 AI 분석 사례의 장점과 단점

항목	장점	단점
개인화 서비스	소비자 맞춤형 솔루션 제공으로 고객 만족도와 재구매율 증가	개인 정보 보호 및 데이터 보안 문제가 발생할 수 있음
소비자 경험 향상	가상 메이크업과 피부 분석으로 제품 선택의 신뢰도를 높이고 반품률 감소	AR/VR 기술이 적용되지 않는 소비자층과의 접근성 차이 발생
데이터 분석 기반	정확한 시장 예측과 소비자 행동 분석을 통해 마케팅 전략 최적화	잘못된 데이터 분석 및 알고리즘 오류 시 소비자 불신 초래
자동화된 고객 서비스	24시간 실시간 상담과 즉각적 응대로 소비자 불만을 신속히 해결 가능	인간적인 정서적 교감 부족으로 일부 고객에게는 기계적 응대처럼 느껴질 수 있음
비용 절감과 효율성	자동화 기술로 운영 비용 절감 및 생산 효율성 증대	초기 AI 시스템 구축 비용이 높고, 유지 보수 및 기술 업데이트에 비용이 지속적으로 소요됨

사례 연구와 청사진을 통해 AI 기술이 뷰티 산업에서 소비자 경험을 향상시키고, 브랜드의 경쟁력을 강화하는 데 핵심적인 역할을 하고 있음을 확인할 수 있다. 현재 AI는 맞춤형 서비스, 소비자 행동 예측, 가상 체험을 중심으로 발전하고 있으며, 미래에는 초개인화 뷰티 솔루션, 실시간 피부 예측, 친환경 기술과 결합한 지속 가능한 뷰티 서비스로 확장될 것이다. 뷰티 기업은 AI 기술의 활용을 확대하고, 소비자 데이터 보호와 정서적 교감 강화와 같은 단점 보완에 주력한다면, 지속 가능한 성장과 혁신을 이루는 핵심 동력이 될 것이다.

1.
성공적인 브랜드 사례 분석

◇ **AI와의 조화를 이룬 뷰티 브랜드**

인공지능(AI)은 데이터 기반 예측, 맞춤형 서비스, 소비자 행동 분석과 같은 강력한 기능을 통해 뷰티 산업에서 혁신적인 변화를 이끌고 있다. 뷰티 브랜드, 화장품 제조사, 뷰티 리테일러들은 AI 기술을 활용해 개인화된 제품 추천, 가상 메이크업, 피부 분석 서비스를 제공하며, 소비자 경험을 크게 향상시키고 있다. 이러한 기술의 발전은 뷰티 산업의 효율성, 고객 만족, 매출 증대로 이어지며, 앞으로도 그 확장 가능성은 무궁무진하다.

① 뷰티 산업에서 인공지능의 주요 역할
○ 맞춤형 제품 추천(Personalized Product Recommendation)

AI는 소비자의 피부 상태, 선호도, 과거 구매 이력 등을 분석해 개인 맞춤형 화장품을 추천한다. 머신러닝 알고리즘이 소비자 데이터를 학습하여, 정확한 색조 화장품, 스킨케어 제품을 자동으로 제안한다. 예를 들어 Sephora의 AI 기반 뷰티 앱은 사용자의 피부 톤과 상태를 분석해 맞춤형 파운데이션과 립스틱 색상을 추천한다.

○ 피부 분석 및 진단(AI-Based Skin Analysis)

AI는 이미지 분석 기술을 활용해 사용자의 피부 상태를 평가하고 피부 타입, 주름, 색소 침착, 여드름, 수분 부족 등을 진단하여, 실시간 피부 상태 분석을 통해 적절한 스킨케어 솔루션을 추천할 수 있다. 예를 들어 L'Oréal의 ModiFace 기술은 스마트폰 카메라로 사용자의 피부 상태를 스캔하고, 최적의 스킨케어 제품을 추천한다.

○ 가상 메이크업 및 AR 체험(Virtual Makeup & Augmented Reality Experience)

AI와 증강현실(AR) 기술을 결합해 가상 메이크업 체험이 가능하다.

소비자는 스마트폰이나 매장 내 디지털 미러를 통해 메이크업 결과를 미리 확인하고, 구매 전에 다양한 제품을 시도할 수 있다. 예를 들어 Perfect Corp의 YouCam Makeup 앱은 가상 메이크업 체험을 통해 립스틱, 아이섀도우, 블러셔 등을 실시간으로 적용할 수 있다.

○ 소비자 행동 분석 및 예측(Consumer Behavior Analysis & Prediction)

AI는 소비자 데이터를 분석해 트렌드 예측, 수요 예측, 맞춤형 마케팅 전략 수립을 돕고, 소셜 미디어 데이터를 분석해 새로운 뷰티 트렌드를 식별하거나, 특정 소비자층의 행동 패턴을 예측할 수 있다. 예를 들어 Shiseido는 AI 기술을 사용해 소셜 미디어 데이터를 분석하고, 신제품 출시 시점을 최적화했다.

○ AI 챗봇 및 고객 서비스(AI Chatbots & Customer Service)

AI 챗봇은 24시간 실시간 고객 응대를 통해 사용자의 질문에 답변하고, 맞춤형 제품 추천과 구매 안내를 제공하며, 자연어 처리(NLP) 기술을 기반으로 소비자의 요구를 이해하고, 즉각적이고 정확한 답변을 제공한다. 예를 들어 Lancôme의 AI 챗봇은 사용자의 피부 상태와 취향을 바탕으로 맞춤형 스킨케어 루틴을 제안한다.

② 뷰티 산업에서 인공지능의 확장 가능성

○ 초개인화 서비스(Hyper-Personalization)

AI는 소비자 개개인의 데이터를 더욱 정교하게 분석해 초개인화된 뷰티 솔루션을 제공하여, 피부 상태 변화와 소비자의 생활 습관을 실시간으로 모니터링해, 시기별로 최적의 제품을 추천할 수 있다.

○ 지속 가능성 강화(Sustainability & Eco-Friendly Solutions)

AI는 친환경 뷰티 제품 개발과 생산 공정 최적화에 기여할 수 있으며, 원료 사용 패턴과 소비자 피드백을 분석해 친환경 대체 재료 개발, 낭비

최소화에 도움을 준다.

○ 실시간 가상 컨설팅 서비스(Real-Time Virtual Consultation)
AI와 VR 기술이 결합되어 전문 뷰티 컨설턴트와의 가상 상담이 실시간으로 이루어질 것이며, 화상 기술과 AI 피부 분석 시스템을 함께 사용해 집에서도 전문가 수준의 상담이 가능하다.

○ 뷰티 웨어러블 디바이스(Beauty Wearable Devices)
AI 기반 웨어러블 기기는 실시간 피부 상태 측정, 자외선 노출 감지, 피부 보습 상태 추적 등의 기능을 제공할 것이며, 이러한 기기는 개인의 뷰티 데이터를 지속적으로 수집하고 분석해 맞춤형 제품과 서비스를 추천한다.

○ AI 기반 맞춤형 화장품 제조(Customizable Cosmetics Manufacturing)
소비자가 AI 기술을 통해 개인 맞춤형 화장품을 제조할 수 있는 서비스가 확대될 것이고, DNA 분석, 피부 상태 검사 결과를 바탕으로 최적의 스킨케어 제품을 자동으로 제조하는 시스템이 등장할 것이다.

그리하여 AI는 뷰티 산업의 제품 개발, 소비자 경험, 마케팅 전략을 혁신적으로 변화시키고 있다. 현재 AI는 맞춤형 서비스, 데이터 기반 소비자 예측, 자동화된 고객 응대를 통해 소비자 만족과 기업의 경쟁력 강화에 기여하고 있다. 미래에는 초개인화 서비스, 친환경 AI 기술, 실시간 가상 컨설팅과 같은 기술이 더욱 정교해져 소비자와 브랜드 간의 상호작용이 더욱 강화될 것이다. 따라서 뷰티 브랜드와 기업은 AI 기술을 적극 도입하고, 이를 통해 차별화된 고객 경험을 제공하며 미래 시장에서 경쟁 우위를 확보할 수 있다.

◇ **구매 향상에 성공한 전략**

구매 향상에 성공한 전략을 방법론과 소비자와의 메커니즘을 중심으로 설명하면 다음과 같다.

구매 향상 전략은 소비자의 행동 분석, 맞춤형 서비스 제공, 감정적 연결, 실시간 피드백을 기반으로 소비자 여정(Customer Journey) 전반에 걸쳐 구매 의사를 강화하고 전환율을 높이는 데 중점을 둔다. 구매 향상에 성공한 주요 방법으로 구매 향상 전략은 크게 소비자 데이터 분석 기반 개인화 전략, 감정적 유대 형성, 실시간 소통 및 피드백, 디지털 기술 활용으로 나눌 수 있다.

먼저, 개인화 전략(Personalization Strategy)에서 빅데이터와 AI를 활용해 소비자의 행동 패턴과 선호도를 분석하여 맞춤형 서비스와 제품을 제공한다. 소비자의 과거 구매 이력, 검색 기록, 클릭 패턴 등을 바탕으로 최적의 상품을 추천한다. 소비자는 자신에게 최적화된 상품 추천과 서비스 제공을 통해 특별한 대우를 받는다고 느낀다. 개인화된 경험은 구매 의사결정 속도를 높이고, 재구매 의향을 증가시킨다. 예를 들어 넷플릭스(Netflix)는 사용자의 시청 이력을 분석해 개인화된 콘텐츠 추천을 제공함으로써 사용자의 서비스 이용 시간을 증가시켰다.

둘째, 감정적 유대 형성(Emotional Engagement Strategy) 방법으로 브랜드 스토리텔링과 정서적 메시지를 통해 소비자와의 감정적 연결을 강화한다. 소셜 미디어와 커뮤니티를 활용해 소비자와 소통하며 브랜드에 대한 긍정적인 감정을 유발한다. 소비자는 단순히 제품을 구매하는 것이 아니라 브랜드의 가치와 정체성에 공감하며 충성도가 높아진다. 감정적 유대는 충동 구매를 유도하거나 브랜드에 대한 지속적인 관심을 유지하도록 한다. 예를 들어 파타고니아(Patagonia)는 친환경 가치와 스토리를 소비자에게 전달하여 충성 고객층을 형성하고 구매 전환율을 높였다.

셋째, 실시간 소통 및 피드백(Real-Time Communication & Feedback) 방법으로 AI 챗봇, 실시간 메시징 서비스를 통해 소비자와 24시간 소통할 수 있는 환경을 구축하고, 고객 피드백을 실시간으로 반영해 제품과 서비스를 지속적으로 개선한다. 소비자는 즉각적인 답변과 문제 해결을 통해 만족감을 느끼며, 브랜드에 대한 신뢰도가 상승한다. 실시간 소통은 구매 후 만족도를 높이며, 긍정적인 구전 효과를 유발한다. 예를 들어 아마존(Amazon)은 AI 기반 고객 지원 시스템을 통해 즉각적인 문제 해결과 실시간 피드백으로 고객 충성도를 높였다.

다섯째, 디지털 기술 활용(Digital Experience Strategy) 방법으로, AR/VR 기술을 활용한 가상 체험, AI 피부 분석, 가상 피팅룸 등으로 소비자에게 혁신적인 쇼핑 경험을 제공한다. 멀티채널 경험(Omnichannel Experience)을 통해 소비자가 어디서든 일관된 쇼핑 경험을 할 수 있도록 지원하고 소비자는 가상 체험을 통해 제품을 사전에 시도해 볼 수 있어 제품 선택에 대한 확신이 증가한다. 멀티채널 경험은 쇼핑의 편의성을 높여 소비자가 구매를 망설이지 않게 한다. 예를 들어 이케아(IKEA)는 AR 앱 IKEA Place를 통해 소비자가 가구를 가상으로 집에 배치해 볼 수 있도록 하여 구매 확률을 높였다.

이렇듯, 성공적 구매 메커니즘에서 소비자와의 상호작용 과정을 통해 구매 향상은 소비자 여정(Customer Journey) 단계별로 소비자와 브랜드가 상호작용하는 방식에 의해 결정된다. 소비자에 대해 문제 인식(Problem Recognition)을 인식하여, 소비자는 자신의 필요나 욕구를 인식하고, AI 기반 피부 진단 앱은 소비자의 피부 상태를 분석해 문제를 인식하게 하고, 적절한 솔루션을 제안한다. 그리고 정보 탐색(Information Search)하여 소비자는 여러 경로에서 정보를 탐색하고, AR/VR 체험과 AI 기반 추천 시스템은 소비자가 필요로 하는 정보를 즉각적으로 제공한다. 이것에 대안 평가(Evaluation of Alternatives)를 통해 소비자는 여러 제품을 비교하고 최선의 선택을 하게 되고, 가상 메이크업 체험, 가상 피팅룸은 소비자가 다양한 옵션을 실제처럼 체험할 수 있게 해준다. 소비자는 자신의 용도에 맞는 제품을 구매 결정(Purchase Decision), 즉 최종 구매 결정을 내리고, 원클릭 구매 시스템과 실시간 할인 정보 제공은 구매 결정을 빠르게 유도한다. 구매 후 평가(Post-Purchase Evaluation)를 통해 구매 후 소비자는 제품과 서비스에 대한 평가를 내린 후 실시간 피드백 시스템과 리뷰 분석은 소비자 경험을 개선하는 데 중요한 데이터를 제공한다.

　기업이 소비자의 구매 향상에 성공하기 위한 구체적 방안과 실행 방법은 전략적으로 반드시 필요하다. 소비자의 구매를 향상시키기 위해 기업은 데이터 기반 분석, 맞춤형 서비스 제공, 실시간 소통, 디지털 기술 활용 등을 전략적으로 적용해야 한다. 이를 통해 소비자와의 신뢰 형성, 정서적 유대 강화, 개인화된 경험 제공이 가능해진다. 구체적인 전략과 실행 방안으로 먼저, 소비자 데이터 분석과 개인화 서비스 제공하기 위한 전략으로 빅데이터와 AI 기술을 활용해 소비자의 행동 패턴, 구매 이력, 선호도를 분석하여 맞춤형 서비스를 제공한다. 이것에 대한 실행 방안으로는 데이터 통합 플랫폼 구축하여 다양한 채널에서 수집된 데이터를 통합하여 소비자의 행동을 분석하고, AI 추천 시스템을 도입하여 소비자에게 최적의 상품을 추천하여 구매 전환율을 높인다.

　둘째, 옴니채널 경험 제공(Omnichannel Experience)으로 온·오프라인 채널을 통합하여 소비자가 어디서든 일관된 경험을 할 수 있도록 한다. 그러기 위해서 멀티채널 통합 솔루션 구축으로 온라인 쇼핑몰, 모바일 앱, 오프라인 매장에서 동일한 서비스와 혜택 제공하고, 디지털 시스템의 매장으로 도입은 스마트 미러, AI 기반 가상 메이크업 체험 등 디지털 기술을 매장에 적용한다. 예를 들어 이케아의 IKEA Place AR 앱은 가구를 가상으로 배치해 볼 수 있어 구매 확신을 제공한다.

셋째, 실시간 소통과 피드백 시스템 강화로 AI 챗봇과 실시간 피드백 시스템으로 소비자와 소통하며 문제를 신속히 해결하고, 24시간 AI 고객 지원 서비스 운영하여 실시간 피드백 반영하여, 소비자 리뷰와 피드백을 분석해 서비스와 제품 품질을 개선 시켜, 실시간 고객 응대와 즉각적 문제 해결로 고객 충성도를 강화시킨다.

넷째, 감정적 유대 형성과 브랜드 스토리텔링은 브랜드의 가치와 정체성을 강조하며 소비자와 감정적 연결을 형성한다. 이를 통해 브랜드 스토리 구축으로 친환경, 지속 가능성, 공정 무역 등 소비자가 공감할 수 있는 브랜드 메시지를 전달한다. 감정 기반 마케팅은 소비자의 감정과 공감을 이끌어 내는 캠페인 진행하여, 친환경 가치를 전달하며 충성 고객층을 확보할 수 있다.

다섯째, 디지털 기술을 활용한 혁신적 쇼핑 경험 제공의 전략으로 AR/VR, AI 피부 분석, 맞춤형 화장품 제조 기술을 활용해 소비자에게 혁신적인 경험을 제공한다. 이를 통해 AI 피부 분석 도구를 도입하여 소비자의 피부 상태를 진단하고 맞춤형 스킨케어 솔루션 추천이 이루어지면서, 가상 체험 서비스 구축은 AR 기술을 통해 소비자가 메이크업 제품을 가상으로 체험할 수 있도록 지원한다. 예를 들어 L'Oréal의 ModiFace는 가상 메이크업 체험과 AI 피부 분석 서비스를 제공해 소비자 경험을 향상시켰다.

여섯째, 지속적 모니터링과 전략 개선을 통해 소비자 데이터 분석과 시장 변화에 대한 지속적인 모니터링을 통해 전략을 개선하고 발전시킨다.

정기적인 성과 분석으로 매출 데이터, 소비자 피드백, 마케팅 성과를 주기적으로 평가를 통해, 트렌드 모니터링 시스템 구축하여 소비자 니즈 변화와 최신 기술 트렌드를 모니터링하여 새로운 전략에 반영시킨다. 신속한 피봇(Pivot) 전략은 시장 상황 변화에 맞춰 유연하게 전략을 수정할 수 있다. 그러므로 성공적 구매 향상 전략의 핵심으로 기업이 소비자의 구매 향상에 성공하기 위해서는 소비자 중심의 전략과 최신 기술 도입, 실시간 소통과 피드백 시스템 강화, 감정적 유대 형성이 필수적이다. 미래에는 초개인화 서비스, AI 기반 예측 시스템, 지속 가능한 뷰티 솔루션이 기업 경쟁력의 핵심 요소가 될 것이다. 기업은 지속적인 혁신과 소비자와의 신뢰 구축을 통해 장기적인 성장을 이룰 수 있다.

또한 기업에서는 소비자의 구매 향상에 성공한 전략은 데이터 기반 개인화, 정서적 유대 강화, 실시간 소통, 혁신적 기술 활용을 통해 소비자와 지속적으로 소통하며 신뢰와 만족을 이끌어 내는 데 있다. 미래에는 초개인화 서비스와 정서적 교감 기능이 더욱 강화된 AI 기술, 실시간 맞춤형 추천과 같은 서비스가 구매 전환율을 더욱 높일 것이다. 기업은 이러한 전략을 지속적으로 개선하고, 소비자와의 상호작용을 강화함으로써 경쟁력을 확보할 수 있다.

 이러한 가운데 소비자는 자신에게 필요한 구매를 하게 되며 기업의 입장에서는 이러한 소비자의 메커니즘을 전략적으로 활용해야 한다. 구매 향상 전략은 데이터 기반 개인화, 감정적 유대 강화, 실시간 소통, 디지털 기술 활용을 통해 소비자와의 상호작용을 최적화하는 데 초점이 있다. 이는 개인화 전략으로 AI가 소비자 데이터를 분석해 맞춤형 제품을 추천, 구매 전환율과 만족도를 높이고, 감정적 유대 형성으로 브랜드 스토리텔링과 정서적 메시지를 통해 소비자와 깊은 정서적 연결을 강화한다. 이는 실시간 소통 및 피드맥 즉 AI 챗봇과 24시간 상담으로 소비자의 불만을 즉각 해결하고 신뢰를 높이고, 디지털 기술 활용의 일부인 AR/VR을 통한 가상 체험과 멀티 채널 경험으로 구매 확신을 제공한다. 이러한 소비자 여정은 문제 인식, 정보 탐색, 대안 평가, 구매 결정, 구매 후 평가의 단계를 거치며, 가상 체험, AI 추천, 피드백 시스템이 이를 최적화한다. 미래에는 초개인화 서비스와 정서적 교감 기능이 더욱 발전해 기업의 지속적인 구매 향상과 경쟁력 확보를 이끌 것이다.

2.
미래 전망과 도전 과제

AI와 디지털 혁신이 이끄는 뷰티 산업의 변화는 단순한 기술 발전을 넘어, 소비자 경험의 패러다임을 전환시키는 과정이다. 뷰티 기업들은 개인화 서비스, 옴니채널 전략, 지속 가능한 경영, AI 기반 맞춤형 솔루션을 통해 미래 경쟁력을 확보하고 있다. 그러나 이러한 변화 속에서도 해결해야 할 도전 과제가 존재하며, 이를 극복하는 것이 미래 시장에서의 성공을 결정짓는 핵심 요소가 될 것이다. 아래에서는 뷰티 산업의 미래 전망과 직면할 도전 과제에 대해 살펴보았다.

◇ **미래 전망: AI 기반 맞춤형 뷰티의 진화**

① **초개인화(Hyper-Personalization) 시대의 도래**

AI와 빅데이터 분석이 더욱 고도화되면서, 소비자 맞춤형 서비스가 정교화될 전망이다. 기존의 피부 타입별 제품 추천을 넘어서, DNA 분석, 생활 습관, 실시간 환경 데이터를 반영한 초개인화 스킨케어 솔루션이 제공될 것이다. 실시간 피부 변화 감지 및 자동 최적화 솔루션이 개발되어, 개인의 피부 컨디션에 따라 실시간으로 조정되는 맞춤형 제품이 등장할 가능성이 크다. 그래서 미래 뷰티 산업에서는 소비자가 직접 제품을 선택하는 것이 아니라, AI가 최적의 제품을 실시간으로 자동 추천하고 생산하는 방식으로 변화할 것이다.

② AI + IoT 기반 스마트 뷰티 디바이스 확산

뷰티 웨어러블(Wearable) 기술과 AI 기반 IoT 기기가 시장을 주도할 전망이다. AI 연동 피부 분석 기기, 스마트 미러, AI 헤어 케어 솔루션 등이 소비자의 일상 속에 자리 잡을 것이다. 예를 들어, 스마트 미러는 AI와 연결되어 사용자의 피부 상태를 실시간으로 분석하고, 최적의 화장품을 추천하는 기능을 수행할 것이다. 스마트 브러쉬, 피부 마사지 기기 등 AI 기반 뷰티 기기가 개인 맞춤형 케어를 실현하게 될 것이다. 이를 통해 소비자는 AI 기반 뷰티 기기를 통해 더욱 효과적인 개인 맞춤형 관리가 가능해질 것이다.

③ 지속 가능한 친환경 뷰티(Sustainable Beauty)로의 전환

뷰티 산업은 ESG(환경, 사회, 거버넌스) 경영의 중요성이 커지면서 지속 가능성을 강화하는 방향으로 나아갈 것이다. AI 기반 친환경 솔루션이 도입되어 불필요한 화장품 생산과 낭비를 줄이고, 소비자에게 필요한 만큼만 생산 및 제공하는 방식이 주류가 될 것이다. 친환경 원료 추출 AI 분석 시스템이 개발되어, 지속 가능한 뷰티 성분과 대체 원료를 찾는 방식이 활성화될 것이다. 블록체인 기반 친환경 인증 시스템이 도입되어, 제품의 원산지, 생산 과정, 탄소 배출량을 투명하게 공개하는 브랜드가 더욱 신뢰를 얻을 것이다. 또한 미래의 뷰티 시장에서는 윤리적 소비를 중시하는 고객을 타깃으로, 친환경 기술과 AI가 결합된 지속 가능한 브랜드가 주목받게 될 것이다.

④ 메타버스와 뷰티 산업의 융합

뷰티 브랜드들은 메타버스(가상 현실 공간)에서 소비자와 상호작용하는 방식으로 발전할 것이다. 소비자는 메타버스 내에서 가상 아바타를 이용해 화장품을 테스트하고, 가상 스토어에서 직접 제품을 체험하는 환경이 조성될 것이다.

AR/VR 기반 가상 체험과 NFT 기반 디지털 뷰티 제품이 새로운 트렌드로 부상할 가능성이 크다. 패션, 뷰티, 라이프 스타일 브랜드는 디지털 아트 및 가상 패션 아이템과 결합한 뷰티 트렌드를 만들어 나갈 것이다. 그리하여 현실과 가상의 경계를 허물며, 디지털 세계에서도 브랜드와 소비자가 소통하는 방식이 변화할 것이다.

◇ 뷰티 산업의 AI 도입과 지속 가능성 강화를 위한 해결 과제

① 개인정보 보호 및 데이터 윤리 문제

AI 기반 맞춤형 뷰티 서비스가 발전할수록 소비자의 개인정보 보호 문제가 중요한 이슈로 떠오른다. 피부 분석, 유전자 정보, 생활 패턴 데이터를 수집하는 과정에서 개인정보 유출 위험과 악용 가능성이 높아질 수 있다. 데이터 투명성 강화, 소비자 동의 기반의 데이터 활용, 강력한 보안 시스템 구축이 필수적이다. 그러므로 기업은 개인정보 보호를 위한 윤리적 AI 가이드라인을 수립하고, 소비자가 안심하고 데이터를 제공할 수 있는 환경을 구축해야 한다.

② AI의 편향성과 윤리적 문제

AI 알고리즘이 특정 피부 타입이나 인종에 편향적인 결과를 제공할 가능성이 있다. 피부 분석 AI가 서구권 데이터에 맞춰져 있다면, 아시아, 아프리카 지역 소비자들에게 최적의 솔루션을 제공하지 못할 수도 있다. AI 학습 데이터의 다양성을 확보하고, 인공지능의 편향성을 지속적으로 모니터링하는 시스템을 구축해야 한다. 그리하여 글로벌 소비자를 고려한 AI 학습 모델을 구축하고, 다양한 피부 유형과 기후 환경을 반영한 솔루션이 개발되어야 한다.

③ AI와 인간 전문가 간의 균형 유지

AI 기술이 발전함에 따라, 뷰티 전문가(메이크업 아티스트, 피부 관리사)의 역할이 줄어들 가능성이 있다. 그러나 완전한 AI 자동화가 아니라, 인간 전문가와 AI가 협력하는 모델이 구축되어야 한다. 또한 AI는 데이터를 기반으로 최적의 솔루션을 추천하고, 전문가가 이를 바탕으로 개인 맞춤형 상담을 제공하는 협력 구조가 필요하다. 이를 통해 AI와 인간 전문가가 공존하는 시스템을 구축하여, 기술과 감성적 경험이 조화를 이루는 방향으로 발전해야 한다.

더불어 뷰티 산업의 미래는 초개인화, AI 기반 스마트 뷰티 디바이스, 지속 가능한 뷰티, 메타버스와의 융합이라는 방향으로 변화할 것이다. 그러나 이러한 혁신을 실현하기 위해서는 개인정보 보호, AI 윤리, 인간과 기술의 균형 유지 등의 도전 과제를 해결해야 한다. 기업들은 AI와 디지털 기술을 단순히 도입하는 것이 아니라, 소비자 신뢰 확보, 지속 가능성 강화, 윤리적 AI 구축을 함께 고려해야 한다. 앞으로 AI와 인간이 조화를 이루며, 소비자 중심의 맞춤형 뷰티 서비스가 더욱 정교해지는 시대가 도래할 것이며, 이를 선제적으로 준비하는 기업만이 미래 뷰티 산업을 선도할 수 있을 것이다.

◇ **기술 발전에 따른 새로운 기회**

기술 발전은 기업과 소비자 모두에게 혁신적인 기회를 제공하며, AI, AR/VR, IoT, 빅데이터, 블록체인과 같은 첨단 기술이 기존 서비스와 비즈니스 모델을 한 단계 발전시키고 있다. 이러한 기술들은 소비자 경험을 더욱 정교하게 만들고, 기업의 운영 효율성을 극대화하며, 지속 가능한 성장 모델을 구축하는 데 핵심적인 역할을 하고 있다. 기존 기술을 업그레이드한 단계별 발전 버전을 통해, 디지털 경험 강화, 초개인화 서비스, 자율 시스템과 예측 서비스, 지속 가능성 및 친환경 기술, 협력적 AI의 5단계로 정리하여 미래 전망을 설명하고자 한다.

① 1단계: 디지털 경험 강화(Digital Experience 2.0)
  ○ 기존 기술: AR/VR 가상 체험
  기존에는 AR/VR 기술을 활용한 뷰티 시뮬레이션, 가상 피팅룸 등이 소비자 경험을 향상시키는 역할을 했다. 그러나 여전히 실시간 데이터 분석 부족과 소비자 피드백 반영이 제한적이었다.

  ○ 업그레이드 버전: AR/VR + AI 기반 실시간 맞춤형 경험
  AI와 AR/VR의 실시간 통합을 통해 더욱 정교한 가상 체험을 제공한다. 소비자가 가상 체험을 진행하면, AI가 실시간으로 소비자의 피부 상태를 분석하여 최적의 메이크업 컬러와 스킨케어 루틴을 추천하며, 가상 체험 후 바로 구매로 연결된다.

  ○ 기회
  소비자는 매장을 방문하지 않고도 실시간으로 맞춤형 체험을 제공받을 수 있으며, 즉각적인 피드백을 얻을 수 있다. AI 피부 분석과 라이브 스트리밍 상담을 결합해, 온라인과 오프라인 경험을 완벽하게 연결할 수 있다.

② 2단계: 초개인화 서비스(Hyper-Personalization)
  ○ 기존 기술: 데이터 기반 개인화 추천 시스템
  소비자 행동과 선호도를 예측하여 맞춤형 서비스를 제공하는 시스템이 존재했지만, 정적 데이터 분석에 의존하여 실시간 반응성이 부족했다.

○ 업그레이드 버전: AI + IoT 기반 실시간 데이터 활용

　IoT 웨어러블 디바이스와 AI가 소비자의 실시간 상태(피부, 건강 데이터 등)를 분석하여 초개인화된 솔루션을 제공한다. 예를 들어, 웨어러블 피부 디바이스가 하루 동안 피부 상태와 환경 데이터를 수집하고, AI가 이를 분석하여 실시간 맞춤형 화장품을 제조하여 제공한다.

○ 기회

　DNA 분석, 라이프 스타일 데이터와 연계한 맞춤형 헬스 케어와 뷰티 솔루션 제공 가능하여, 개인에 맞는 맞춤형고객 만족도 증가 및 반복 구매를 유도한다.

③ 3단계: 자율 시스템과 예측 서비스(Autonomous Systems & Predictive Services)

○ 기존 기술: 기계 학습과 빅데이터 분석

　기계 학습과 빅데이터 분석을 활용하여 미래 트렌드와 소비자 행동을 예측했지만, 여전히 수동적이었다.

○ 업그레이드 버전: Self-Learning AI + Predictive Personal Assistant

스스로 학습(Self-Learning)하는 AI 시스템이 소비자의 미래 행동과 니즈를 예측하여 미리 제안한다. 예를 들어, AI 개인 비서가 소비자의 피부 상태 변화를 예측하고, 계절별로 필요한 제품을 미리 추천하거나 자동으로 정기 배송을 설정한다.

○ 기회

기업은 소비자와 선제적 마케팅과 정기 구독 서비스 강화로 소비자 편의성 증대 및 충성 고객을 확보할 수 있다.

④ **4단계: 지속 가능성 및 친환경 기술(Sustainability & Eco-Tech Integration)**

○ 기존 기술: 친환경 패키징과 지속 가능한 원료 사용 확대

친환경 패키징과 지속 가능한 원료 사용이 확대되었지만, 소비자가 이를 직접 검증하기 어려웠다.

○ 업그레이드 버전: AI + 블록체인 기반 친환경 인증 시스템

AI와 블록체인 기술을 활용하여 제품의 원산지, 생산 과정, 탄소 배출량을 실시간 추적하고, 소비자에게 투명하게 공개한다. 예를 들어, 소비자는 제품의 QR 코드를 스캔해 친환경 인증 정보와 지속 가능성 점수를 확인할 수 있으며, AI가 더 친환경적인 대체 제품을 추천한다.

○ 기회

소비자 신뢰 강화 및 ESG(환경, 사회, 지배구조) 전략 강화로 기업은 친환경 소비 트렌드 선도한다.

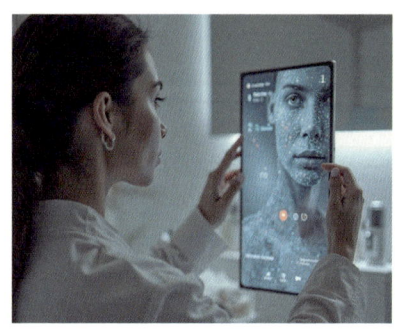 

⑤ 5단계: 협력적 AI 및 인간-기계 협업(Collaborative AI & Human-Machine Partnership)

○ 기존 기술: AI가 특정 작업을 자동화하고 인간의 의사를 결정

AI가 기존에는 반복적인 업무를 자동화하는 데 활용되었으나, 창의적인 업무에서의 역할은 제한적이었다.

○ 업그레이드 버전: AI + 인간 협력 시스템

AI와 인간이 협력하여 디자인, 예술, 콘텐츠 생성 등의 창의적 작업을 공동 수행하고, 의사결정 과정에 참여한다. 예를 들어, AI와 뷰티 전문가가 협력하여 소비자 맞춤형 뷰티 컨설팅을 제공하며, AI는 실시간 데이터 분석을 통해 더 나은 제안을 도출한다.

○ 기회

창의성 증대와 의사결정 효율성 향상시켜, 기업 내 협력형 AI 시스템 구축으로 경쟁 우위를 확보한다.

이러한 단계별 성장 과정을 통해 기술 발전은 기존의 비즈니스 모델과 소비자 경험을 정교화하고 확장하는 기회를 제공한다. AI와 AR/VR, IoT, 블록체인 기술의 융합은 소비자에게 초개인화된 맞춤형 서비스와 지속 가능성 강화를 가능하게 한다. 또한 자율 시스템과 협력적 AI는 기업의 운영 효율을 극대화하며, 인간과 AI의 공동 작업 모델이 새로운 창의적 기회를 창출할 것이다.

미래에는 실시간 데이터 기반의 정교한 개인화 서비스와 지속 가능한 솔루션이 모든 산업의 핵심 요소가 될 것이다. 기업은 기술을 선제적으로 도입하고 소비자 중심의 전략을 강화하여 지속 가능한 성장과 시장 경쟁력을 확보해야 한다. 이를 통해 새로운 혁신을 주도하는 브랜드가 시장을 선점하게 될 것이며, 디지털 혁신을 선도하는 기업만이 미래 산업을 지배할 수 있을 것이다.

◇ AI와 디지털 시대의 도전과 해결방안

기술의 발전과 함께 윤리적 문제는 더욱 복잡해지고 있다. 데이터 프라이버시, 편향성과 차별, 일자리 대체, 책임의 부재는 인공지능(AI), 빅데이터, 자동화 시스템이 대두시키는 주요 윤리적 문제이다. 이러한 문제를 해결하기 위해 기업과 사회는 윤리적 원칙을 수립하고, 실효성 있는 대응 전략을 실행해야 한다.

① 주요 윤리적 문제
  ㅇ 데이터 프라이버시 침해(Data Privacy Violation) 문제

AI와 빅데이터 기술은 소비자의 개인 정보와 행동 데이터를 대량 수집하여 활용한다. 이로 인해 민감한 개인 정보가 동의 없이 사용되거나, 무분별한 해킹이나 개인의 사적 욕심을 위해, 데이터 유출로 프라이버시가 침해될 위험이 크다. 예를 들어 페이스북의 Cambridge Analytica 스캔들은 동의 없이 사용자 데이터를 정치 캠페인에 활용해 큰 논란이 되었다. 이런 비윤리적인 대응 전략은 데이터 투명성 강화로 데이터 수집 및 활용 방식을 소비자에게 명확히 공개하고, 동의 기반의 데이터 수집 시스템을 구축한다. GDPR(General Data Protection Regulation) 준수로 글로벌 기준의 데이터 보호 규정을 준수하고, 데이터 최소화 원칙을 적용한다. 그리하여 고객 데이터 보호 교육과 암호화 기술 도입을 강화한다.

  ㅇ 알고리즘 편향과 차별(Algorithmic Bias and Discrimination) 문제

AI 알고리즘은 학습 데이터의 편향성으로 인해 성별, 인종, 지역적 차별

을 발생시킬 수 있다. 특정 집단의 편향된 사고에서 불리한 결과를 초래할 경우 사회적 불평등이 심화될 위험이 있다. 예를 들어 종교적 문제로, AI 채용 시스템이 남성 중심의 데이터를 학습해 여성 지원자를 차별한 사례가 있다. 이런 문제들의 대응 전략으로 데이터 검증 및 정기적 감사(Audit)를 통해 알고리즘과 학습 데이터를 정기적으로 점검하여 편향성을 제거한다. 다양한 데이터 셋 사용으로 다양한 성별, 인종, 문화적 배경을 포함한 포괄적 데이터로 AI 모델을 학습시킨다. 그리고 윤리위원회 설립 및 외부 전문가들의 검토를 통해 AI 시스템 개발 과정에서 윤리적 검토 시스템을 도입한다.

○ 일자리 대체 및 경제적 불평등(Job Displacement and Inequality) 문제

자동화와 AI의 도입으로 반복적이거나 단순한 업무가 기계로 대체되어 대규모 실업 사태가 발생할 수 있다. 인간의 역할이 기계로 대체 되고, 창의성이 없어지는 가운데 일어나는 이러한 변화는 기술 격차에 따른 경제적 불평등을 심화시킬 위험이 있다. 예를 들어 제조업과 물류 분야에서 자동화 도입으로 수많은 일자리가 감소하고 있다. 이러한 문제들의 대응 전략으로 직원 재교육 및 전환 지원으로 기존 인력을 신기술 교육과 새로운 직무로 전환할 수 있는 지원 시스템을 구축한다. 공공-민간 협력 강화로 정부와 기업이 협력해 기술 변화에 따른 고용 정책을 마련한다. 더불어 인간-기계 협력 모델 개발을 통해 인간과 AI가 협력할 수 있는 하이브리드 업무 모델을 도입한다.

○ 책임의 부재와 투명성 부족(Lack of Accountability and Transparency) 문제

AI는 데이터를 기반으로 하는 자율적으로 의사결정을 내리는 과정에서 책임 소재가 불분명해질 수 있다. 특히, AI의 오류 또는 예측 실패가 발생할 경우, 그에 대한 법적 책임이 불명확하다. 예를 들어 자율주행 차량 사고 시 운전자, 제조사, 소프트웨어 개발자 중 누가 책임을 져야 하는가에 대한 논란이 있다. 이와 같은 문제에 대한 대응 전략으로는 책임성 명확화(Explainable AI)로 AI의 의사결정 과정을 설명할 수 있는 투명한 알고리즘 개발을 촉진한다. 법적 프레임워크 정비로 AI 시스템의 책임 소재를 명확히 규정하는 법적 기준과 윤리 가이드라인을 마련한다. 윤리적 AI 설계 원칙 채택으로 공정성, 투명성, 책임성을 보장하는 윤리적 설계 프레임워크를 도입한다.

② 윤리적 문제 해결을 위한 통합적 대응 전략

데이터 보호 및 투명성 강화를 통해 데이터 수집과 사용의 투명성을 확보하고, 소비자의 동의를 기반으로 데이터를 활용한다. 다양성과 포괄성 확보하여 알고리즘의 편향성을 줄이기 위해 다양한 데이터와 포괄적 관점을 반영한다. 무엇보다도 책임 있는 AI 개발 촉진하여 Explainable AI(설명 가능한 AI)와 법적 기준 수립을 통해 책임성을 명확히 한다. 또한 재교육 및 고용 전환 지원: 기술 변화에 따른 직원 재교육과 새로운 직업군 개발을 지원하고, 윤리위원회와 외부 검증 시스템 도입하여 AI 시스템 개발 및 운영 과정에서 독립적인 윤리적 검증을 시행한다.

③ 윤리적 AI와 지속 가능한 발전

윤리적 문제는 기술 발전과 함께 피할 수 없는 도전이지만, 투명하고 책임 있는 대응 전략을 통해 충분히 해결할 수 있다. 기업은 데이터 프라이버시 보호, 알고리즘의 공정성 확보, 고용 불균형 해소에 지속적인 노력을 기울여야 한다. 윤리적 AI는 단순한 규제가 아니라, 기업의 신뢰 구축과 지속 가능한 성장을 위한 핵심 요소이다. 미래에는 투명성과 책임성이 강화된 윤리적 AI가 사회 전반에 긍정적 변화를 이끌며, 인간과 기술이 더욱 협력하는 시대가 도래할 것이다.

마무리

◇ **AI가 가져올 뷰티 산업의 미래**

AI 기술은 뷰티 산업의 변화를 선도하고 있으며, 미래의 뷰티 시장은 더욱 정교하고 개인화된 경험 중심의 서비스로 발전할 것이다. 데이터 기반 개인화, 실시간 피부 분석, 맞춤형 제품 제조, 디지털 가상 체험 등의 기술은 기존 뷰티 산업의 한계를 뛰어넘는 혁신을 가져올 것이다. 이러한 변화는 소비자에게 새로운 가치를 제공하고 기업에게는 지속 가능한 성장과 경쟁력 확보의 기회가 될 것이다.

① AI 도입의 필요성
  ○ 소비자 행동 변화와 맞춤형 서비스 요구

소비자 중심의 시대에서 개인화된 맞춤형 서비스는 선택이 아닌 필수이다. 소비자들은 자신의 피부 상태와 선호도에 맞는 정확하고 실시간 맞춤형 솔루션을 원하고 있다. AI 피부 분석, AR 기반 가상 메이크업, 개인화 추천 시스템은 이러한 요구를 충족시킨다. 그래서 AI는 소비자가 단순히 제품을 구매하는 것을 넘어 자신에게 최적화된 경험과 솔루션을 제공받도록 한다.

◦ 데이터 기반 예측과 시장 대응의 필수성

빅데이터와 AI 분석은 소비자 트렌드를 예측하고, 시장의 변화를 신속히 파악할 수 있는 강력한 도구이다. 신제품 출시 시점 최적화, 수요 예측, 소비자 행동 분석을 통해 기업은 더 나은 의사결정을 할 수 있다. 그러므로 AI 기반의 데이터 분석은 기업의 효율적인 자원 관리와 성장 전략 수립을 가능하게 한다.

◦ 기술 진보와 디지털 경험 강화

AR/VR, IoT 웨어러블 디바이스, AI 기반 컨설팅은 소비자 경험을 더욱 몰입감 있고 직관적으로 만든다. 스마트 미러, AI 가상 컨설턴트, 디지털 뷰티 체험은 소비자에게 새로운 차원의 편의성과 즐거움을 제공한다. 그리하여 디지털 기술은 온라인과 오프라인의 경계를 허물며, 일관되고 혁신적인 경험을 창출한다.

② AI 도입의 당위성

◦ 경쟁력 확보와 생존 전략

AI 기술의 도입은 시장 내 경쟁 우위를 확보하는 필수 전략이다. 선제적으로 AI를 도입한 기업은 고객 충성도와 브랜드 신뢰를 강화할 수 있다. 경쟁이 치열한 뷰티 시장에서 차별화된 개인화 서비스는 기업의 핵심 경쟁력이 된다. 이러한 AI 기술을 도입하지 않는 기업은 기술과 소비자 트렌드에 뒤처질 위험이 있다.

○ 지속 가능성과 친환경 혁신

AI와 빅데이터는 친환경 솔루션 개발과 생산 과정 최적화를 가능하게 한다. AI 피부 분석을 통한 맞춤형 화장품 제조는 불필요한 자원 낭비를 줄이고 지속 가능한 생산을 촉진한다. 지속 가능성은 현대 소비자에게 중요한 가치이며, 이를 충족하는 기업은 시장에서 더욱 유리한 위치를 선점할 수 있다.

○ 글로벌 시장과 다문화 소비자 대응

AI 기반 맞춤형 서비스는 글로벌 소비자층의 다양한 요구를 빠르게 반영할 수 있다. 다국어 지원, 피부 타입별 맞춤 솔루션, 현지 문화에 맞춘 서비스 제공이 가능하다. 글로벌 확장 전략에서 AI는 다양한 소비자와 연결할 수 있는 핵심 기술로 작용한다.

AI가 가져올 뷰티 산업의 변화와 비전을 통해 미래를 전망해 보자면 AI는 뷰티 산업을 "개인화, 디지털화, 지속 가능성"이라는 세 가지 축을 중심으로 재구성할 것이다. AI가 이끄는 뷰티 산업의 미래는 뷰티 산업의 변화는 개인화(Personalization), 디지털화(Digitalization), 지속 가능성(Sustainability)이라는 세 가지 축을 중심으로 전개되고 있다. 각각의 요소는 소비자 경험을 향상시키고, 기업의 경쟁력을 강화하며 더 나은 미래를 구축하는 데 중요한 역할을 한다. 먼저 개인화(Personalization)는 소비자의 개별 요구와 특성에 맞춘 맞춤형 서비스를 제공하여, 소비자 만족도를 높이는 핵심 전략이다. 뷰티 산업에서는 AI 기술을 활용해 소비자의 피부 상태, 선호도, 라이프 스타일 데이터를 분석하여 맞춤형 제품과 솔루션을 제공하고 있다. 먼저 소비자 기대 수준의 변화로 현대 소비자는 개별화된 경험과 맞춤형 솔루션을 기대한다. 일반적인 화장품보다 피부 상태와 생활 습관을 반영한 맞춤형 화장품에 더 높은 가치를 부여한다.

다음으로 AI 기반 맞춤형 서비스인데 AI 피부 분석 기술은 사용자의 피부 상태를 실시간으로 진단하고, 이에 적합한 스킨케어 루틴과 제품을 추천한다. DNA 분석, 라이프로그 데이터와 결합해 초개인화된 화장품 제조도 가능하다. 이에 따른 비즈니스적 효과로 맞춤형 서비스는 재구매율을 높이고 충성 고객층을 형성한다. 소비자 이탈률 감소와 매출 증대라는 긍정적 결과로 이어진다.

예를 들어 Shiseido의 Optune은 사용자 피부 데이터를 기반으로 맞춤형 스킨케어 제품을 자동으로 배합하여 제공하고 있고, L'Oréal의 ModiFace는 가상 메이크업 시뮬레이션과 맞춤형 화장품 추천 서비스를 제공해 소비자 만족도를 크게 높였다.

둘째로 디지털화(Digitalization)는 물리적 공간과 디지털 기술의 경계를 허물어 소비자와 기업의 상호작용 방식을 혁신한다. 이를 바탕으로 뷰

티 산업에서는 AR/VR 기술, AI 가상 컨설턴트, 스마트 미러를 통해 소비자 경험을 완전히 새로운 차원으로 끌어올리고 있다. 온라인 소비 증가와 옴니채널 전략의 중요성이 대두되어 온라인 구매 비중이 지속적으로 증가하면서, 소비자는 디지털 체험을 요구한다. 이러한 디지털화된 경험은 온라인과 오프라인의 경계를 허물고 일관된 서비스를 제공할 수 있게 한다. 즉 AR/VR을 활용한 가상 체험, 증강현실(AR)을 활용한 가상 메이크업 체험은 소비자가 구매 전에 제품의 효과를 미리 확인할 수 있게 한다. VR(가상현실)은 몰입형 뷰티 경험을 제공하여 소비자 의사결정 과정을 단축한다. 이러한 AI 기반 실시간 고객 지원인 AI 챗봇과 AI 가상 컨설턴트는 소비자와 실시간 소통하며, 맞춤형 상담과 추천을 제공한다. 이를 기틀로 예측 분석을 통해 소비자의 행동 패턴을 파악하고 미리 제안할 수도 있다. 예를 들어 Sephora의 Virtual Artist는 가상 메이크업 체험과 제품 추천을 통합하여 온라인 쇼핑 전환율을 높였고, 이케아의 AR 앱 IKEA Place는 가구를 가상으로 배치해 볼 수 있게 하여 구매 확신을 제공한다.

셋째로 지속 가능성(Sustainability)은 환경과 사회적 가치를 고려한 책

임 있는 생산과 소비를 의미하며, 현대 소비자가 기업에 요구하는 중요한 가치이다. 뷰티 산업에서는 친환경 포장, 원료 추적 시스템, 탄소 배출 절감 기술이 점점 더 중요해지고 있다. 이러한 중요성이 강조되면서 소비자의 친환경 의식 증가 되어 밀레니얼과 Z세대는 지속 가능한 브랜드와 제품을 선호하며, 윤리적 생산 과정에 대한 투명성을 요구한다. 친환경 포장, 비건 화장품, 재활용 가능한 용기 등이 선택의 중요한 기준이 되고 있다. 또한 AI와 블록체인 기반의 지속 가능성의 AI 기술은 자원 최적화와 친환경 원료 사용의 효율성을 높이고, 블록체인 기술은 원료 추적 시스템을 통해 제품의 생산 과정과 환경 영향을 투명하게 공개한다. 이러한 결과로 기업의 경쟁력 강화되어 지속 가능성 전략을 실행하는 브랜드는 더 많은 소비자 신뢰를 얻으며, 시장에서 차별화된 위치를 확보할 수 있다. 이를 기반한 ESG(Environmental, Social, Governance) 기준을 충족하는 기업은 투자 유치와 브랜드 가치 상승의 이점을 누린다. 예를 들어 The Body Shop은 리필 서비스와 지속 가능한 포장재 사용을 통해 친환경 가치를 실천하고 있다. 또한 Lush Cosmetics는 비건 원료와 친환경 포장을 적극 도입하여 지속 가능성을 강화했다.

이와 같이 개인화, 디지털화, 지속 가능성이 만드는 뷰티 산업의 미래를 예측해 보자면, AI와 디지털 기술은 뷰티 산업을 더욱 개인화하고, 디지털 경험을 확장하며, 지속 가능성을 강화하고 있다. 개인화된 맞춤형 서비스는 소비자의 만족도를 높이고 충성도를 강화하게 되고, 디지털화는 온라인과 오프라인의 경계를 허물어 소비자 경험을 혁신한다. 더불어 지속 가능성은 미래 지향적인 브랜드 가치를 구축하며, 소비자의 신뢰를 얻는 핵심 전략이다. 뷰티 산업의 미래는 이 세 가지 요소를 중심으로 더욱 정교하고 지속 가능한 방향으로 발전할 것이며, 이를 선제적으로 도입하는 기업만이 미래 시장에서 경쟁 우위를 확보할 수 있다. 따라서 기업은 AI 도입을 단순한 기술 혁신이 아닌, 미래 성장을 위한 필수적 투자로 인식하고 전략적으로 활용해야 한다. 이는 지속 가능한 성공을 보장하는 핵심 요소가 될 것이다.

◇ **구매 향상을 위한 지속 가능한 커뮤니케이션 전략**

구매 향상을 위해 지속 가능한 커뮤니케이션 전략은 소비자와 장기적인 신뢰 관계를 형성하고, 기업의 윤리적 가치와 환경적 책임을 동시에 충족하는 중요한 접근 방식이다. 이 전략은 단순히 판매를 증대시키는 것을 넘어서, 지속 가능한 성장과 사회적 가치 창출을 가능하게 한다.

① 지속 가능한 커뮤니케이션 전략의 의미

지속 가능한 커뮤니케이션 전략은 소비자와의 일관성 있는 소통, 투명성, 사회적 책임, 환경적 지속 가능성을 기반으로 한다. 단기적 판매 촉진 전략과 달리, 장기적 신뢰와 충성도를 구축하며 지속 가능한 성장을 목표로 한다. 이에 따른 중요 요소로 일관성 있는 브랜드 메시지 전달로 모든 커뮤니케이션 채널에서 동일한 메시지와 가치를 전달하여 소비자의 신뢰를 형성한다. 또한 투명성과 진정성으로 제품의 원료, 생산 과정, 환경적 영향을 투명하게 공개하고, 소비자에게 진정성 있는 메시지를 전달한다. 이에 소셜 미디어와 양방향 소통소비자 의견을 적극 수용하고 실시간 소통을 통해 피드백을 반영한다. 이를 통해 소비자와의 정서적 유대를 강화되고, 지속 가능한 소비 유도를 통해 환경 보호, 윤리적 소비와 관련된 메시지를 통해 소비자에게 올바른 선택을 유도한다.

② 지속 가능한 커뮤니케이션 전략의 당위성

어느 사회이건 사람과 사람 사이에는 서로를 연결해 주는 커뮤니케이션이 필요하고 이는 모든 예견된 문제를 해결하고 더 나은 미래를 제시하기도 한다.

○ 변화하는 소비자 가치와 기대에 부응

현대 소비자, 특히 MZ세대는 윤리적 가치와 지속 가능성을 중시한다. 단순히 제품의 기능과 가격을 비교하는 것이 아니라, 기업의 사회적 책임과 환경적 노력을 구매 결정의 중요한 기준으로 삼는다. 투명하고 일관된 커뮤니케이션은 이러한 소비자 기대에 부응할 수 있는 핵심 전략이며 지속 가능한 커뮤니케이션은 브랜드와 소비자 간의 신뢰를 형성하고, 충성 고객층을 확보하는 데 필수적이다.

○ 브랜드 가치 재고와 차별화

지속 가능한 커뮤니케이션 전략은 경쟁이 치열한 시장에서 브랜드를 차별화할 수 있는 중요한 요소다. 윤리적 메시지와 친환경 실천을 적극적으로 커뮤니케이션하는 기업은 프리미엄 브랜드 이미지를 구축할 수 있으며, 이는 기업의 장기적 수익 창출과 긍정적인 브랜드 이미지를 동시에 강화한다.

○ 지속 가능한 성장과 ESG 경영의 필요성

ESG(Environmental, Social, Governance) 경영은 글로벌 트렌드로 자리 잡았으며, 투자자와 소비자는 지속 가능한 경영을 중요하게 평가한다. 이러한 커뮤니케이션 전략을 통해 기업의 지속 가능성 노력을 소비자와 주주에게 효과적으로 전달할 수 있으며, ESG 기반의 커뮤니케이션 전략은 기업의 지속 가능한 성장과 글로벌 경쟁력 확보의 핵심이다.

○ 소셜 미디어와 디지털 커뮤니케이션의 영향력 확대

소셜 미디어와 디지털 채널은 소비자와의 즉각적이고 지속적인 소통을 가능하게 하며, 구매 전환과 구전 효과(Word of Mouth)를 강화한다. 소비자의 목소리를 경청하고, 피드백을 반영하는 양방향 소통은 기업의 신뢰도를 높여, 디지털 커뮤니케이션을 통한 지속 가능한 메시지는 더 많은 소비자에게 빠르게 전달되며, 바이럴 효과로 이어진다.

③ 지속 가능한 커뮤니케이션 전략의 실질적 효과

지속 가능한 소통의 실질적인 효과로 소비자 충성도 강화로 소비자는 지속 가능성에 공감하는 브랜드에 대한 충성도가 높아지고, 반복 구매와 긍정적 구전이 증가하고, 브랜드 신뢰도 향상은 투명한 커뮤니케이션과 윤리적 메시지는 브랜드의 신뢰도를 강화한다. 뷰티산업에서 소비자에게 개인화된 뷰티 솔루션을 실시간으로 제공함으로써 제품 신뢰도와 만족도를 제고할 수 있다. AI 기반의 추천 시스템은 소비자의 취향과 라이프스타일을 반영하여 구매 결정의 정확성을 높이며, 구매 전환율 향상에 기여한다.

또한 가상 체험 기능은 제품에 대한 불확실성을 해소하고, 체험 중심의 설득 커뮤니케이션을 가능하게 한다. 이에 소비자는 자신의 외모 변화에 대한 즉각적인 피드백을 통해 브랜드에 대한 긍정적 감정을 형성하게 된다. 결과적으로, AI 뷰티 미러는 소비자 경험을 강화하고 브랜드 충성도를 증진시키는 디지털 마케팅 도구로써 높은 기대효과를 지닌다.

더불어 신규 고객 유입과 매출 증대로 지속 가능한 메시지는 MZ세대와 친환경 소비자층을 끌어들이며, 새로운 시장 기회를 창출한다. 그렇게 함으로써 장기적 기업 가치 상승을 위해 ESG 경영과 지속 가능성 강화는 장기적 기업 가치를 높이고, 투자자와 소비자의 신뢰를 동시에 얻는다. 더불어 지속 가능한 커뮤니케이션 전략은 단기적 판매 촉진이 아니라, 브랜드와 소비자 간의 깊은 신뢰와 정서적 유대를 형성하는 과정이다. 지속 가능한 메시지와 소통은 소비자의 신뢰를 얻고, 브랜드의 차별화를 이끄는 핵심 도구다. ESG 경영과 지속 가능성 커뮤니케이션은 기업의 장기적 경쟁력과 사회적 책임을 동시에 강화한다. 미래의 소비자는 지속 가능성에 기반한 커뮤니케이션을 요구하며, 이를 충족하는 기업만이 지속 가능한 성장을 이룰 수 있다.

따라서 기업은 지속 가능성의 가치를 중심으로 한 커뮤니케이션 전략을 적극 도입하고, 소비자와의 장기적 관계를 구축해 미래 시장에서 경쟁 우위를 확보해야 한다.

참고 문헌

Banerjee, B. (2023). The AI beauty revolution: Exploring the future of AI in the beauty industry [Kindle edition].

Bayes Business School. (2022, November). AI-powered make-up mirrors are driving consumers back to stores as they enhance sense of 'fakeness'. City, University of London. https://www.city.ac.uk/news-and-events/news/2022/11/ai-powered-make-up-mirrors-are-driving-consumers-back-to-stores-as-they-enhance-sense-of-fakeness-new-study-finds

Chaffey, D., & Ellis-Chadwick, F. (2019). Digital marketing (7th ed.). Pearson Education.

Chaudhuri, A. (2005). Emotion and reason in consumer behavior. Routledge.

City, University of London. (2022). AI-powered make-up mirrors are driving consumers back to stores as they enhance sense of 'fakeness'. https://www.city.ac.uk/news-and-events/news/2022/11/ai-powered-make-up-mirrors-are-driving-consumers-back-to-stores-as-they-enhance-sense-of-fakeness-new-study-finds

Devarakonda Venkata, M., Karneedi, V., Yandamuri, S. S. P., & Siddi, N. P. (2024). AI-enhanced digital mirrors: Empowering women's safety and shopping experiences. In Women community leaders and their impact as global changemakers. IGI Global.

Di Tran University & Louisville Beauty Academy. (2023). AI beauty college: Revolutionizing beauty education for the modern era: A path to elevating safety, sanitation, and humanization in beauty education.

Euphoria XR. (2023). Augmented reality (AR) vanity mirror technology. https://euphoriaxr.com/augmented-reality-mirror-technology/

Fatima, H., Imran, M. A., Taha, A., & Mohjazi, L. (2024). Internet-of-Mirrors (IoM) for connected healthcare and beauty: A prospective vision. Discover Internet of Things.

Gill, S. (2018). Beauty pays: Why attractive people are more successful. Oxford University Press.

Hirschmiller, S. (2023). How AR mirrors aka smart mirrors blend visual merchandising with user generated content for fashion and beauty retail. Forbes. https://www.forbes.com/sites/stephaniehirschmiller/2023/05/19/how-ar-mirrors-offer-visual-marketing-meets-user-generated-content-for-fashion-and-beauty-retail/

Horvath, D., & Karchin, L. (2023). Cosmetics marketing: Strategy and innovation in the beauty industry. Bloomsbury Business.

Kapferer, J.-N. (2012). The new strategic brand management: Advanced insights and strategic thinking. Kogan Page.

Kotler, P., Kartajaya, H., & Setiawan, I. (2017). Marketing 4.0: Moving from traditional to digital. Wiley.

Kumar, V., & Reinartz, W. (2018). Customer relationship management: Concept, strategy, and tools (3rd ed.). Springer.

Lewis, W. (2023). Aesthetic clinic marketing in the digital age: From Meta to AI (2nd ed.). Routledge.

Lin, H.-F., Yeo, B., & Lu, T.-Y. (2024). How virtual mirrors in advertising influence attitudes about beauty products. Journal of Advertising Research. https://www.tandfonline.com/doi/full/10.2501/JAR-2024-016

Liu, S., Liu, L., & Yan, S. (2014). Magic mirror: An intelligent fashion recommendation system. ACM Multimedia Conference Proceedings.

Marr, B. (2019). The magic of smart mirrors: Artificial intelligence, augmented reality and the internet of things. Forbes. https://bernardmarr.com/the-magic-of-smart-mirrors-artificial-intelligence-augmented-reality-and-the-internet-of-things/

Millwood, A. (2015). Beauty imagined: A history of the global beauty industry. Oxford University Press.

Moeran, B. (2010). The magic of fashion: Ritual, commodity, glamour. University of

California Press.

Moore, C. M., & Birtwistle, G. (2004). Fashion marketing: Contemporary issues. Elsevier.

Navot, Y. (2025). Marketing in the AI era: Why personalization wins the customer experience. HarperCollins Leadership.

Parker, J. R. (2020). Mirror, mirror: AI-enhanced augmented reality changing the face of beauty. Medium.

Perfect Corp. (2024, January). Smart makeup mirror: The complete guide 2024. https://www.perfectcorp.com/business/blog/commerce/how-beauty-tech-is-revolutionizing-the-customer-experience

Ponnusamy, S., Bora, V., Daigavane, P. M., & Wazalwar, S. S. (Eds.). (2024). Wearable devices, surveillance systems, and AI for women's wellbeing. IGI Global.

Preece, C., Kerrigan, F., & O'Reilly, D. (2019). Marketing contemporary art: The art of branding, communication and promotion. Routledge.

Roetzer, P., & Kaput, M. (2022). Marketing artificial intelligence: AI, marketing, and the future of business. BenBella Books.

Schroeder, J. E. (2002). Visual consumption. Routledge.

Sheriff, A. (2021). Marketing fashion beauty and style: Strategies for professionals and entrepreneurs. Routledge.

Vallor, S. (2024). The AI mirror: How to reclaim our humanity in an age of machine thinking. Oxford University Press.

Vercon Smart Mirror. (2024). Smart beauty mirror - Everything you need to know about it. https://verconsmartmirror.com/news/smart-beauty-mirror/

Whang, J. B., Song, J. H., Choi, B., & Lee, J. H. (2021). The effect of augmented reality on purchase intention of beauty products: The roles of consumers' control. Journal of Business Research, 134, 185-196.

Youth Incorporated. (2024). How AI is revolutionizing the beauty industry. https://youthincmag.com/how-ai-is-revolutionizing-the-beauty-industry

ⓒ 이주영, 2025

초판 1쇄 발행 2025년 4월 30일

지은이   이주영
펴낸이   이기봉
편집   좋은땅 편집팀
펴낸곳   도서출판 좋은땅
주소   서울특별시 마포구 양화로12길 26 지월드빌딩 (서교동 395-7)
전화   02)374-8616~7
팩스   02)374-8614
이메일   gworldbook@naver.com
홈페이지   www.g-world.co.kr

ISBN 979-11-388-4136-8 (03320)

- 가격은 뒤표지에 있습니다.
- 이 책은 저작권법에 의하여 보호를 받는 저작물이므로 무단 전재와 복제를 금합니다.
- 파본은 구입하신 서점에서 교환해 드립니다.